大学赤本シリーズ

422

立教大学

国語

3

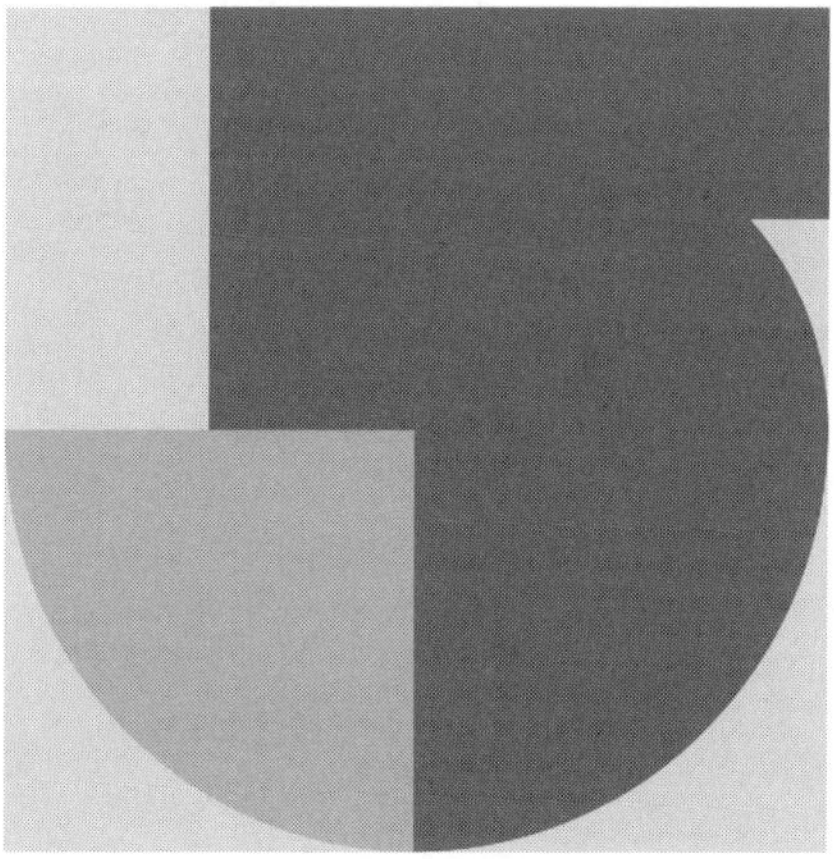

教学社

はしがき

おかげさまで、大学入試の「赤本」は、今年で創刊七十周年を迎えました。

これまで、入試問題や資料をご提供いただいた大学関係者各位、掲載許可をいただいた著作権者の皆様、各科目の解答や対策の執筆にあたられた先生方、そして、赤本を使用してくださったすべての読者の皆様に、厚く御礼を申し上げます。

以下に、創刊初期の「赤本」のはしがきを引用します。これからも引き続き、受験生の目標の達成や、夢の実現を応援してまいります。

本書を活用して、入試本番では持てる力を存分に発揮されることを心より願っています。

編者しるす

＊　＊　＊

学問の塔にあこがれのまなざしをもって、それぞれの志望する大学の門をたたかんとしている受験生諸君！　人間として生まれてきた私たちは、自己の欲するままに、美しく、強く、そして何よりも人間らしく生きることをねがっている。しかし、一朝一夕にして、この純粋なのぞみが達せられることはない。私たちの行く手には、絶えずさまざまな試練がまちかまえている。この試練を克服していくところに、私たちのねがう真に人間的な世界がはじめて開かれてくるのである。

人生最初の最大の試練として、諸君の眼前に大学入試がある。この大学入試は、精神的にも身体的にも、大きな苦痛を感ぜしめるであろう。あるスポーツに熟達するには、たゆみなき、はげしい練習を積み重ねることが必要であるように、私たちは、計画的・持続的な努力を払うことによって、この試練を克服し、次の一歩を踏みだすことができる。厳しい試練を経たのちに、はじめて満足すべき成果を獲得できるのである。

本書は最近の入学試験の問題に、それぞれ解答を付し、さらに問題をふかく分析することによって、その大学独特の傾向や対策をさぐろうとした。本書を一般の参考書とあわせて使用し、まとはずれのない、効果的な受験勉強をされるよう期待したい。


（昭和三十五年版「赤本」はしがきより）

目次

傾向と対策……1

二〇二四年度
問題と解答
二月九日実施分……3　解答26
二月十二日実施分……39　解答62
二月十三日実施分……75　解答99

二〇二三年度
問題と解答
二月九日実施分……3　解答27
二月十二日実施分……41　解答63
二月十三日実施分……75　解答97

二〇二二年度
問題と解答
二月九日実施分……3　解答26
二月十二日実施分……37　解答59
二月十三日実施分……71　解答93

掲載内容についてのお断り

- 本書には、一般入試二月九日、二月十二日、二月十三日実施分の「国語」を掲載しています。なお、漢文を含む国語（文学部独自日程の二月十一日実施分）につきましては、『立教大学（文学部―一般入試〈大学独自の英語を課す日程〉）』に掲載しています。
- 立教大学の赤本には、ほかに左記があります。

『立教大学（文系学部―一般入試〈大学独自の英語を課さない日程〉）』
『立教大学（日本史・世界史〈2日程×3カ年〉）』
『立教大学（文学部―一般入試〈大学独自の英語を課す日程〉）』
『立教大学（理学部―一般入試）』

TREND & STEPS

傾向と対策

問題の「傾向」を分析し、具体的にどのような「対策」をすればよいか紹介しています。まずは出題内容をまとめた分析表を見て、試験の概要を把握しましょう。

注意

「傾向と対策」で示している、出題科目・出題範囲・試験時間等については、二〇二四年度までに実施された入試の内容に基づいています。二〇二五年度入試の選抜方法については、各大学が発表する学生募集要項を必ずご確認ください。

掲載日程・方式・学部

本書には、漢文を含まない日程のみを掲載しています（漢文を含む文学部の独自日程は『立教大学（文学部―一般入試〈大学独自の英語を課す日程〉）』に掲載）。

試験日が異なっても出題傾向に大きな差はないから過去問をたくさん解いて傾向を知ることが合格への近道

立教大学の一般入試は、複数の日程を併願できる全学部日程で実施されています（ただし文学部は、加えて大学独自の英語試験で受験できる独自日程も実施）。

国語（必須）、選択科目のいずれも、試験日が異なっても同じ出題形式で、出題傾向にも大きな差はみられませんので、受験する日程以外の過去問も対策に使うことができます。

多くの過去問にあたり、苦手科目を克服し、得意科目を大きく伸ばすことが、立教大学の合格への近道と言えます。

立教大学の赤本ラインナップ

Check!

総合版　まずはこれで全体を把握！

✓『**立教大学**（文系学部−一般入試〈大学独自の英語を課さない日程〉）』

✓『**立教大学**（文学部−一般入試〈大学独自の英語を課す日程〉）』

✓『**立教大学**（理学部−一般入試）』

科目別版　苦手科目を集中的に対策！（総合版との重複なし）

✓『**立教大学**（国語〈３日程×３カ年〉）』※
※漢文を含まない日程

✓『**立教大学**（日本史・世界史〈２日程×３カ年〉）』

◎総合版＋科目別版で全日程を網羅◎

国語

年度		番号	種類	類別	内容	出典
2024 ◐	二月九日	(一)	現代文	評論	選択：内容説明、内容真偽 記述：書き取り、内容説明（三〇字）	「機会のシェアと不確実性への想像力」 小川さやか
		(二)	現代文	随筆	選択：内容説明、空所補充、内容真偽 記述：書き取り	「埋没した世界」 五月あかり・周司あきら
		(三)	古文	物語	選択：語意、口語訳、和歌解釈、内容説明、文法、内容真偽 記述：口語訳（四字）	「源氏物語」 紫式部
	二月十二日	(一)	現代文	評論	選択：空所補充、語意、内容説明、内容真偽 記述：内容説明（二〇字）	「人間にとって貧困とは何か」 西澤晃彦
		(二)	現代文	評論	選択：語意、内容説明、内容真偽 記述：書き取り	「日本人の死生観」 五来重
		(三)	古文	説話	選択：空所補充、口語訳、内容説明、語意、文法、内容真偽 記述：口語訳（七字）	「古今著聞集」 橘成季
	二月十三日	(一)	現代文	評論	選択：内容説明、空所補充、表現効果、内容真偽 記述：内容説明（五〇字）	「痛みから始める当事者研究」 熊谷晋一郎
		(二)	現代文	評論	選択：内容説明、空所補充、内容真偽 記述：内容説明	「黒雲の下で卵をあたためる」 小池昌代
		(三)	古文	歴史物語	選択：口語訳、内容説明、内容真偽 記述：文法、省略語補充（一〇字）	「大鏡」

年度	日程	番号	項目	類別	内容	出典
2023 ◑	二月九日	〔一〕	現代文	随筆	選択：内容説明、空所補充、内容真偽 記述：内容説明（四〇字）	「虚構まみれ」 奥泉光
		〔二〕	現代文	評論	選択：内容説明、内容真偽 記述：書き取り	「生きること 学ぶこと」 内田義彦
		〔三〕	古文	物語	選択：語意、口語訳、人物指摘、和歌解釈、内容真偽 記述：文法、語意	「源氏物語」 紫式部
	二月十二日	〔一〕	現代文	評論	選択：語意、内容説明 記述：内容説明（二〇字二問）	「アセクシュアル／アロマンティックな多重見当識＝複数的指向」 松浦優
		〔二〕	現代文	評論	選択：内容説明、内容真偽	「自由の秩序」 井上達夫
		〔三〕	古文	説話	選択：語意、内容説明、口語訳、人物指摘、文法、内容真偽 記述：語意	「十訓抄」
	二月十三日	〔一〕	現代文	評論	選択：書き取り、内容説明 記述：内容説明（三〇字）	「文学の楽しみ」 吉田健一
		〔二〕	現代文	評論	選択：内容説明、空所補充、内容真偽 記述：書き取り	「世の途中から隠されていること」 木下直之
		〔三〕	古文	読本	選択：口語訳、内容説明、空所補充、文法、内容真偽 記述：口語訳、書き取り	「春雨物語」 上田秋成

年度	日程	番号	種類	類別	内容	出典
2022◑	二月九日	〔一〕	現代文	評論	選択：内容説明、空所補充、内容真偽 記述：内容説明（四〇字）	「日本語で読むということ」 水村美苗
		〔二〕	現代文	評論	選択：語意、内容説明、内容真偽 記述：書き取り	「近代の虚妄」 佐伯啓思
		〔三〕	古文	読本	選択：口語訳、指示内容、内容説明、空所補充、文法、内容真偽 記述：口語訳	「飛騨匠物語」 石川雅望
	二月十二日	〔一〕	現代文	評論	選択：内容説明、内容真偽 記述：内容説明（三五字）	「これが『教養』だ」 清水真木
		〔二〕	現代文	評論	選択：内容説明、四字熟語、空所補充、内容真偽 記述：書き取り	「モンテーニュ」 宮下志朗
		〔三〕	古文	歌論	選択：空所補充、内容説明、欠文挿入箇所、口語訳、語意、指示内容、人物指摘、文法、内容真偽 記述：口語訳	「俊頼髄脳」 源俊頼
	二月十三日	〔一〕	現代文	評論	選択：内容説明、四字熟語、慣用句、空所補充、内容真偽 記述：内容説明（二五字二問）	「俳諧の詩学」 川本皓嗣
		〔二〕	現代文	評論	選択：空所補充、内容説明、内容真偽 記述：書き取り	「相対化する知性」 西山圭太・松尾豊・小林慶一郎
		〔三〕	古文	浮世草子	選択：語意、空所補充、内容説明、口語訳、文法、内容真偽 記述：語意	「西鶴名残の友」 井原西鶴

（注）●印は全問、◑印は一部マークセンス法採用であることを表す。

傾向　三題の時間配分に気を配ろう　内容真偽は合致・不合致の判断理由を明確に

一　出題形式は？

例年、大問三題の出題で、現代文二題・古文一題という構成になっている。試験時間は七五分。

解答形式は、記述式とマークセンス法による選択式の併用であるが、選択式がかなりの割合を占める。

記述式は、主に漢字の書き取り、口語訳などであるが、本文から抜き出して答える形の問題や内容説明問題も出題されている。いずれの日程においても、現代文の〔一〕で記述式の内容説明問題が出題されている。

二　出題内容はどうか？

現代文

評論二題が基本であるが、一題が随筆などになることもある。

評論の内容は、文化論や哲学論のほか、言語論や社会論などさまざまな分野から出題されるが、文章そのものは比較的読みやすく標準的なものが多い。

設問は、内容説明を中心に、空所補充、内容真偽などで構成されている。このうち記述式による内容説明は二〇〜五〇字の字数制限が付いており、本文の語句を利用してまとめる形になっている。内容真偽は択一式ではなく選択肢それぞれの適否を判断させるものである。

古文

ジャンル・時代ともにさまざまであるが、説話と物語が比較的多い。文章の長さ、難易度ともに標準的なものである。設問は例年、文法・語意・口語訳・人物指摘・内容説明などオーソドックスなものが主体である。記述式の口語訳はごく短い箇所について問われている。本文中に引用された韻文（和歌、俳諧など）の内容が問われることもある。また、現代文と同じ形式の内容真偽が頻出している。

設問数も多いので、短時間で的確に文章全体の流れをつかむ練習が必要である。

三　難易度は？

きちんと理解していれば解けるが、理解にあいまいなところがあればつまずくという良問が多い。

全体としては標準的なレベルであるが、問題量が多いので、時間配分には特に気をつけたい。三題いずれも二五分以内で済ませる練習をしておこう。

対策

一　現代文

評論文を中心に、確実な読解力を養うことが大切である。文脈を正確に読み取る練習を平素から心がけ、指示語の内容や接続関係などを確認しつつ、文章全体の主旨をつかむ練習をしていくこと。どのような文章にも対応できるよう、新聞の文化欄の評論や随筆、話題になっている新書などさまざまな文章にふれるようにしよう。さらに、文章の要旨を自分の言葉でまとめてみるなどすると、より理解力・表現力が身につくようになる。

文章の主旨をつかむことに慣れてきたら、まずは『大学入試 全レベル問題集 現代文3 私大標準レベル』（旺文社）などの標準的な問題集から取り組もう。選択問題では、正解の選択肢だけでなく、不正解の選択肢の根拠まで説明できるくらい、明確に理解するようにしておくとよい。選択肢それぞれの適否を判断させる内容真偽の問題がよく出題されているので、こうした取り組みは特に大切である。解く際には自分の安易な思い込みや直感に頼るのではなく、なぜ合致するのか、あるいはしないのかを、本文と照らし合わせながら丁寧に判断する癖をつけること。そうして問題演習を重ねていけば、素早く正確に判断できるようになる。また、設問の選択肢に本文中の言葉がそのまま出てこない場合も多いので、同じ内容を言い換えるような語彙を増やすことも必要である。『イラストとネットワーキングで覚える 現代文単語 げんたん』（いいずな書店）などを使って覚えるほか、わからない言葉はそのつど辞書で意味を確認するようにしよう。

なお、記述式による内容説明問題の対策も欠かせない。やはり問題集を利用するのが手近で効果的であろう。模範解答と見比べて、大切なポイントが漏れていないか、文末処理が合っているかなどを確認しながら、二〇～五〇字程度でまとめる問題をできるだけ多く解いて、情報を取捨選択する力を身につけ、本文の語句の利用の仕方を体得しよう。

漢字の書き取りの問題は、全体としては標準からやや難である。『生きる 漢字・語彙力』（駿台文庫）などの問題集を一冊繰り返し解き、知識を確実なものにして、得点源としたい。

二 古文

まずは、授業の予習・復習を基本に据え、基礎的な知識（文法・重要古語）を確実に身につけることが大切である。特に、動詞・助動詞の活用を押さえて確実に品詞分解ができるようにしておくことと、敬語の使い方に習熟することが重要である。文法書を利用して整理しておきたい。重要古語については、基本的なものは単語集などできちんと覚えた上で、文章を読む際に前後の内容との整合性を踏まえて解釈することが大切である。

基本事項が固まったら、問題集などで演習をしておくこと。主語・目的語を確かめ、敬語の用法などにも注意しながら、人物関係を把握し、内容を読み取る練習をしておく必要がある。

また、さまざまなジャンルの文章が出題されているので、物語・説話・歌論など、それぞれのジャンルの特徴を押さえるために、ジャンルごとに問題演習を行うとよいだろう。きちんと理解していれば解けるが、理解にあいまいなところがあればつまずくという、要するに重ねた努力が報われるような出題が立教大学の特徴でもある。和歌解釈や修辞の習得も重要であり、古文の読解を正確に、かつ素早くすることにつながるので、『大学入試 知らなきゃ解けない古文常識・和歌』（教学社）での演習が有効である。また、近世の作品からの出題も比較的多いので、『入試によく出る 古文の徹底演習』（河合出版）などの問題集や他大学の過去問にもあたり、読み慣れておきたい。

三 過去問での演習を

内容真偽など、解くのに時間を要する問題も含まれているので、時間配分なども考えながら過去問演習をしておこう。難易度を自分なりに体感しておくことが大切である。

また、必ず答え合わせをして、現代文の漢字や古文の文法などの知識問題はもちろんのこと、読解問題についても間違えた箇所は原因を分析し、正解に至る過程と根拠を明らかにしておこう。

立教大「国語」におすすめの参考書

Check!

- ✓『大学入試 全レベル問題集 現代文３ 私大標準レベル』（旺文社）
- ✓『イラストとネットワーキングで覚える 現代文単語 げんたん』（いいずな書店）
- ✓『生きる 漢字・語彙力』（駿台文庫）
- ✓『大学入試 知らなきゃ解けない古文常識・和歌』（教学社）
- ✓『入試によく出る 古文の徹底演習』（河合出版）

2024年度

問題と解答

二月九日実施分

問　題

（七五分）

一　左の文章は、著者によるタンザニア商人の調査研究に基づく論考の一部である。これを読んで後の設問に答えよ。（**解答**はすべて**解答用紙**に書くこと）

タンザニアの古着の行商人たちの日常は、ツケでのやり取りに溢《あふ》れていた。行商人の客の多くは貧しく、頻繁に掛け売りを要求した。「次の給料日に払う」などと予定を教えてくれる客は稀《まれ》で、たいていは「カネが手に入ったら払う」という曖昧な口約束になった。行商人たちは、馴染《なじ》み客の懐が温かくなる頃を狙って訪ねて行ったが、居留守を使われたり、「子どもがマラリアになったので、いまは無理だ」などと開き直られたりして、ツケの取り立てには苦労していた。行商人たちはその日に仕入れた古着の種類や品質に応じて行商ルートを選択していたため、ルートから外れるツケの回収に(イ)コウディすると商売が立ち行かなくなった。そのため、行商人たちは何度か通って相手に支払う気がないと理解すると、しばらく取り立てに行くのをやめた。そうして未払いのツケは何か月も放置され、やがてうやむやになった。

行商人も各所に未返済の仕入れ代金やツケを抱えていた。例えば、地方から都市への出稼ぎ民で占められる行商人たちは、自炊するよりも安上がりなため、「ママ・リシェ」(注)と呼ばれる路上の総菜売りで食事をしていた。その日暮らしの行商人は、稼げなかった日には馴染《なじ》みのママ・リシェで「儲《もう》かった日に払う」と約束して食べていた。彼らもツケを溜《た》め込むと、別の総菜売りへと移動し、顔を出さなくなった。

これらのツケをめぐるやり取りで不思議だったのは、取り立てられる側が「いまは無理だ」と宣言するなど強気な態度であるのに対し、取り立てる側は「長屋の家賃が払えない」「子どもの学費が未払いだ」などと必死で訴え、相手を説得しなければならないことであった。

もちろん商売人にとってツケを認めることには、得意客を維持したり、以前のツケの支払いの際に新しい商品を売り込んだりするなどの商売上の戦略もあった。また、彼らは、売り上げが少ない日などのためにわざとツケを放置することもあった。しかし決して余裕がある暮らしではないのに、何か月も何年も放置されているツケがあることに(1)私は納得がいかなかった。

仲間の商人たちになぜツケを回収しないのかと尋ねると、彼らは「相手が自発的に払ってくれないのだから、まだ彼/彼女は困難のさなかにあり、いま取り立てに行っても交渉に負ける」と説明した。ただ、ツケが返ってこなくてもいいのかと聞くと、「いつかは返してもらうが、いまはその時ではない」「カネを稼ぐまで待つと言ったのに、相手の時間的な余地を取り上げるのは難しい」などと返答された。

掛け売りは本来、商品やサービスの支払いを先延ばしにする契約であるが、商人たちの上記の語りからは、彼らはこれを市場交換と贈与交換のセットとみなしているように考えられた。(2)つまり、ツケは商品やサービスの対価であり、支払うべき負債であるが、ツケを支払うための猶予、すなわち、客が古着の代金を払える金銭を手に入れる時間は「贈与した」ものなので、「返せ」と迫るには理由がいるという論理ではないかと。

実際、掛け売りを、「代金支払いの契約」と「時間や機会の贈与」に分けると、それ以外の彼らの行動も説明できた。掛け売りが売買契約に過ぎない場合、ツケを支払えば、客には負債はないはずである。しかし多くの場合、ツケを支払ってもツケを認められた側はツケを認めた商人に「借り」があるかのように語る。馴染み客は、ツケを認めてくれた行商人に対して、すでにツケを払い終えていても自身の商売で融通を利かせるし、行商人も馴染みの路上総菜売りに「私は、困難な時にあなたを食べさせてやった母親みたいなものだろう」と言われれば、荷物を運ぶなどの頼みごとを断らない。こうした「時間」や「機会」の贈与を、「モノやサービス」のやり取りと区別する考え方は、金品の贈与や親切な行為の提供にもあてはまる。

行商人たちは、贈与の場面においても、(3)金品や親切な行いの贈与と時間的な猶予の贈与との二重性を語る。これは、贈与交換そのものが時間を介在して成り立っているという議論とは異なる。例えば、友人の誕生日に五千円の図書券をあげて自身の誕生日に五千円の図書券が返ってきた場合でも、私たちはこれを無益な物々交換とはみなさず、「贈与しあった」と考える。それは「返ってくるかわからない」という時間が挟まれるからである。だが商人たちは、交換が時間をおいて返ってくるか、返ってこないか不明瞭になることで贈与交換に近づいていくという論理ではなく、与えられた時間やチャンスの贈与を語る。

商人たちの間でも誕生日のプレゼント交換はあるが、彼らは平常時に高価なプレゼントをもらうよりも「不遇な時に助けてくれた」「ピンチを乗り越えられた」贈与をよく問題にする。彼らはそうした贈与を、その時にもらったモノやしてもらったコトの内容よりも、それを受け取った時に自身が置かれていた(4)困難な状況を強調して語る。それらの贈与や親切に対する感謝の気持ちは、「もし自分も成功したら」「いつか自身に機会があったら」「違う状況で再会したら」という「自身の状況」の変化に力点を置くフレーズをつけて語られる。その場合、彼らは、「借り」をなるべく早く返さなければならないとは考えないし、与えられたモノや支援に相当する返礼をする必要があるとも考えない。なぜなら贈与されたのは、その時の難局を切り抜けたり状況を改善させたりするための時間であり、返礼するとしたら、相手が同じく難局を切り抜けたり状況を改善するための時間であるためである。

他方、相手が(ロ)キュウチに陥って直ぐに返礼が期待できない時に贈与した側も、贈与した金品や親切に対する返礼ではなく、いつか将来に自身が難局を切り抜けたり状況を変化させたりする時間や機会を返してもらうことを期待する。未来のその時点で何が必要であるかは不明であるため、贈与したモノやコトの具体的な内容は忘れられてしまう場合が多い。

だがここで重要なことは、もし彼らが「困難な時を乗り越える時間」の贈与交換をしているのだとしたら、「借り」をもつ側は、相手に当座を乗り越える時間や機会を得ること以上のモノやサービスは要求されないという「限定性」がついていることである。

現代的なシェアリング経済がシェアの対象とするものは、多岐にわたる。各人が所有するモノやサービス、情報だけでなく、特技や時間のシェアなどもある。だが、例えば「それぞれが得意なことをしあう」や「スキマ時間に相手がしてほしいことをする」サービスは、特技と特技、時間と時間のような交換を基本としている。

これまで述べてきたように、タンザニア商人のあいだでは、贈与されたりシェアされたりしているのは、そこで直接的にやり取りされている金品やサービス、情報、技能などではなく、困難を解決し自身の状況を変えるための機会、逆に言えば、各人の人生において訪れうる偶然的な苦難や不運であるようにみえる。

（小川さやか「機会のシェアと不確実性への想像力――タンザニア商人を事例に」による）

（注）　ママ・リシェ――道端に椅子を置いただけの簡易食堂のこと。

問

(A)　＝線部(イ)・(ロ)を漢字に改めよ。（ただし、楷書《かいしょ》で記すこと）

(B)　――線部(1)について。その理由として最も適当なものを、次のうちから一つ選び、番号で答えよ。

1　ツケを取り立てる側がツケを回収できずに困難な状況に直面しているのに、取り立てられる側に悪びれた様子もないから。

2　ツケを取り立てられる側が自分の都合を並べ立ててはぐらかすため、取り立てる側はツケの回収をあきらめざるを得ないから。

3　ツケを取り立てる側には資金的な余裕がないにもかかわらず、ツケを回収できなくても商売を継続することができているから。

4　ツケを取り立てる側は説得という穏当な手段で失敗したにもかかわらず、より強力な手段を用いてツケの回収をしないから。

5　ツケをめぐり強気な態度を示しているのは取り立てられる側であり、取り立てる側は回収できないツケを放置しているから。

(C)　――線部(2)について。それはどういう意味か。句読点とも三十字以内で説明せよ。

(D)　――線部(3)について。その説明として最も適当なものを、次のうちから一つ選び、番号で答えよ。

1　金品などを与えるだけでなく、一定の時間をおいてから返礼する義務も与えているということ。

2　金品などを与えるだけでなく、現状を好転させるために必要な時間も与えているということ。

3　金品などを与えるだけでなく、期せずして、難局をしのぐための時間も与えているということ。

4　金品などを与えるだけでなく、強制的な取り立てを免れる権利も与えているということ。

5　金品などを与えるだけでなく、返礼しなくてもよいという選択肢も与えているということ。

(E)　――線部(4)について。その理由として最も適当なものを、次のうちから一つ選び、番号で答えよ。

1　置かれている状況の厳しさや複雑さを理解してもらうことで同情を引き出すことができるから。
2　依然として厳しい状況にあることを示唆することで返礼のタイミングを遅くすることが必要だから。
3　難局での親切な贈与だったことを説明することで感謝の気持ちを効果的に伝えることができるから。
4　誰にでも訪れうる偶然的な苦難や不運をしのぐための贈与こそ価値があるという認識があるから。
5　贈与は中身よりタイミングが重要だという考えを伝えることで高価な返礼を避ける必要があるから。

(F)　次の各項について、本文の内容と合致するものを1、合致しないものを2として、それぞれ番号で答えよ。

イ　タンザニアの古着の行商人がツケの回収にこだわらない理由は、自らも仕入先や路上の総菜販売業者に未払金を抱えているためである。
ロ　タンザニア商人は、常連客を囲い込むため、あるいは、ツケを回収する機会を利用して売上を伸ばすため、戦略的にツケを認めることもある。
ハ　タンザニア商人のあいだで想定されている贈与は、相手が直面している危機を短期的に切り抜けることができるような贈与ではなく、相手が長期的に安定した生活を得られるような贈与である。
ニ　筆者は、掛け売りのように売り手が一方的に損をするような商習慣が一般化していることが、タンザニア商人が経済的に成功することを妨げる原因のひとつだと考えている。
ホ　筆者は、タンザニア商人における贈与は、将来の見通しを立てることが難しい状況を生き抜くための手段のひとつだと考えている。

二　左の文章は「トランスジェンダーふたりの往復書簡」という副題を持つ書籍の一部である。筆者たちが作成した【用語集】の内容をふまえながら【本文】を読んで、後の設問に答えよ。（解答はすべて解答用紙に書くこと）

【用語集】

・トランスジェンダー

生まれたときに「あなたはこっちの性別ね」と言われた性別で生きていく人生を、自分のものとは思えなくなった人たち。こうした人たちの中には、何らかの仕方で性別を移行する人、移行しようとする人が多く含まれる。

・シスジェンダー

生まれたときに指定された性別で、不自由なくやっていける人。

【本文】

あなたの書いていることはとてもよく分かります。とても、とてもよく分かります。あなたが男性であることについて書いていること、よく分かります。かつてのわたしが試みたように、わざわざ「男らしく」する必要なんてないじゃないか、もっと自然にしていればいいのではないか。そして、いまの社会で「　a　に」生きていくことは、むしろ男性的であることと相性がよいのではないか。なるほどそうだと思います。

あなたが女性であることについて書いていることも、よく分かります。身体を小さく小さく締め上げる、象徴的な意味でも物理的な意味でも、あなたは様々なコルセットを外して、「自然な」身体のかたちを回復していったのですね。でも、それでも、わたしには無理だったのです。わたしには「自然に」男性であることなどできなかったのです。もちろん、あなたもそんなことは百も承知でしょうけれど。

いまの社会で男性を生きている人は、その九十九・九％が「男の子（boys）」を経由して「男性（men）」になります。そして、たしかに「男性らしさ」の規範が「男の子らしさ」に影響しているというのは事実ですが、わたしがずっと気になっているのは、(1)「男の子にならなければならなかった」という過去が、その後の「男性」たちのありようを縛っているのではないかということです。

わたしが「男の子にならなければならないんだ」と絶望し、涙を流しながら「男子」であるための新しい人格を心の中に用意したとき、わたしの周りではみるみる男の子たちが大きくなっていました。

身長が伸びたとか、筋肉がついたとか、それだけではありません。(2)みんなが「大きく」なったのです。あるとき、誰かの身体が、始めたのです。大きくなることを。だいたいは、ちょっとやんちゃな男の子です。声が大きくなり、ものを投げるようになり、通路のど真ん中を歩いて、周りに誰かを近寄らせない雰囲気を出していきます。そうして誰かの身体が大きくなると、自分の身を守るために、他の男の子たちも身体を大きくせざるを得なくなります。さもないと、教室の中で身体を押しつぶされてしまうからです。居場所がなくなってしまうからです。

わたしも、最終的にはやむを得ず自分の身体を「大きく」することを選びましたが、もしかするとその時点では、わたしのその「やむを得ない」経験は、他のシス的な男子と共通のものだったかもしれません。自分の身体を大きくしないと、押しつぶされてしまうのです。

よく言われます。男性たちは「男らしさの鎧《よろい》を着ている」と。しかし、かつて男の子になることを「選び」、その後男性としては生きられなくなったわたしには、少し違った光景が見えています。男の子たちは、鎧を身にまとうのではありません。身体のなかに精一杯空気を入れて、風船のように身体を膨らませるのです。男の子の身体は「大きく」なります。しかし、そこに詰まっているのはほとんど空気です。中身は以前のままなのに、外側だけ大きく膨らませなければならないのですから、一生懸命空気を送り込み、気圧を高くして、骨格も内側から支え続けなければなりません。それは非常にいびつな状態です。鋭いもので突かれると、空気が漏れて本当の身体の大きさがばれてしまいますから、男の子たちは身体の風船がなるべく誰かと接触しないよう、周りから距離をとるようになります。

男子たちは、よくお互いを叩《たた》いたりしがちですが、あれは身体と身体の距離感を確かめているのです。大きく膨らませた身体のなかには、本当は大した中身が詰まっていないのです。一人の人間としての心の成熟よりも先に、男の子たちは身体ばかり大きく膨らませるよう強いられるので、中身はほとんど空気です。その膨れ上がった身体を充実させるためには、長い長い時間をかけて自分の精神を育てていく必要があるでしょうが、膨らみすぎた身体は、もしかすると一生空虚なままかもしれません。たとえば、還暦を迎えたわたしの父の身体がそうであるように。あきらさんは、そんなふうに身体をむりやり膨らませたことがないのでしょう。だから、(3)「自然に」「男性である」ことができるのでしょう。

うらやましい。かつてのわたしにはそれはできなかった。わたしは「男性である」よりも前に「男の子」でなければならなかった。中身のない空虚な身体に、口からホースを突っ込んで無理やりポンプで身体に空気を送り込んで、ポンプを押して押して、吐きそうな口を必死に手で押さえて、破れそうな身体を守るので必死だった。だから、あきらさんが書いていることは正しい。トランス男性であるあなたは、間違いなく「新しい男性性」をこの世に生み出し、そしてそれを言語化することに成功しようとしている。わたしにはあなたが希望に見える。

その一方で、あなたは自分で気づいてもいるはずです。いまの社会で「男性である」ことが「　b　な」オプションになり得るのは、この社会が男性中心的にできているからである、ということにも。あなたはもしかすると、そのことに疚《やま》しさを覚えているかもしれませんね。でも、どうか聞いてほしいことがあります。

女性であることも、そんなに悪いことばかりではないのです。

わたしには性同一性がありませんから、たびたび書いているように、女性から「同性」として扱われるのは気持ちが悪いです。しかし、女性として生きるようになったことで、わたしは他者に自分を開くことができるようになりました。困ったときに「助けてください」と言えるようになりました。そんなこと、あきらさんにもできることかもしれません。でも、わたしが男性をやらされているときには、それはできなかった。大きく膨らんだ身体を他者に開くのは、とても怖いことだった。たしかに、男性から上から目線でいろいろ「教えられる」機会は増えました。でも、自分の弱さを他者にひらいて、助けをもらうことは、本来人間として普通のこと、こう言ってよければ「自然な」ことだと思うのです。そしてわたしは、男性として生きるのをやめて、女性のように生きるようになったことで、その「自然な」ありかたを回復したのです。

困っている人を見かけたとき、自然に声をかけられるようになりました。わたしが男性だったときには、(4)他者へのそうした回路は開かれていませんでした。相手が女性だった場合に怖がられるかもしれないとか、そういった考慮がなかったわけではありません。でも、それとは違った次元で、ごく自然に、周囲の困りごとのニーズにアンテナを張る余裕ができました。男性だった頃は、大きく膨らませた身体を維持するので頭がいっぱいで、いつも膨らんだ風船を身体の内側から押している必要がありました。

しかし、男性をやめて、そうして内側から(イ)ガンバって押す必要がなくなりました。中身のないラグビーボールのかたちを保つために、一生懸命に「内から外へ」と身体を伸ばしている必要がなくなりました。自分の身体が、周りの人の身体とつながっている感じを覚えるようになりました。バスに乗る高齢の方の身体を支えたり、ひとりで座り込む女性に声をかけたりできるようになりました。わたしには、こうした変化は人としての「自然な」姿を回復したように感じられます。空気を無理やり送り込んだり、内側から必死に身体を外に押し続けたりといった「　c　な」状態をやめて、周りの人から押されたり、引っ張られたり、手を伸ばしたり、手を伸ばされたりするようになりました。でも、それが本当は「自然な」ありようだったのだと、わたしはいま間違いなく感じています。

わたしの身体は小さくなりました。でもそれは、たんにコルセットで締め上げられているのとは違った意味も含んでいます。もちろん、とくに男性の多い環境では「小さく」させられている感覚がありますし、辞令交付や外回りでパンプス(注2)などという意味の分からない靴を履かされるときには、(ロ)ドレイのような気持ちになります。コルセットはあります。でも、それとは違った意味で、わたしはこの「小さくなった」身体を「取り戻した」という感覚があります。わたしには、この小ささが男性の身体なんかよりもずっとずっと「自然」なのです。

わたしにとっては、「女性」というのもまた「なるもの」です。「 d に」女性であるというのは、やはりわたしには理解不能です。でも、男性よりは女性である方が、わたしにははるかに自然です。わたしは、「男性の身体」を維持するための e な努力から解放されました。他者に開かれ、繋《つな》がった身体を取り戻しました。(5)それはある面では暴力にさらされることでもありますが、でも、自分の身体を不自然に他者から区別し続ける必要がなくなった。自然な身体のかたちを取り戻したのです。

(五月あかり・周司あきら『埋没した世界――トランスジェンダーふたりの往復書簡』明石書店による)

(注) 1 シス的――「シスジェンダー的」の略語。
2 パンプス――足の甲の部分が大きく開き、ベルトや留め金のない婦人靴。

問

(A)　━━線部(イ)・(ロ)を漢字に改めよ。(ただし楷書《かいしょ》で記すこと)

(B)　――線部(1)について。その説明として最も適当なものを、次のうちから一つ選び、番号で答えよ。

1　他者に向けて自分を誇示しようとする競い合いのなかに身を置かざるを得なくなってしまったこと。
2　明解に自分の性別が固定され、これ以降、性別の移行ができなくなってしまうことに気付いたこと。
3　九十九・九%の多数派に過ぎないという自分の平凡さを自覚せざるを得なくなったこと。
4　自分が生まれた時に社会から与えられた性別とは別の性別に移行せざるを得なくなったこと。
5　周囲が養ってくれる心地よい状況を脱し、自活する準備をしなければならなくなったこと。

(C)　――線部(2)について。その説明として最も適当なものを、次のうちから一つ選び、番号で答えよ。

1　身体を小さくさせるような社会の仕組みに逆らって、自分に相性が良い身体を選び取ったこと。
2　年齢とともに物理的に身体が成長し、背が伸びたり、筋肉がついたりしたこと。
3　他人の身体に押しつぶされないように、外側だけを必死に膨らませるようになったこと。
4　自分の弱さを自覚し、他者に自分の身体を開くような心の成熟を達成し、内面的に成長したこと。
5　大きくて硬い男らしさの鎧をまとって、自分の小さな体を守るようになったこと。

(D)　――線部(3)について。あきらが「自然に」「男性である」ことができている理由として最も適当なものを、次のうちから一つ選び、番号で答えよ。

1　「男の子」の段階を経ないまま、「男性」として生きることが可能だったから。
2　「新しい男性性」をこの世に生み出し、それを言語化することに成功しているから。
3　自分の身体を「大きくする」という「やむを得ない経験」を、きちんと受容できているから。
4　自分自身が生まれたときに指定された性別で「不自由」なくやっていけているから。
5　「男性」中心的にできている社会を「男性」として生きることに疚しさを覚えているから。

(E)　――線部(4)について。そうした「回路」が開かれたのはなぜか。その理由として最も適当なものを、次のうちから一つ選び、番号で答えよ。

1　これまで持て余していた自分の大きな身体を、困っている他人のために役立てる方法を発見できたから。
2　無駄にプライドを保つことの虚しさに気づき、自己の内面の充実を重視させる必要性に気付いたから。
3　他人の不自然な状態を認識し、それを自然な方向へと促すことの意義を感じるようになったから。
4　自分の身体の大きさを維持する必要がなくなり、周りの人たちの状況を感じ取るゆとりができたから。
5　女性の置かれた社会的に不利な状況に気付き、意識的に社会を変えていこうと思うようになったから。

(F)　――線部(5)について。その具体的な経験の例として最も適当なものを、次のうちから一つ選び、番号で答えよ。

1　職場で、同僚の男性が偉そうな態度で仕事のやり方を教えてくる経験。
2　日常生活の中で、女性と会話するときに同性として扱われる経験。
3　家族の強い期待に晒《さら》され続け、そのプレッシャーによって疲弊してしまう経験。

4　仕事の中で、重い荷物を運ぶような無理な力仕事を指示される経験。
5　学校で、友人が身体の距離感を確かめるかのように背中を強く叩いてくる経験。

(G)　空欄 a ～ e には 自然 か、 不自然 か、どちらかの語が入る。 自然 を1、 不自然 を2として、それぞれ番号で答えよ。

(H)　次の各項について、本文の内容や形式と合致するものを1、合致しないものを2として、それぞれ番号で答えよ。
イ　自然に感じられる性別に移行することによって、本来の性同一性が回復される。
ロ　男性は齢を重ねても、内面的な成熟をなおざりにしたままになりがちである。
ハ　【本文】の筆者は、人に助けを求められるようになると同時に、人を助けられるようになった。
ニ　往復書簡という形式を取ることで、それぞれの身体に関する認識の違いを際立たせるような書き方がなされている。

三　左の文章は、『源氏物語』の「藤裏葉」の巻の一節で、夕霧に内大臣からの手紙が届く場面である。かつて内大臣の娘雲居雁と夕霧は恋仲だったが、内大臣は雲居雁を東宮に入内させるつもりだったため、二人の仲を裂いて会わせないようにしてきた。しかし、時が経過し、状況には変化が生じている。これを読んで後の設問に答えよ。（**解答**はすべて**解答用紙**に書くこと）

(1)ここらの年ごろの思ひ（注1）のしるしにや、かの大臣《おとど》（注2）も、(2)なごりなく思し弱りて、はかなきついでの、わざとはなく、さすがに(3)つきづきしからんを思すに、四月朔日《ついたち》ごろ、御前の藤の花、いとおもしろう咲き乱れて、世の常の色ならず、(4)ただに見過ぐさむこと惜しき盛りなるに、遊びなどしたまひて、暮れゆくほどのいとど色まされるに、頭《とうの》中将（注3）して御消息《せうそこ》あり。「一日《ひとひ》（注4）の花の蔭《かげ》の対面の飽かずおぼえはべ(イ)りしを、御暇《いとま》あらば立ち寄りたまひなんや」とあり。御文には、

A　わが宿の藤の色こきたそかれに尋ねやはこぬ春のなごりを

げにいとおもしろき枝につけたまへり。(5)待ちつけたまへるも、心ときめきせ(ロ)られて、かしこまりきこえたまふ。

B　なかなかに折りやまどはむ藤の花たそかれどきのたどたどしくは

と聞こえて、「口惜しくこそ臆《おく》しにけれ。とり直し（注5）たまへよ」と聞こえたまふ。「御供にこそ」とのたまへば、「わづらはしき随身《ずいじん》はいな」とて帰しつ。

大臣（注6）の御前に、かくなんとて御覧ぜさせたまふ。(6)「思ふやうありてものしたまへるにやあらむ。さも進みもの

したまはばこそは、(注7)過ぎにし方の孝《けう》なかりし恨みも解けめ」とのたまふ、御心おごり、(注8)こよなうねたげなり。「(7)さしもはべらじ。対の前の藤、常よりもおもしろう咲きてはべる(ハ)なるを、静かなるころほひなれば、(注9)遊びせんなどにやはべらん」と申したまふ。「わざと使《つかひ》さされたりけるを、早うものしたまへ」とゆるしたまふ。いかならむと下には苦しうただならず。「直衣《なほし》こそあまり濃くて軽《かろ》びためれ。(注10)非参議《ひさんぎ》のほど、何《なに》となき若人こそ、(注11)二《ふた》藍《あゐ》はよけれ、(8)ひきつくろはんや」とて、わが御料の(9)心ことなるに、えならぬ御衣《ぞ》ども具して、御供に持たせて奉れたまふ。

（注）
1　思ひ――夕霧の雲居雁への恋心。
2　かの大臣――あの内大臣。雲居雁の父。
3　頭中将――内大臣の息子の柏木。
4　一日の花の蔭の対面――先日の大宮（内大臣の母）の一周忌の法事で内大臣と夕霧が会ったこと。
5　とり直したまへよ――よろしく取りつくろってください。
6　大臣の御前――太政大臣。夕霧の父光源氏。
7　過ぎにし方の孝なかりし恨み――かつて、内大臣が夕霧と雲居雁の仲を裂いて大宮を悲しませたことを、光源氏はずっと恨んできた。

8 こよなうねたげなり――まったく憎らしいほどだ。語り手の評言。
9 静かなるころほひ――公務が暇な時期。
10 非参議――参議に昇進していない者。夕霧は既に参議に昇進している。
11 二藍――紅花と藍との二種類の染料で染めた色。

問

(A) ――線部(1)の意味として最も適当なものを、次のうちから一つ選び、番号で答えよ。

1 期待　2 最近　3 悔恨　4 幼少　5 多数

(B) ――線部(2)の現代語訳を四字以内で記せ。ただし、句読点は含まない。

(C) ――線部(3)の解釈として最も適当なものを、次のうちから一つ選び、番号で答えよ。

1 ふさわしい折　2 遠くない日取り
3 月の美しい夜　4 修行の期間
5 風情のある日

(D) ――線部(4)の解釈として最も適当なものを、次のうちから一つ選び、番号で答えよ。

1 無料で人々に見せること

2　ひたすら愛でて時を過ごすこと
3　何もせずにそのままにしてしまうこと
4　じかに観賞しないこと
5　気づかないふりをして過ごすこと

(E)　本文中のAの和歌に込められた内大臣の心情として最も適当なものを、次のうちから一つ選び、番号で答えよ。

1　我が家は遠いでしょうか。
2　我が家に来ていただきたいです。
3　我が家に近づかないでください。
4　我が家に来るなら春先がよいです。
5　我が家に来るよりも手紙をください。

(F)　――線部(5)について。このとき夕霧はどのような気持ちになったか、最も適当なものを、次のうちから一つ選び、番号で答えよ。

1　雲居雁からの返事を待ちこがれる気持ち。
2　待ちくたびれて諦めた失望の気持ち。
3　待ち続けてやっと入手できた喜びの気持ち。

4　内大臣に仕返しする機会を待ちかまえる気持ち。
5　藤の花を誰かに見せる機会を待ちきれない気持ち。

(G)　本文中のBの和歌の解釈として最も適当なものを、次のうちから一つ選び、番号で答えよ。
1　夕暮れの暗い中で藤の花を折れるものかどうか心配だ。
2　昼夜を問わず藤の花を折ることができる立場が誇らしい。
3　昼間ならば藤の花を折ることができるか疑わしい。
4　内大臣邸の藤の花が夕闇に放つ香りが素晴らしく賞賛される。
5　夜明け前にはとても藤の花を折れないと遠慮してしまう。

(H)　――線部(6)の解釈として最も適当なものを、次のうちから一つ選び、番号で答えよ。
1　亡き大宮を共にしのぶために夕霧を招いたのだろう。
2　内大臣邸の美しい藤の花を自慢しようと夕霧を招いたのだろう。
3　気弱になった内大臣が夕霧と対話したくなって招いたのだろう。
4　夕霧と雲居雁の結婚を認めるつもりで夕霧を招いたのだろう。
5　私と仲直りしたくてまずは夕霧を先に招いたのだろう。

(I)　――線部(7)の解釈として最も適当なものを、次のうちから一つ選び、番号で答えよ。
1　ただ藤の花を愛でるだけの宴でもかまわないでしょう。

2　雲居雁と私を結婚させてくれるなんてことはないでしょう。
3　内大臣が言うほど優れた藤の花であるはずはないでしょう。
4　雲居雁と私との仲を今も疑っているわけはないでしょう。
5　自邸の藤の花も内大臣邸の藤の花に劣らず見事でしょう。

(J)　――線部(8)の解釈として最も適当なものを、次のうちから一つ選び、番号で答えよ。
1　衣のほころびを繕ったらどうか。
2　似合う衣を引っ張り出して来ようか。
3　身分相応の衣を着たらどうか。
4　藤の花より美しい衣を着たらどうか。
5　衣の色を染め直したらどうか。

(K)　――線部(9)の意味として最も適当なものを、次のうちから一つ選び、番号で答えよ。
1　気に入っている　　2　風変わりな
3　意図と違っている　　4　配慮が行き届いている
5　特別に素晴らしい

(L)　＝＝線部(イ)～(ハ)の助動詞の文法上の意味として最も適当なものを、次のうちから一つずつ選び、番号で答えよ。ただし、同じ番号を何度用いてもよい。

1 受身 2 可能 3 自発 4 尊敬 5 完了
6 断定 7 伝聞推定 8 過去

(M) 次の各項について、本文の内容と合致するものを1、合致しないものを2として、それぞれ番号で答えよ。

イ 光源氏は、内大臣が夕霧と雲居雁を結婚させるつもりだと解釈した。
ロ 光源氏は、夕霧に二藍に染めた直衣を着ていけばよいと勧めた。
ハ 夕霧は、恋しい雲居雁と結婚できるという確信を得た。
ニ 夕霧は、内大臣からの手紙が嬉しくて、喜びにあふれる返歌をした。
ホ 内大臣は、藤の花を愛でる宴をできるだけ延期したいと考えた。

二月九日実施分

解答

一

出典　小川さやか「機会のシェアと不確実性への想像力―タンザニア商人を事例に」（『地域開発』二〇二一年夏号　Vol. 638　日本地域開発センター）

解答

(A)　(イ)拘泥　(ロ)窮地

(B)　5

(C)　「代金支払いの契約」と「時間や機会の贈与」が一組であること。（三十字以内）

(D)　2

(E)　4

(F)　イ―2　ロ―1　ハ―2　ニ―2　ホ―1

要旨

タンザニア商人たちは、商品やサービスの支払いを先延ばしにする掛け売りを客に認めるだけでなく、客が負債を支払うための猶予を「贈与した」ものだと捉え、無理な取り立てを行わなかった。「代金支払いの契約」と「時間や機会の贈与」とをセットで考える彼らは、自身が難局を切り抜け状況を改善するための時間を与えられると、「自身の状況」が変化した将来、相手に当座を乗り越える時間や機会を返礼しようと考える。各人の人生において訪れうる偶然的な苦難や不運を贈与したりシェアしたりする彼らの考え方は、特技や時間までシェアの対象とする現代的なシェアリング経済とも異なるようにみえる。

解説

(B)「納得がいかなかった」と筆者が語る理由を説明する問題である。筆者は決して「余裕がある暮らし」をしていないタンザニア商人が長期間「ツケを放置する」ことに対して〈納得がいかない〉と思っている。〈納得がいかない〉とは〈理解ができない〉ということであり、筆者は第三段落で「取り立てられる側」が「強気な態度」で、「取り立てる側」が「必死」で「相手を説得しなければならない」ことを、「ツケをめぐるやり取りで不思議だった」と述べている。よって、正解は5である。

(C)傍線部を言い換える問題である。傍線部を含む一文を確認すると、「市場交換と贈与交換のセット」は「掛け売り」を指しており、それは「商品やサービスの支払いを先延ばしにする契約」である。「つまり」で始まる直後の文を見ると、「市場交換」とは「商品やサービス」を「対価」と「交換」することであり、「贈与交換」とは「ツケを支払うための猶予」を客に「贈与」することである。ただし三十字という字数制限があるため、これを簡潔にまとめた第七段落一文目の表現を使い、「セット」を他の表現に言い換えるといい。

(D)傍線部を言い換える問題である。選択肢を見ると、すべてが「金品などを与えるだけでなく」という書き出しであり、これは傍線部の「金品や親切な行いの贈与」の部分を指すため、ここでは「時間的な猶予の贈与」について説明すればよい。「贈与」される「時間」とは、第九段落にあるように、「その時の難局を切り抜けたり状況を改善させたりするための時間」である。よって、正解は2である。なお、3も一見悪くないようだが、「期せずして」という表現が誤りである。「商人たち」は〈思いがけず〉に時間やチャンスを贈与しているわけではない。

(E)「商人たち」がもらった「モノ」や「コト」自体よりも、その時の自身の「困難な状況を強調して語る」理由を説明する問題である。同段落の「なぜなら」以降に着目すると、「贈与されたのは……時間であり、返礼するとしたら……時間である」とある。このことをまとめた最終段落の「贈与されたりシェアされたりしているのは……各人の人生において訪れうる偶然的な苦難や不運である」もふまえると、正解は4である。

(F) 内容真偽の問題である。まず合致するものについて、ロは第四段落と、ホは第十三段落の内容とそれぞれ合致する。次に合致しないものだが、イは第五段落と合致しない。ハの「相手が長期的に安定した生活を得られるような贈与」という表現が、第九段落のあくまで「その時の難局を切り抜けたり状況を改善させたりするため」の贈与と合致しない。また、ニでは「掛け売り」を「売り手が一方的に損をするような商習慣」だとしているが、第四段落に「ツケを認めること」は「商売上の戦略」だとある。さらに筆者は本文において「タンザニア商人が経済的に成功」できないとは言っていないため、合致しない。

二

出典 五月あかり・周司あきら『埋没した世界――トランスジェンダーふたりの往復書簡』〈第3章　思春期はまだない〉（明石書店）

解答

(A) (イ)頑張　(ロ)奴隷
(B) 1
(C) 3
(D) 1
(E) 4
(F) 1
(G) a―1　b―1　c―2　d―1　e―2
(H) イ―2　ロ―1　ハ―1　ニ―1

要旨

出生時の性別で生きることに違和感を持つトランスジェンダーで男性から女性になった「わたし」は、かつて「男の子」になるために、周囲に合わせて空虚な中身に不釣り合いに外側だけを膨らませるという不自然な経験を強いられた。

そうした経験を経ていない、自分とは逆のトランス男性のあきらに「新しい男性性」を創造し言語化できる希望を見出している。男性中心的な社会において女性は抑圧される部分も多いが、男性をやめて女性として生きる中で、他者に自分の弱さを開けるようになった「わたし」は、困っている他者に手を差し出せるようになり、他者に開かれ繋がった自然な身体のかたちを取り戻したと感じている。

解説

(B) 傍線部を言い換える問題である。「男の子にならなければならなかった」という表現から〈諦観を帯びた義務〉が感じられる。第四段落から第七段落にかけて、「みるみる男の子たちが大きくなって」いく中で〈大きな声を出し、粗暴かつ傍若無人に振る舞う男の子〉から「自分の身を守る」ために、また「押しつぶされて」しまい「居場所がなくなって」しまうことがないように「他の男の子たちも身体を大きくせざるを得なく」なり、筆者も「最終的にはやむを得ず自分の身体を『大きく』すること」を選んだと書かれている。よって、正解は1である。

(C) 傍線部を言い換える問題である。「みんな」とは「男の子」であり、傍線部を含む文の直前の文を見ると、「『大きく』なった」のは「身長が伸びたとか、筋肉がついたとか」という〈年齢とともに成長する〉ことだけを指すわけではないとわかる。詳細は第八段落に書かれており、「身体のなかに精一杯空気を入れて、風船のように身体を膨らませ」て「中身は以前のままなのに、外側だけ大きく」見せることである。つまり〈大きくなる〉とは〈虚勢を張る〉ことである。よって、正解は3である。なお、5は「大きくて硬い男らしさの鎧」というのが「風船」と合致しないため誤り。

(D) 「トランス男性」である「あきら」が「自然に」「男性である」ことが可能な理由を説明する問題である。まず「トランス男性」については、本文冒頭の【用語集】をふまえると〈出生時の性別である女性に違和感を持ち、男性として生きている人〉だと考えられる。また、傍線部の直前に「だから」という因果を表す接続詞があるため、直前の部分が理由となる。「あきら」は「身体をむりやり膨らませたことがない」ために「自然」であると筆者は捉えている。

よって、正解は1である。なお、2は第十段落にほとんど同じ内容が書かれているが、本文では「成功しようとしている」とあるため誤り。

(E) 筆者の「他者へのそうした回路」が開かれた理由を説明する問題である。まず「そうした回路」とは傍線部を含む文の直前の文にあるように「困っている人を見かけたとき、自然に声をかけられる」回路である。筆者は「男性だったとき」にはその回路を開けていなかったと感じているが、それは同じ段落にあるように「大きく膨らませた身体を維持する」ことに精一杯だったからである。しかし、男性をやめたことで「ごく自然に、周囲の困りごとのニーズにアンテナを張る余裕」ができたと筆者は感じている。よって、正解は4である。

(F) 文脈から「あきら」とは逆の〈トランス女性〉だと推測される筆者が〈女性になる〉ことで「さらされ」てしまう「ある面」での「暴力」の具体例を選ぶ問題である。女性として生きることになった筆者は、第十三段落や第十六段落で「男性から上から目線でいろいろ『教えられる』機会」が増え、「男性の多い環境では『小さく』させられている感覚」があり、「辞令交付や外回りでパンプス」を「履かされる」ことに窮屈さを感じている。つまり筆者は、第十一段落にあるように「この社会が男性中心的にできている」ことに起因する不自由さを「暴力」だと言っている。よって、正解は1である。

(G) まず空欄aだが、「いまの社会」とは(F)の〈解説〉にも述べたように「男性中心的」な社会である。だとすると、「男性的である」ことは「自然」であるため、1である。同様の理由で空欄bも1である。次に空欄cだが、空欄の直前の「無理やり」や「必死に」という表現から、「不自然」が入るため、2である。そして空欄dだが、筆者にとって「女性」は「なるもの」であるため「『自然に』女性である」ことは「理解不能」なのである。よって、1である。しかしながら「『男性よりは女性である』ほうが『自然』だと感じる筆者にとって「『男性の身体』を維持する」ことは「不自然」であり、空欄eは2である。

(H) 内容真偽の問題である。まず合致するものについて、ロは第九段落と、ハは第十三段落から第十五段落にかけての内容と合致する。ニはリード文で「トランスジェンダーふたりの往復書簡」という副題が紹介されており、第一段落で「あなたの書いていること」について「よく分かります」と理解を示しつつ、「でも、それでも、わたしには無理だったのです」（第二段落）と「認識の違い」を示している。次に合致しないものだが、イの「本来の性同一性が回復される」という表現が、第十三段落で筆者が吐露する「わたしには性同一性がありません」という表現と合致しない。〈トランス女性〉だと推測される筆者が「男性をやめて」も「性同一性」は回復しないと言っている。

三

出典 紫式部『源氏物語』〈藤裏葉〉

解答

(A) 5
(B) すっかり（「まったく」「完全に」も可）（四字以内）
(C) 1
(D) 3
(E) 2
(F) 3
(G) 1
(H) 4
(I) 2
(J) 3
(K) 5
(L) (イ)—8 (ロ)—3 (ハ)—7

(M)　イ―1　ロ―2　ハ―2　ニ―2　ホ―2

全訳

長年にわたる（夕霧の雲居雁への）思いのかいがあったのであろうか、あの（雲居雁の父親の）内大臣も、すっかり気が弱くなりなさって（結婚を許すことにして）、ちょっとした機会で、ことさらにというわけではなく、それでもやはり（娘を結婚させるのに）ふさわしい折をとお思いになっていると、四月上旬頃、（内大臣邸の）お庭の藤の花が、とても美しく咲き乱れて、ありふれた花の色ではない、そのまま（花の美しさを）見過ごしてしまうことが惜しい花盛りなので、管絃の遊びなどをしなさって、日が暮れゆく頃のますます花の色の美しさが増すときに、（内大臣は、息子の）頭中将（＝柏木）を（夕霧のもとに）使わして御手紙がある。「先日の花のもとでの（夕霧との）対面が（もっとゆっくりお話ししたかったと）心残りなことと思われましたので、お時間がおありならば（内大臣邸に）お立ち寄りくださいませんか」とある。（その）御手紙には、

私の家の藤の花の色が濃い夕暮れ時に尋ねては来ませんか、春の名残を（惜しみに）。

まことにとても美しい（花の）枝に付けておられた。（このような誘いを）お待ちなさっていたことがかなったにつけても、（夕霧は）思わず胸がどきどきして、御礼を申し上げなさる。

かえって（藤の花を）折ることに迷ってしまうでしょうか。藤の花が夕暮れ時のはっきりしないところでは。

と申し上げて、「残念なことに気後れし（た歌になっ）てしまった。（内大臣に）よろしく取りつくろってくださいよ」と申し上げなさる。「お供しますよ（＝一緒に参りましょう）」と（柏木が）おっしゃると、「面倒な随身はお断り」と（夕霧は）言って（柏木を先に）帰した。

（夕霧は）大臣の御前（＝光源氏）に、このような（手紙がございました）と言って御覧に入れる。「（結婚を認めるという）考えがあって（手紙を）寄越しなさったのであろうか。そのように向こうからおっしゃってくださるのならば、かつての（内大臣の、母上である大宮に対する）不孝な行いへの私の恨みも晴れるだろう」とおっしゃる、（その光源氏の）

得意気でいらっしゃる様子は、まったく憎らしいほどである。（夕霧は）「それほどの（考えがあっての）ことではございませんでしょう。対の屋の前の藤の花が、いつもよりも美しく咲いているそうですので、公務が暇な時期なので、管絃の遊びをしようということなどでございましょうか」と申し上げなさる。（光源氏は）「（先方から）わざわざ使いを向かわせなさったのだから、はやくお行きなさい」と許しなさる。（夕霧は）どのような（内大臣の）おつもりなのだろうかと内心では心配でたまらない。（光源氏は）「（今着ている）直衣はあまりに（色が）濃くて（身分が）軽いように見えるだろう。参議に任ぜられていない頃（＝「非参議」のこと。参議の資格がある四位で、参議に任ぜられない者）や、たいした官職もない若者であるなら、二藍（＝紅花と藍との二種類で染めた色）はよいだろうが、（お前は参議なのだから）身分相応の衣を着たらどうか」と言って、自分の（＝光源氏の）お召し物で格別に見事なのに、並々でないお召し物を取り揃えて、御供の者に持たせて差し上げなさる。

解説

(A) 「ここら」は数や量が多いさまを言う語。〝たくさん・多く〟の意。したがって、正解は5である。長年、夕霧が雲居雁に恋心を抱いていることを述べる場面である。他の選択肢1～4で示された意味は「ここら」にはないので不適。

(B) 「なごりなし」は〝まったく後に残るものがない・跡形もない・心残りがない〟の意。傍線部に続く「思し弱る」は「思ひ弱る」（＝気が弱くなる）の尊敬表現である。傍線部を含む一文は以前とはうって変わって気が弱くなった内大臣の様子を述べていると考え、また、「四字以内」という設問に合わせると〝すっかり〟〝まったく〟〝完全に〟などと訳すとよい。

(C) 「つきづきし」は〝似つかわしい・ふさわしい・よく調和している〟の意。傍線部は内大臣が夕霧に娘との結婚を許す機会をうかがっている場面である。したがって、正解は1の「ふさわしい折」である。5の「風情のある日」は、文脈だけを考えるとあてはまるが、「つきづきし」の語義に合わないので不適。

(D) 「ただに」は形容動詞「ただなり」の連用形。〝（程度や状態が）特に変わったこともない・ふつうである〟〝むなしい・無駄である〟の意。「見過ぐす」は〝見ながらそのままに過ごす・看過する〟の意。ここでは内大臣邸の藤の花が色美しく咲いており、その時期をむなしく見過ごしてしまうことを「惜し」（＝残念だ）と思っている場面。したがって、正解は3である。4の「じかに観賞しないこと」は「じかに」が「ただに」の語義に合わないので不適。

(E) Aの和歌の前で、内大臣は夕霧に手紙を出し、そのなかで「御暇あらば立ち寄りたまひなんや」（＝お時間がおありならばお立ち寄りくださいませんか）とある。その手紙に添えられた和歌であることが、解釈のヒントとなる。内大臣の心情が直接に表れているのは「尋ねやはこぬ春のなごりを」の箇所である。内大臣は夕霧に「尋ねやはこぬ」（＝尋ねてきませんか）と自邸に呼ぼうとしている。したがって、正解は2である。4の「我が家に来るなら春先がよいです」は、この時「四月朔日ごろ」であることに合わず（四月は旧暦では夏であるから、春が終わって夏になったばかり）、また夕霧をこれから呼ぼうとする内大臣の意図にも合わない。なお、「やは」は反語で用いることが多いが、特に「やは…ぬ」は呼びかけ・勧誘の用法がある（〝…しませんか・…したほうがよいですよ〟と訳す）。

(F) 傍線部(5)を含む一文を直訳すると〝お待ちになっていたことが来たことにつけても、（夕霧は）胸がどきどきしてしまって、御礼を申し上げなさる〟である。夕霧と内大臣との関係は前書きにある。夕霧は内大臣の娘である雲居雁に思いを寄せているが、内大臣が会わせないようにしていた。その内大臣からの手紙を「待ちつけ」た夕霧が「心ときめき」している心情を考えるとよい。「待ちつけ」は「待ちつく」（他動詞・下二段活用）の連用形。来るのを待って、その人や物や時に会う（待っていたことが達成される）という意。したがって、ここでの「待ちつく」は〝（内大臣からの手紙を）待っていて、その手紙が届いた〟の意である。待望の手紙を手に入れて、「心ときめく」（＝胸がどきどきする）夕霧の心情を表したものは3である。1は手紙の相手を雲居雁としている点が不適。なお、「心ときめく」はよいことを期待する場合が多く、不安・恐れの場合は「胸つぶる」という。

(G) Bは二句切れの歌である。「なかなかに折りやまどはむ」の「まどふ」は〝迷う〟の意。したがって二句目までは〝かえって折ることに迷うであろうか〟と解釈するとよい。「たそかれどき」は〝夕暮れ時〟の意。内大臣からの和歌

(H) 「たどたどし」は〝おぼつかない・はっきりしない・暗い〟の意。2・3・5は「たそかれ」の語義に合わない。4は「夕闇に放つ香りが素晴らしく賞讃される」とあるが、Bの和歌は香りを賞讃する歌ではない。(A)の「たそかれに尋ねやはこぬ」(＝夕暮れ時に、尋ねては来ませんか)を受けている。

(I) 夕霧の父である光源氏が、内大臣の意図を推し量る場面である。「思ふやうあり」の「やう」は形式名詞で〝こと〟の意。「ものす」は、ここでは「送る・遣る」などの代動詞。続く「過ぎにし方の……解けめ」の解釈がポイント。(注)を参考にすると、夕霧と雲居雁との関係を内大臣が認めるつもりなのだろうと光源氏が考えていることがわかる。したがって、正解は4である。1は内大臣の夕霧に対する手紙の中で「御暇あらば」と述べている箇所からも、また傍線部以降の展開で、光源氏が夕霧の衣裳を威厳あるものにしようとしていることからも誤りである。2も、ただ藤の花を観賞するだけではなく、何か意図があるのだろうとする光源氏の言葉に合わない。3は「夕霧と対話したくなって招いた」だけでは、「過ぎにし方の……解けめ」と続きにくい。5はやや紛らわしい。内大臣は、夕霧の背後に父である光源氏の存在を意識していたであろうが、光源氏が内大臣の行為を「さも進みものしたまはばこそは……」(＝そのように積極的になさるのであれば……)と言うのは、夕霧と雲居雁との縁談のことであり、光源氏自身に関わることではない。光源氏としては、まずは内大臣は、夕霧と雲居雁との結婚を認めようというのであろう、という4の選択肢が正解である。

(J) 傍線部「さしもはべらじ」の解釈は〝それほどの(考えがあっての)ことではございませんでしょう〟となる。「さ」の指示内容は傍線部(6)の箇所になる。光源氏の、夕霧と雲居雁との結婚を認めようというのであろうという言葉に対して「それほどのものではないでしょう」との返事をし、内大臣の手紙の通り、藤の花を観賞しながら、管絃の遊びの誘いでしょうとする夕霧の発言から考えるとよい。したがって、正解は2である。1・3・5は藤の花にのみ言及しているので不適。4では光源氏が「内大臣は二人の間を疑っているのではないか」と発言したことになり不適。

傍線部の「ひきつくろふ」は〝身なりや体裁を整える〟の意。「ん(む)」は勧誘のはたらきであり〝〜しないか〟と訳す用法。光源氏が夕霧に、色の濃い二藍の直衣ではなく、ふさわしい身なりに整えることを促す場面である。さらに光源氏は直衣の下の衣も、自分用に作らせたものを夕霧の御供の者に持たせている。したがって、正解は3である。1のように「ほころび」を気にしたわけではない。2のように「似合う」か否かではなく、身分にふさわしい衣裳を着せようというのである。4は「藤の花より美しい」が、5は「染め直したらどうか」がそれぞれ不適。

(K) 傍線部「心ことなる」の「こと」は漢字を当てれば「殊（異）」であり〝趣が格別である・心づかいが格別である〟の意。したがって、正解は5である。「わが御料」の「わが」は〝光源氏の〟の意。「料」は〝（使用する）物・用品〟の意で、ここでは光源氏が自分のために作らせた衣のこと。

(L) 文法問題はまず訳を作ってから、文法的なはたらきを考えるとよい。

(イ) 二重傍線部を含む箇所「おぼえはべりしを」は〝思われましたので〟と訳せる。接続助詞「を」は活用語の連体形に付くことも考え合わせると、過去の助動詞「き」の連体形と判断できる。8が正解。

(ロ) 「心ときめきせられて」は〝胸がどきどきしてしまって〟と解釈できる。助動詞「らる」は自発・受身・可能・尊敬のはたらきがある。心情に関する語につく「らる」は自発となることが多い。また、自発の用法は〝自然にそうなる〟ことを表すので文意にも合致する。したがって、3の「自発」が正解。

(ハ) 助動詞「なり」は体言・連体形に付く断定のはたらきと、終止形に付く伝聞・推定のはたらきに分けられる。「咲きてはべるなる」は内大臣邸の藤の花の様子を、夕霧が手紙によって伝聞したものなので、正解は7の「伝聞推定」である。この箇所の「はべる」は連体形であるが、伝聞・推定の「なり」はラ変型の活用の語には、連体形あるいは連体形の撥音便に付く。

(M) イ、光源氏の会話文「思ふやうありてものしたまへる……恨みも解けめ」の内容に合致する。なお、内大臣邸で美しく咲く藤の花は、内大臣の娘である雲居雁のことを喩えていると考えてよい。

ロ、本文の「非参議のほど……ひきつくろはんや」に合致しない。光源氏は「二藍」の直衣は夕霧の身分にふさわしくないとしている。

ハ、 夕霧は光源氏に対して「さしもはべらじ……遊びせんなどにやはべらん」と述べている。内心では待ちに待った内大臣からの手紙だけに、雲居雁との関係を認めてくれるのではないかとの期待はあったとは考えられるが「確信を得た」とまでは言えない。

ニ、 「喜びにあふれる返歌をした」が夕霧の返歌である「なかなかに……」の内容に合致しない。「なかなかに折りやまどはむ」(＝かえって〔藤の花を〕折ることに迷ってしまうでしょうか)とは、招待を受けて戸惑っています、という夕霧の丁重な返事であり「喜びにあふれる返歌」とは言えない。なお、「花を折る」は、ここでは内大臣の許しを得て雲居雁を頂く、との含意があると考えられる。

ホ、 内大臣の和歌からも、その前の「御暇あらば立ち寄りたまひなんや」との文面からも「できるだけ延期したい」という意図は読み取れないので不適。

二月十二日実施分

問題

（七五分）

一 左の文章を読んで後の設問に答えよ。（解答はすべて解答用紙に書くこと）

人間の歴史の長い時間において、多くの人々にとっての貧困や飢えは、誰もがそれへの怖《おそ》れとともにあり、共同体を作り上げてようやくの対処をなすことに人生を捧《ささ》げるような課題であった。ひどい貧しさは嘆かれてはきたが、貧者の貧困は宗教的な宿命論のもとで解釈されてきたのだし、「今ある私ではない私」の想像も封じられてきた。しかし、(1)歴史上きわめて特異な近代の時空間という「実験室」に投げ入れられた人間たちは、潜在していた特質と欲望を顕《あらわ》にし、共同体へのこだわりを捨てて、自らを個人化する方へと歩んでいった。もちろん、この「実験室」は完全な均質空間ではありえず、社会階層や地域により個人化の進度に違いはあったし、人間の文化はたやすい変化を許さない抑止力を備えてもいた。だが、数世代の時間とともに、着実に個人化は人々を捕らえてきたといえると思う。この特異な時空間において、「そうすることになっているからそうする」と行為を方向づけていた慣習は弱められ、行為の選択とその責任が個人に委ねられる幅は増していった。そうはいっても、人々に与えられる行為の選択肢は、社会的に強く限定されたままである。生まれ落ちた家庭がどのような階層や地域にあるのかは、厳然と私たちの人生を拘束している。それでも、あたかも誰もが「自由」であるかのような認識と、行為の責をあくまでもその個人のものに留《とど》めようとする感覚の様式は、この「実験室」に空気のように蔓延《まんえん》した。そして、貧困は、「私たち」の問題とは感覚されなくなり、(2)個人要因にもとづく個人問題とみなされるようにもなっていった。

しかしながら、興味深いことに、人間たちは、個人化を受け入れつつその個人化に抗《あらが》うかのような動きを同時に展開してもきた。貧困は、純粋な個人化、純粋な自由主義へと向かう欲動への重石《おもし》となった。近代的時空間において、人間は、貧困を否認する反射を定着させる一方で、貧富の格差や貧者の排除についてそれを放置しない、させない反応をも見せてきた。そうしたことも、きれいごとではなく、人間についての事実であり可能性である。人間にとっての貧困は、やはりその(3)共同性・社会性を触発するものでもあるのだ。

排除 exclusion の対概念として、包摂 inclusion が論じられることは多い。しかし、そこで問わざるをえないのは、包摂を主張する人は、いったいどこにあるいは何に貧者を包摂しようとしているのかである。

「地域社会」「コミュニティ」への孤立する貧者の包摂・統合あるいは「共生」という議論はよくある。現実には、定住民からなる「地域社会」と流動・孤立する貧困層の間には、堅牢《けんろう》な壁が存在している。定住民の利害を背景に持つ「地域社会」や「コミュニティ」は、むしろそうした人々を排除する主体ですらあった。そして、今日、その「地域社会」「コミュニティ」は、ますます統合力を喪失しつつある。活発になされている地域的な活動は、距離に拘束されるがゆえにメンバーの居住地が一定の地域の範囲内に収まるとしても、実際のところほとんどの場合「有志」によるアソシエーション(注1)活動に過ぎない。地域社会による弱者の援助という枠組みは、そもそも「地域社会」が弱体化しつつありまたその弱者を「地域社会」自体が(あ)かやの外においてきた事実からすれば、現実に合わないというよりない。

包摂は、社会的包摂として考察されなければ意味がない。社会という拡《ひろ》がりを仮定しての包摂のみが、排除の現実をこえるのだ。社会とは何であるのか。社会福祉、社会保険、社会保障、あるいは社会主義や社会運動。なぜ、それらは「社会」と冠せられなければならなかったのか。例えば、社会福祉であるならば、ただの「福祉」ではなぜまずいのだろうか。あるいは、社会保障を「国家保障」といわないのはなぜなのか。フランスやドイツの憲法においては、国家のあり方として「社会的な国家」であることが明記されている。そして、その場合の社会的国家とは、私たちが知る福祉国家という語と同義である。では、そこにおける社会とは何か。列挙した、社会を冠した四文字熟語がいずれも貧困に関連する言葉であることに意味がある。貧困は、持つ者と持たざる者の間の分裂・分断を示す現象である。そして、貧者は、社会によって異質化され排除された他者として現れ出る。つまり、そこにおける社会とは、現にある様々な分裂・分断をこえて、排除された人々を統合するために想像され構築される共通の地平、拡がりのことである（社会は「想像され構築される」ものであるので、「社会などない」という主張も登場する。それは、貧困の放置を正当化する文脈で現れる。サッチャー(注2)によるものが有名である）。つまり、「社会的」という形容は、(4)この新たな拡がりへの志向を意味するのである。

それぞれの時代それぞれの社会において、一級市民とその資格を奪われ二級化された二級市民は確かに存在してきた。そして、貧困は、その二級化された人々に集中した。社会は、その二級市民たちを迎え入れるにあたってその都度再定義されてきた。社会運動の歴史を考えてみるとわかりやすい。ブルジョア市民社会に対する労働運動、白人社会に対する公民権運動、男性社会に対する女性運動、これらはいずれも一級市民の社会に対する二級市民とされた人々からの、社会の拡張を求める運動であったということもできる。社会福祉に冠せられた社会という言葉もまた、社会福祉という領域に与えられた使命を物語っていると思われる。その使命は、排除への抵抗である。

それにしても、社会は弱かったといわなければならない。見田宗介（注3）は、「「福祉」という領域」について次のように述べている。「〈福祉〉welfare というコンセプトが、（中略）システムの矛盾を補欠するものとして、消極的な定義しかうけて」おらず、それゆえ、「「福祉」という領域を、基本的に傷つけられやすい vulnerable ものとしている。危機の局面にはいつも、「削減」や「節約」や「肩代わり」や「自己負担」や「合理化」の対象として議題の俎上《そじょう》に［　　］ものとしている」。いや、実は、福祉がそもそも弱いテーマであるのではない。福祉が弱くなる理由は、社会福祉の社会の方にある。社会のない福祉、社会のない保障、社会のない分配が、それらを国家による施しかあるいは狡猾《こうかつ》な貧者による分捕りのように見せかけるのだ。私たちは、社会という拡がりを想像して、何のつながりもないような他者との関係をあるものとし、ようやく交換や贈与をもっともなこととしてなすことができるのである。社会なき福祉は、感情的軋轢《あつれき》のもとでしかない。

社会は、既成の強固な枠組みではまったくない。S・ポーガム[注4]は、次のような事実——フランスのことではあるが——について述べている。「経済成長率が高く失業率が相対的に低いとき——一九七六年と二〇〇一年がそうであった——、怠惰によって貧困を説明する傾向が以前の時期にくらべてより顕著かもしくは増加している。反対に成長率が低いとき、さらにはほとんどゼロ成長で失業率が大きく増加するとき——一九九三年から二〇〇九年までがそうである——には結果として、不公正によって貧困を説明する傾向が強まる」。かように貧困は(い)ぞんざいな扱いを受けていて、容易に他人事とされがちなテーマであるのだ。

（西澤晃彦『人間にとって貧困とは何か』による）

（注）
1　アソシエーション活動——共通の目的や関心をもつ人々が集まり、組織的に活動すること。
2　サッチャー——イギリスの政治家（一九二五～二〇一三）。
3　見田宗介——日本の社会学者（一九三七～二〇二二）。
4　S・ポーガム——フランスの社会学者（一九六〇～）。

問

(A)　空欄 [　　] にはどのような言葉を補ったらよいか。最も適当なものを、次のうちから一つ選び、番号で答えよ。

1　聞き入れられる　2　持ち上げられる
3　論じられる　4　取り入れられる
5　のせられる

(B)　══線部(あ)、(い)の言葉の意味として、最も適当なものを、次のうちから一つずつ選び、番号で答えよ。

(あ)
1　無視してきた
2　駆逐してきた
3　差別してきた
4　忘却してきた
5　傍観してきた

(い)
1　いいかげんな
2　矛盾する
3　勝手気ままな
4　柔軟性のある
5　対照的な

(C)　――線部(1)について。その説明として最も適当なものを、次のうちから一つ選び、番号で答えよ。

1　貧者の貧困や飢えを宿命として受け入れる宗教的な見方を、人々がもつようになること。
2　「今ある私でない私」を想像しなければ、生きていけなくなるような世の中になること。
3　人々が、制限なく自由に、自分で物事を決めることのできる権利を獲得すること。
4　社会階層や地域により、昔からある慣習が廃れるスピードに違いが生じるようになること。
5　社会的な制約があるのに、人々が自由に行為の選択ができると認識するようになること。

(D) ——線部(2)について。その説明として最も適当なものを、次のうちから一つ選び、番号で答えよ。

1 貧者は自分で貧困となる道を選んだ以上、貧困問題の解決に貧者の連帯が必要だということ。

2 貧困への否定的な見方が人々の間に広まり、貧困を国家が率先して解決すべきだと考えること。

3 「地域社会」や「コミュニティ」が統合力を失い、そこにいた人々が貧者を排除するようになること。

4 貧困に陥った原因は自分にあるのだから、自力で貧困から脱出すべきだということ。

5 自由主義や個人化が進むほど、貧困を放置してはならないという声が強まること。

(E) ——線部(3)について。その説明として最も適当なものを、次のうちから一つ選び、番号で答えよ。

1 「コミュニティ」の定住民は、孤立する貧しい人を排除することで結束を強めてきたということ。

2 人々が貧困を社会の責任と見なして、貧しい人を助ける活動を支援しているということ。

3 地域が特定の人を排除したから貧困が生じたように、貧困の原因は「コミュニティ」にあるということ。

4 人間は他者の視線を気にするのみならず、善意も有するので、貧者を助けるのは当然と考えること。

5 貧しい人を社会に取り込み、彼らと生活をともにしようとする動きが現れること。

(F) ——線部(4)について。この「新たな拡がりへの志向」とはどのようなことか。次の空欄を補う形で説明せよ。空欄の文字数は句読点とも二十字以内とする。

［　　　　　　　　　　］しようとすること。

(G) 次の各項について、本文の内容と合致するものを1、合致しないものを2として、それぞれ番号で答えよ。

イ　貧困の放置を正当化する「社会などない」という言葉は、貧困の実態についての知識がないから発せられる。

ロ　社会は想像の産物であるが、そのイメージがつくられることによって人々の包摂が可能となり、そこではじめて社会福祉という言葉に積極的な意義が見出せる。

ハ　福祉が弱い領域になってしまうのは、社会が福祉に対し、システムの矛盾を埋め合わせる消極的役割しか与えていないからである。

ニ　労働運動、公民権運動、女性運動はいずれも、それまで認められなかった行為ができるようになるという、個人の選択の自由度の拡大を求めるものだと位置づけられる。

ホ　ポーガムによると、フランスでは貧困の原因を本人のせいにしたり、逆にシステムの欠陥のせいにしたりと、一貫しない説明がなされてきたという。

二　左の文章は一九七〇年代の状況を念頭において書かれた。これを読んで後の設問に答えよ。（解答はすべて解答用紙に書くこと）

死後の世界は「ある」か、という問いにたいしてたいていの人は「ない」とこたえるだろう。しかしそれは「ある」とこたえれば近代人の(あ)沽券《こけん》にかかわる、という強がりであって、ほんとうは何程かは「何かありそうだ」といううしろめたさはのこっている。これは肉親を失った経験のある人にとってはなおさらであり、これあるが故に、現在無用の長物のような大伽《が》藍やお寺が繁昌しているのだ。(1)一体このうしろめたさは何だろうか。

実はこのように霊魂や死後の世界は、認識できないから存在しない、と考える一面と、それでは安心できない、という一面と、この両面をもつのが人間というものである。したがって死後の世界を問うということは、人間とは何か、生とは何か、という根源的な問いを問いかけるのとおなじことなのである。

(2)生と死とは光と影にたとえられる。この絶対に矛盾する二つの概念は実によく似ているからである。光は影によってはじめてとらえられることは、絵や写真をしたことのあるものならすぐわかる。生も死に直面し、死と対決しなければ実感することはできない。したがって死後の世界を考えるということは、生を理解し、人生の意義をあきらかにすることにほかならない。

古代人にとって、死後の世界は現世の延長であり、現世の投影であった。したがって現世で善をすれば、死後は幸福がえられるし、悪をすれば不幸になると単純に考えた。すなわち死後と現世の因果律が道徳的規範、すなわち律法の成立する条件であった。その法律にそむく制裁——それを因果とか応報とかいったのだが——が、地獄という死後の世界の苦しみであった。

近世になるとこの因果律は「勧善懲悪《かんぜんちょうあく》」となって、現世の悪行は死後をまたずに現世で報いをうけ、現世の善行は現世の幸福につながるという意味になる。いまでも義理人情を語って大衆を感動させる(イ)コウダンや浪曲などの大衆文学・大衆演芸は、この勧善懲悪なしには成立しない。ここに大衆の正義感があるのだが、現世だけではこの因果律はしばしばそのとおりにならないことがある。いったい、それをどうしたらよいのか。

われわれはしばしば悪人が世にはびこり、善人がいつまでもうだつがあがらぬ現実を見る。したがって大衆の正義が成立するためには、死後まで延長された勧善懲悪、すなわち因果応報が必要になってくる。もしそれがなければ現代の世相のように、恥しらずの欺瞞《まん》や(注1)ヒッピーや(注2)ニヒリズムが横行するようになる。こうした道徳における善と幸福の不一致を「実践理性の二律背反」といい、その二律背反を解決して、善がむくいられるためには、「霊魂の不滅」すなわち死後の世界がなければならない、と主張したのは哲学者(注3)カントであった。近代思想では目に見えないもの、耳にきこえないもの、手でふれられないもの、その他の感覚でとらえられないものは存在しない。したがって霊魂や来世や神の存在を否定する科学主義があったればこそ、月旅行すら可能にする現代の物質文明が花ひらいたのである。そうした近代思想の先頭に立ったカントも、道徳＝社会秩序が正しく成り立ち、人類の自由と平和が保証されるためには、(3)科学的常識の否定する霊魂や死後の世界が、存在しなければならないと主張したのである。

カントは近代的な科学主義に立っていたから、死後の世界が存在するという断定と証明をする代わりに、それが「存在しなければならない」――「存在するはずだ」というにとどめた。そしてこの死後の世界の存在の「要請」は、カント哲学の矛盾とも弱点ともいわれるのだが、実は庶民はそれが存在すると考え、死者の冥福を祈る仏教的供養や追善をし、死者の声をイタコに聞いたりしている。庶民のほうはカントのようなまわりくどいことを言わずに、直観的に死後の世界の存在を肌で感じているのだといえる。

現在のわれわれのゆたかな物質文明は、たしかに霊魂を否定し、宗教を(ロ)ケイブし、イタコを迷信視する科学的常識の勝利であろう。しかし同時にこの科学的常識は、神をおそれぬ大量殺人兵器や、怨念をおそれぬ環境公害や交通事故死を再生産する。それよりもっともおそろしいのは「人生は現在の自己だけ」という(い)刹那主義、断絶主義、自己主義の精神的頽《たい》廃である。史上最大の物質文明の繁栄をほこるアメリカの悲劇は、外なるベトナム戦争より、内なる精神的頽廃だという声があがっている。われわれはその轍《てつ》をふまないだろうか。

われわれは一応、近代人の科学的常識の衣をぬいで、(4)古代人の死後の世界観を見てみよう。タイムトラベルやタイムトンネルを通ったつもりで、一千年あるいは二千年前の日本人にもどるのである。そうすると死後の世界は厳然と存在するが、それは闇《あん》黒の「やみ」の世界で「よみの国」とよばれ、中国の地下の「黄泉」という文字をあてて、黄泉《よみの》国と書かれた。しかし日本人の「よみの国」は「死出《しで》の山路《やまじ》」などとよばれる幾山河を越えた彼方の暗い谷間で、この地上の延長線上にあった。死者の霊は生前におかした罪の軽重に応じて、針を立てたようなけわしい山を越え、血の池のような害獣毒蛇のすむ川をわたり、飢《うえ》と渇《かわ》きをしのぶ苦痛をなめなければならない。そのために死者は死装束に、白の帷子《かたびら》・草鞋《わらじ》・脚絆《きゃはん》をつけ、笠と杖をもち、六文銭と五穀の種を入れた頭陀袋《ずだぶくろ》を首にかけるという旅姿で、野辺に送られた。

このような古代人の死後観はだいたい世界共通で、この地上と連続した遠方の山や谷、あるいは海上の島などに死者の霊のあつまる世界があると考えられていた。またそのような世界を垂直的な上下関係で、地下としたり天上とする信仰もあって、これらを総称して「他界」というのが、宗教学上の用語になっている。他界（Das Jenseit）ということばは、原始人が「遠い彼方《あちら》」という表現をとるからであるが、日本でも俗に死んだということを、「彼方《あっち》むいて行った」といったり、「埰山《あづちやま》」という言葉があったりする。安土《あづち》などもその変化だろうと思う。

山の中に他界を想定するのを「山中他界」というが、これは古代には庶民は死者を山に葬った（風葬《ふうそう》・野葬《やそう》・林葬《りんそう》）ことからおこったものと考えられる。野辺の送りを「山行き」といい、墓を山（陵）というのはその名残りで、葬られた霊魂は死体からぬけ出して「死出の山路」をこえながら、長い苦しい旅をするものと古代の庶民は信じていた。「率土《そと》が浜」の彼方に海をへだててそびえる恐山《おそれざん》などは、まさしく他界の幻想をよぶのにふさわしく、死霊の山となり、死霊に会ってその言葉を聞くイタコ市がひらかれるようになる。

このような他界信仰の山は日本全国いたるところにあったのだが、地獄谷とか賽《さい》の河原の地名をもつ山は、たしかに他界信仰のあった証拠といってよいだろう。立山《たてやま》も白山《はくさん》もそれがあり、立山の地獄谷に陸奥《むつ》の率土が浜（外が浜）なる猟師の亡霊が来ていた話は、世阿弥《ぜあみ》の謡曲「善知鳥《うとう》」（注4）でよく知られている。しかもこの立山地獄の物語は平安時代の『本朝法華験記』や『今昔物語』に見えて、古代人にひろく信じられていたことがわかる。熊野詣《くまのもうで》も古代末期から中世にかけて繁昌したが、熊野路の山中では死んだ肉親の亡霊に会えるといわれた。いまでも年寄りのなかには、善光寺の内陣の地下の戒壇（注5）めぐりの闇のなかで、死んだ子供に会えると信じている者もいる。死者の霊に会えるのはけっして恐山だけではなく、古代にはいたるところに、そうした山があったのである。

（五来重『日本人の死生観』による）

（注）
1　ヒッピー――既存の価値観への反対運動やその担い手のこと。
2　ニヒリズム――既存の価値や権威をすべて否定する思想や態度のこと。
3　カント――ドイツの哲学者（一七二四～一八〇四）。
4　善知鳥――能の演目。
5　戒壇――出家者が正式な僧侶になるために戒を与えられる壇。

問

(A)　＝＝線部(イ)・(ロ)を漢字に改めよ。（ただし、楷書《かいしょ》で記すこと）

(B)　〰〰線部(あ)・(い)の言葉の意味として最も適当なものを、次のうちから一つずつ選び、番号で答えよ。

(あ)　1　地位　2　人生　3　体面　4　存在　5　生活

(い)　1　最近　2　未来　3　現在　4　永遠　5　瞬間

(C)　――線部(1)について。なぜ「うしろめたさ」を感じるのか。その理由として最も適当なものを、次のうちから一つ選び、番号で答えよ。

1　死後の世界を知覚できないくらい精神面では進化しているのに、それを認めないから。
2　亡くした肉親に生前もっと良く接するべきだった、と心の底では悔いているから。
3　死後の世界がないと公言しているにもかかわらず、内心ではありそうだと感じているから。
4　大伽藍やお寺を無用の長物であると知っているのに、それらを繁栄させているから。
5　回答能力を超える問いを突きつけられたことにより、ふがいなさを感じているから。

(D)　――線部(2)について。筆者がこの表現を通じて主張していることは何か。最も適当なものを、次のうちから一つ選び、番号で答えよ。

1　生について深く考察することは、死後の世界を考えることを余儀なくさせる。
2　死後の世界を意識してはじめて、人生をありのままに受け入れることができる。
3　死に直面した人は、それ以降の人生を目的を持って能動的に生きることができる。
4　死は自らの存在が無くなることであり、対照的に人生は価値ある創造の営みである。
5　生と死は同等に重要な概念なので、多くの絵画や写真が主題として重視してきた。

(E)　――線部(3)について。カントが「科学的常識の否定する霊魂や死後の世界が存在しなければならない」と主張した理由について、筆者はどのように説明しているか。最も適当なものを、次のうちから一つ選び、番号で答えよ。

1　死後の世界や因果応報という社会秩序を成立させる道徳の要素を、大衆が直感できなくなるから。
2　カントの主張する実践理性思想に矛盾が生じてしまい、近代的な認識方法や科学主義が成立しなくなるから。
3　精神的頽廃が進み、大量破壊兵器、環境破壊および大量殺人という問題を認識できなくなるから。
4　近代的な科学主義に陥ってしまい、古代人の死後の世界観という歴史的精神世界を考察できなくなるから。
5　近代的な科学主義の否定する死後の世界を設定しないと、善が報われないという不条理が生じるから。

(F)　――線部(4)について。そこで想定される世界と合致するものを1、合致しないものを2として、次の各項についてそれぞれ番号で答えよ。

イ　他界信仰として引き継がれ、そこで死者の霊が罰せられるとされてきた寺の内陣という聖域の中という世界。
ロ　現世と垂直的な上下関係にあると想定される、天上・地下などの古代人に広く信じられていた世界。
ハ　過去に庶民が死者を葬ったことが起源と考えられ、墓の語源となった山の中に想定された遠くの世界。
ニ　地上と隔絶した遥《はる》か彼方にあり、現世とは異なる次元に想定されている死者の霊のあつまる世界。
ホ　古代人にとってはたしかに存在し、暗闇の地を表現する中国由来の言葉により表現された遠方の世界。

(G) 次の各項について、本文の内容と合致するものを1、合致しないものを2として、それぞれ番号で答えよ。

イ　大衆の正義感に支えられた近世の大衆文学や大衆演芸は、義理人情だけでなく勧善懲悪を必要とする。

ロ　「人生は現在の自己だけ」という自己主義のもたらした精神的頽廃の結果が、ベトナム戦争である。

ハ　千年や二千年前の過去の日本人は、死後の世界を問うことで人間とは何かを今より深く考察していた。

ニ　「実践理性の二律背反」は、現世と死後の世界の関係が近代的な思想において現れたものである。

ホ　各時代の死後の世界観を考察すると、次第に古代人のそれの影響が強まってきたことがわかる。

三　左の文章は『古今著聞集』に収められた説話で、言動の巧みさと面白さで知られていた寛快についての三つの話題からなっている。これを読んで後の設問に答えよ。（**解答**はすべて**解答用紙**に書くこと）

近江法眼《ほふげん》寛快、いまだ凡僧にてありける時、六条殿(注1)の御懺法《せんぼふ》にめされたりけるに、供米《くまい》(注2)のいまいましく不法なりけるを、僧ども、沙汰の者を□おもひあへりたりけれども、うたへ申すべきにもあらですぎはべりけるに、この寛快が宿りたる所の軒に箕《み》(注3)をかけておきたり。そのころは法皇、毎日に御覧じめぐらせ給ひければ、見苦しき物などは引きかくし掃除するに、寛快がもとにかかる見苦しき物をかけたるを、奉行のもの見つけて、「こはいかに。ただ今御幸なりて御覧じまはらせ給はんずるに、これとりかくし給へ」といへば、寛快すこしもおどろかず、(1)「何かは苦しうはべるべき。(2)おほかた奉行の人の御とが候ふまじ(a)。見苦しきことつかうまつりたるとて、(3)あしざまなる御気色にならば、(4)寛快こそはともかくもなりはべらんずらめ。あまりに供米の不法にて、ただぬかのみ多く候へば、それを簸《ひ》(注4)させんとておきたる物をば、いかでかとりすて候ふべき。なじかはさらば不法の供米を下行《げぎやう》(注5)せらるる」と、言葉もはばからずいひければ、奉行人、「(5)もつともさいはれて候。これは奉行の越度《をちど》(注6)に候。雑掌《ざつしやう》(注7)が不当、不日に沙汰しなほさすべく候。これより後、不法の時いかなる御訴訟も候へ。今度ばかりはとりのけ給へ」と(6)ねんごろにいひければ、「さやうに候はんには(b)」とて、とりのけてけり。その後は、げにもていねいにぞ下行しける。余僧ども、(7)「かしこう近江阿闍梨《あじやり》の参りて」と、よろこびけるとぞ。

同じ人、ただ力者《りきしや》(注8)二人にかかれて御室《おむろ》(注9)へ参りけるに、たへがたげなりけるを見て、「かはれやれ、かはれやれ」と輿《こし》のうちよりいひけるを力者聞きて、「ただ二人が外、(8)またもなし。いかにとかはり候はんぞ」と、にくにくと返事しければ、「さもあらず。うしろは前に、まへはうしろにかはらぬか」といひける。(9)さることやはべるべき、比興《ひきよう》(注10)のことなり。

ある日、また腰車《こしぐるま》にひかれて参りけるに、円宗寺の前にて、たけたかくおほきなる法師の、柿の帷子《かたびら》(注11)ばかりに袈裟《けさ》かけたるが、同行とおぼしき僧四五人具したるが行くを見て、腰車より飛びおりて、何といふこともなく、しや小首をかきて相撲《すまひ》をとりけり。たがひにひしひしと取りくみて、この法師を打ちまろばかしてけり。その後、「(注12)おれは聞こゆる文覚《もんがく》か」といへば、「そへに(注13)」といらへて、「おれは聞こゆる壇光《だんくわう》(注14)か」といふ。また、「そへに」とこたふ。「いざ、さらば、今一度とらん」とて、またよりあひて取るに、このたびは壇光うてにけり。(注15)その後、「いざれ、高雄へ。(注16)かいもちひくれう」(注17)といへば、(10)「さらなり」とて、そこよりやがて具して、高雄へ行きにけり。それより(11)得意になりけるとぞ。

（注）
1　六条殿の御懺法――後白河法皇の御所六条殿でおこなわれた法要。
2　供米――仏に供える米。そののち僧に下される。以下、その米の質が悪いこと（「不法」）が話題となる。
3　箕――米穀のなかに交じった殻やごみを取り除くための農具。竹や藁《わら》などを編んで作る。
4　簸させん――「簸る」は、箕であおって穀物の糠《ぬか》などを取ること。
5　下行――米などを下賜すること。
6　越度――過ち。過失。
7　雑掌――年貢の取り立てなどの雑事に従事した役人。
8　力者――寺院に仕えて、力わざに従事した者。ここでは輿《こし》を担いでいる。
9　御室――仁和寺の異称。
10　比興のことなり――おかしく興あることであった。
11　柿の帷子――柿渋で染めた赤茶色の一重《ひとえ》の衣。
12　おれ――お前の意。
13　そへに――そのとおりだ、いかにもの意。
14　壇光――壇光房の略。ここでは寛快の通称。
15　うてにけり――負けてしまった。

16 高雄――高雄山神護寺《じんごじ》のこと。文覚はここを拠点としていた。
17 かいもちひ――掻《か》き餅《もち》。ぼたもちの類。

問

(A) 空欄 [　　] にはどのような言葉を補ったらよいか。最も適当なものを、次のうちから一つ選び、番号で答えよ。

1 無学に　2 不運に　3 無粋に　4 不当に　5 不遇に

(B) ――線部(1)の解釈として最も適当なものを、次のうちから一つ選び、番号で答えよ。

1 どうして不快なことをおっしゃるのですか
2 どうして不都合なことがありましょう
3 どうして見苦しくても構わないのですか
4 どうして息苦しく感じてしまうのでしょう
5 どうして苦々しい思いをする必要があるでしょう

(C) ――線部(2)の現代語訳として最も適当なものを、次のうちから一つ選び、番号で答えよ。

1 ふつうは　2 たまたま　3 すこしも　4 おそらく　5 かなり

(D) ――線部(3)の解釈として最も適当なものを、次のうちから一つ選び、番号で答えよ。

1　「寛快」が怒りの表情をお見せしてしまったならば
2　「法皇」が不快なご様子になられるならば
3　「六条殿」が薄汚い御所になってしまったならば
4　「奉行のもの」のご機嫌をそこねてしまったならば
5　「雑掌」が怠慢な態度をとるならば

(E)　――線部(4)の解釈として最も適当なものを、次のうちから一つ選び、番号で答えよ。

1　私（寛快）だけはどうにでもなるでしょう
2　私（寛快）が何とか取りはからってみせましょう
3　私（寛快）は言われるがままに行動します
4　私（寛快）が処罰の対象となることでしょう
5　私（寛快）だけが逃れるわけにはいかないでしょう

(F)　――線部(5)の解釈として最も適当なものを、次のうちから一つ選び、番号で答えよ。

1　おっしゃるとおりです　2　そのつもりです　3　そう言いたかったのです
4　言い過ぎです　5　言い訳しないでください

(G)　――線部(6)について。「奉行のもの」はなぜこのような態度をとったのか。その説明として最も適当なものを、次のうちから一つ選び、番号で答えよ。

1 寛快の主張に納得したものの、法皇には配慮する必要があるため、寛快に妥協してほしかったから。
2 寛快の発言に一応共感してはいたが、何よりも自分の名誉と威厳を保つため、礼節ある態度を貫こうとしたから。
3 相手を選ばず言いたいことをすなおに述べる寛快に対して、同じ姿勢で言い返したら対話にならないと考えたから。
4 飾らずに本心をぶつけてきた寛快に、身分差をこえた親しみを感じるようになったから。
5 一時的にでもこの場を取り繕《つくろ》って自分の役目を最後まで果たそうとして、寛快をうまく欺《あざむ》こうとしたから。

(H) ――線部(7)の意味として最も適当なものを、次のうちから一つ選び、番号で答えよ。

1 機転が利く　2 不思議だ　3 口が達者だ
4 有名だ　5 好都合だ

(I) ――線部(8)の現代語訳として最も適当なものを、次のうちから一つ選び、番号で答えよ。

1 もう手立てがない　2 またとない機会だ　3 得がたい提案だ
4 特に望みはない　5 他に人もいない

(J) ――線部(9)の解釈として最も適当なものを、次のうちから一つ選び、番号で答えよ。

1 その程度の助言なら誰でも思いつくだろう
2 そんな方法をどうやって思いついたのだろう

3 そんなことをしても何にもならないだろう
4 その後はどうなったのだろうか
5 それからどれほどの時が経ったのだろう

(K) ——線部(10)の現代語訳を七字以内で記せ。ただし、句読点は含まない。

(L) ——線部(11)の解釈として最も適当なものを、次のうちから一つ選び、番号で答えよ。

1 寛快は文覚に相撲で勝ったことを誇っていた
2 文覚は寛快に相撲で勝ったことを誇っていた
3 寛快の力の強さが有名になった
4 寛快と文覚はいつまでも競い合うようになった
5 寛快と文覚は親しい仲となった

(M) ═══線部(a)・(b)の助動詞の文法上の意味として最も適当なものを、次のうちから一つずつ選び、番号で答えよ。ただし、同じ番号を何度用いてもよい。

1 推量・推定　2 伝聞　3 仮定・婉曲　4 意志
5 打消推量　6 打消意志　7 当然　8 可能

(N) 次の各項について、本文の内容と合致するものを1、合致しないものを2として、それぞれ番号で答えよ。

イ 六条殿の懺法に呼ばれた僧たちは、供米の質が悪いことを不満に思い、寛快に頼んで以後の対応をあらためてもらうことに成功した。

ロ　寛快は、法皇が見に来ることをわかった上で、ことさらに見苦しい状態にした箕を自分の宿所にかけておいた。

ハ　奉行は寛快の話に筋が通っていることをしっかり理解しており、自分の至らなさを認めてもいる。

ニ　寛快は、輿を担ぐ力者の疲れを癒やすために、冗談を言いかけるようなやさしい性格の持ち主で、力者からも親近感をもたれていた。

ホ　寛快と文覚は、以前から互いの存在を知っていたが、あるとき相撲をとることで相手のことをそれと知り、互いの力を理解し合った。

解答

二月十二日実施分

一

出典　西澤晃彦『人間にとって貧困とは何か』〈第15章　社会を否定する人々、社会を求める人々〉（放送大学教育振興会）

解答

(A)　5

(B)　(あ)―1　(い)―1

(C)　5

(D)　4

(E)　5

(F)　排除された他者を統合する社会を想像・構築（しようとすること。）（二十字以内）

(G)　**イ**―2　**ロ**―1　**ハ**―2　**ニ**―2　**ホ**―1

要旨

長い歴史の中で、人間は貧困や飢えを怖れ、共同体に依拠してきたが、個人化が進む近代的時空間では、行為の選択肢は社会階層や地域に拘束されたまま、行為の選択とその責任が個人に委ねられ、貧困も個人的な要因・問題とされ始めた。一方、個人化に抗う反応もあったが、流動・孤立する貧困層を排除してきた「地域社会」「コミュニティ」が統合力を失いつつある中、社会福祉という言葉が物語るように、弱者の援助は社会に求められる。私たちは、排除された他者の包摂・統合のために想像・構築される共通の拡がりとしての社会によって、他者と関係して交換や贈与をなせるようになる。

解説

(A) 空欄の直前に「俎上に」とあるため、それと合わせて慣用句になる「のせられる」が正解。〈俎上に載せる〉とは〝料理するために魚を俎（まないた）の上に載せる〟という意味が転じて〝ある物事や人物を取り上げて、議論したり批判したりすること〟という意味の慣用句である。

(B) (あ)の「かや（蚊帳）の外」とは、〝事が行われている場の外にあること・局外者の立場に置かれ内情を関知しえないこと〟という意味の慣用句である。(い)の「ぞんざいな」とは、〝物事の取り扱いが丁寧でなくいい加減なさま・粗略〟という意味の形容動詞である。

(C) 傍線部を言い換える問題である。傍線部を含む第一段落において、長い歴史の中で人間は「貧困や飢え」の「怖れ」から逃れるために「共同体」や「宗教的な宿命論」に依存していたが、「実験室」と評される「近代」に入り、人間たちは「自らを個人化する」ようになり、「行為の選択とその責任が個人に委ねられる」ようになる一方、「人々に与えられる行為の選択肢は、社会的に強く限定されたまま」であり「生まれ落ちた家庭がどのような階層や地域にあるのか」ということに「拘束」されるというのいびつな「時空間」にあると筆者は主張している。よって、正解は5である。

(D) 傍線部を言い換える問題である。傍線部を含む一文を確認すると「個人要因にもとづく個人問題」とみなされているのは「貧困」であり、それが「『私たち』の問題とは感覚されなくなる」とある。ここでの「私たち」という複数形が意味するものは同じ段落にある「共同体」や「宗教」等、「個人」に対置されるものを指すと考えられる。「個人化」が進む「近代」において、以前には「共同体」や「宗教」が担っていた「貧困」の原因も責任も「個人」に委ねられるようになったのである。よって、正解は4である。

(E) 傍線部を言い換える問題である。直前の「人間は、……一方で、貧富の格差や貧者の排除についてそれを放置しない、させない反応をも見せてきた。そうしたことも、きれいごとではなく、人間についての事実であり可能性である」を

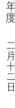

受けて、「人間にとっての貧困は、やはりその共同性・社会性を触発するものでもあるのだ」とまとめている。傍線部の「共同性・社会性を触発する」とは、「それ（＝貧富の格差や貧者の排除）を放置しない、させない反応」のことである。つまり、貧富の格差や貧者の排除という問題を放置せず、社会で共同してなんとかしようとする、ということである。また、次段落で「貧者を包摂（＝包み入れること）しようとしている」と述べている。よって、正解は5である。

(F) 傍線部を言い換えて「しようとすること」につながる形でまとめる問題である。「しようとすること」は「志向」の換言であり、解答の空欄には「新たな拡がり」の換言が入る。傍線部を含む一文を確認すると、傍線部の直前に「この」という指示語があるため、「新たな拡がり」は直前の文にある「現にある様々な分裂・分断をこえて、排除された人々を統合するために想像され構築される共通の地平、拡がり」としての「社会」であるとわかる。なお、「排除された人々」とはさらに直前の文にある「社会によって異質化され排除された他者」である。これらを指定字数に合わせてまとめればよい。

(G) 内容真偽の問題である。まず合致するものについて、ロは第五段落から第七段落にかけての内容と、ホは第八段落の内容とそれぞれ合致している。次に合致しないものだが、イは第五段落をふまえた内容だが、「貧困の実態についての知識がないから発せられる」の部分が本文には見られないため合致しない。ハは第七段落中の見田宗介の言葉をふまえた内容だが、続く部分で筆者は「いや、実は、福祉がそもそも弱いテーマであるのではない……見せかけるのだ」と述べているため合致しない。また、ニは第六段落をふまえた内容だが、選択肢にある各種運動は「社会の拡張を求める運動」であり「個人の選択の自由度の拡大を求めるもの」ではないため合致しない。

二

出典　五来重『日本人の死生観』〈Ⅱ　日本人と死後の世界〉（講談社学術文庫）

解答

(A)　(イ)講談　(ロ)軽侮

(B)　(あ)―3　(い)―5

(C)　3

(D)　1

(E)　5

(F)　イ―2　ロ―1　ハ―2　ニ―2　ホ―1

(G)　イ―1　ロ―2　ハ―2　ニ―1　ホ―2

要旨

霊魂や死後の世界を問うことは、人間や生とは何かという根源的な問いにつながる。死後の世界を現世の延長と捉え、「よみの国」「死出の山路」とよばれる死者の霊のあつまる世界は「地上の延長線上」に存在すると考えた古代では、死後と現世の因果律によって道徳的規範が成立していた。近世でも勧善懲悪と因果応報が信じられたが、近代人は死後の世界の有無を問われれば多くが「ない」と答えるだろう。しかし、物質文明をもたらした科学的常識による霊魂や死後の世界の否定は「人生は現在の自己だけ」という刹那主義、断絶主義、自己主義の精神的頽廃につながりはしないだろうか。

解説

(B)　(あ)の「沽券」とは、〝人の値打ち・体面・品格〟という意味の語である。(い)の「刹那」は、もとは時間の最小単位を表す仏教語で〝きわめて短い時間・瞬間〟という意味の語である。

(C)　「うしろめたさ」を感じる理由を説明する問題である。「このうしろめたさ」は先述の「死後の世界」は「ない」と答えておきながら、「ほんとうは何程かは『何かありそうだ』」と思っている「うしろめたさ」である。よって、正解は

3である。

(D) 「生と死とは光と影にたとえられる」と言う筆者のその先の主張を説明する問題である。傍線部に続く文で「絶対に矛盾する二つの概念」の類似性を挙げ、〈影によってはじめて光をとらえられるように、死に直面・対決することで生を実感できる〉と筆者は言う。そして「死後の世界を考えるということ」と「生を理解し、人生の意義をあきらかにすること」の同一性を主張している。よって、正解は1である。

(E) 「近代的な科学主義」に立つカントが「科学的常識の否定する霊魂や死後の世界」の存在を肯定した理由を説明する問題である。傍線部を含む第六段落において、悪人が世にはびこり、善人が報われない現実世界の「二律背反を解決して、善がむくいられるためには……死後の世界がなければならない」というカントの主張を紹介し、傍線部を含む一文で「道徳＝社会秩序が正しく成り立ち、人類の自由と平和が保証されるために」「霊魂や死後の世界」は存在しなければならない、と言い換えている。よって、正解は5である。

(F) 「古代人の死後の世界観」に合致するもの、しないものを区別する問題である。「古代人の死後の世界観」については第四段落および第九段落以降に書かれている。「死後の世界」は「現世の延長」であり、「よみの国」「死出の山路」とよばれる世界は「地上の延長線上」に存在すると考えられたため、「他界」は「地上と連続した遠方の山や谷、あるいは海上の島」や「垂直的な上下関係」で「地下」や「天上」とされた。これに合致するのはロ・ホである。イは「寺の内陣という聖域の中」という場所が合致せず、ニは「地上と隔絶した遙か彼方」という表現が合致しない。ハは第十一段落をふまえたものだが、「墓の語源となった山」が合致しない。本文では「墓を山（陵）という」のは「山行き」の名残りとあるが、「墓《はか》」という言葉自体の語源が「山」であるわけではない。

(G) 内容真偽の問題である。まず合致するものについて、イは第五段落と、ニは第六段落の内容とそれぞれ合致する。次に合致しないものだが、ロは第八段落をふまえた内容だが、「精神的頽廃の結果が、ベトナム戦争である」の部分が合致しない。本文では「アメリカの悲劇は、外なるベトナム戦争より、内なる精神的頽廃だ」とある。ハは第四段落、第九段落以降をふまえた内容だが、「人間とは何かを今より深く考察していた」の部分が合致しない。「古代人」はあくまで「単純」に「死後と現世の因果律」を信じて「他界信仰」に勤しんでいたと筆者は主張している。また、ホは〈次第に古代人の死後の世界観の影響が強まってきた〉という部分が合致しない。「死後の世界観」は古代から連綿と続きながら時代によって変遷していると読み取れる。

三

出典 橘成季『古今著聞集』〈巻十六　興言利口〉

解答

(A) 4
(B) 2
(C) 3
(D) 2
(E) 4
(F) 1
(G) 1
(H) 5
(I) 5
(J) 3
(K) もちろん行こう（七字以内）
(L) 5
(M) (a)―5　(b)―3

(N) イ—2　ロ—2　ハ—1　ニ—2　ホ—1

全訳

近江法眼寛快が、まだ普通の僧であった時、六条殿で行われた御懺法にお召しを受けたところ、供米（＝仏に供えた後、僧に下された米）が憎らしいほどに法にもとることであった（＝僧に下される米の質が悪かった）ので、僧たちは、（供米の）指図をする担当の者をけしからぬと皆で思っていたが、訴え申し上げることもできずに過ごしておりました時に、この寛快の宿所の軒に（寛快が）箕を掛けておいた。その頃は法皇が、日々に（各地を）巡って御覧になっていたので、（法皇の目に留まったら）見苦しい物など（＝庶民の生活道具など）は隠してきれいにしているのに、寛快の所にこのような見苦しい物（＝箕）を掛けているのを、奉行の者が見つけて、「これはどうしたことか。ちょうど今法皇がお出ましになって巡幸なさろうというのだから、これ（＝箕）をお隠しになってください」と言うと、寛快は少しも驚かず、「どうして不都合なことがございましょうか。まったく奉行の方への御咎めはございませんでしょう。みっともないことを致していることで、（法皇の）御機嫌が悪くなりなさるなら、この寛快がどのようにでもなりましょう（＝処罰の対象となることでしょう）。度を越して供米の質が悪くて、ただ糠だけが多くございますので、その糠を取り除かせようということで置いている物を、どうして取り捨てることがございましょうか。どうしてそれならば質の悪い供米を下賜なされるのですか」と、言葉も遠慮せず言ったところ、奉行人は、「いかにもそうおっしゃる通りでございます。このことは奉行の過ちでございます。役人の間違いは、日を置かず処置し正させましょう。今後は、仏法にもとることがある時はどのような御訴えもしてください。（ただ）今回だけは（箕を）お取り除きください」と丁重に言ったところ、（寛快は）「そのようでございますのでしたら（除きましょう）」と言って、（箕を）取り除いた。その後は、奉行の言った通り手厚く米を下賜した。他の僧たちは、「ちょうどよい時に近江阿闍梨が参って（よかった）」と、喜んだということだ。

同じ人（＝寛快）が、わずかに二人の力者（＝輿を担ぐ者）に（輿を）担がれて御室（＝仁和寺）へ参ったときに、（重くて）耐え難そうであったのを見て、「交替しろよ、交替しろよ」と輿の中から言ったのを力者が聞いて、「わずかに二人以外は、他に人もいない。どうやって替わりますのか」と、憎らしげに返事をしたところ、「そうではない。後ろの者は前に、前の者は後ろに替わらないか」と言った。そのようなことがあるはずがございませんでしょう、おかしく興あることであった。

　ある日、（寛快が）また腰車にひかれて参っていたところ、円宗寺の前で、背丈が高く大きな法師で、柿色の一重の衣に袈裟を掛けた者の、同じ修行者と思われる僧を四五人連れている者が行くのを見て、腰車から飛び降りて、何も言わず、そいつの首を小脇に抱え込んで相撲をとった。互いに勢い激しく組み合って、この法師をうち転がしてしまった。その後、（寛快が）「お前は有名な文覚か」と言うと、（文覚は）「そのとおりだ」と返事をして、「お前は有名な寛快か」と言う。（寛快も）また、「そのとおりだ」と答える。「さあ、それならば、もう一度組み合おう」と言って、再び近付いて組み合うと、今度は寛快が負けてしまった。その後、（文覚が）「さあおいでなさい、高雄へ。ぼたもちを食おうではないか」と言うと、（寛快は）「もちろんだ」と言って、そこからそのまま連れ立って、高雄へ行った。その時から（寛快と文覚とは）親しい仲になったということだ。

解説

(A)　「僧ども」は下賜された供米の質が悪いことに不満を抱いている。空欄の直前にある「沙汰の者」とは、ここでは〝指図する者〟の意。これをふまえると空欄には「僧ども」の不満や憤りを表す言葉が入る。4の「不当に」（終止形は「不当なり」）は〝正当でない・間違っている〟の意。他の選択肢について。3の「無粋」は〝粋でないこと・人情に通じていないこと・無風流〟の意。5の「不遇」は〝運が悪くて才能をもちながら用いられないこと〟の意であり不適。

(B)　法皇の巡察を前に、寛快の宿の軒には箕が掛かっている。取り外すよう命じた奉行に寛快が答える場面である。「苦し」には〝差し支えがある・都合が悪い〟の意がある。「何かは」の「かは」は疑問・反語の係助詞「か」に強調の係助詞「は」が付いたもので、ここでは反語を表す。したがって、傍線部を直訳すると〝（箕を外に掛けているからといって）どうして都合の悪いことがございましょうか、いいえ、何も不都合なことはございません〟となり2が正解。寛快が敢えて箕を掛けていたことがわかる。3は「苦し」に〝見苦しい〟の意味はあるが一文を疑問で解釈しており、また、文意としても箕を掛けたままにしておこうとする寛快の意図にも反するので不適。

(C) 「おほかた」は副詞として〝一般に・普通〟の意であるが、下に打消の語句を伴って〝まったく～ない・少しも～ない〟の訳となる。ここでは打消推量の助動詞「まじ」が下にあるので〝まったく～ないだろう〟と訳す。したがって、3が正解。

(D) 「あし（悪し）ざまなる」は〝悪いふう（よう）である〟の意。「御気色」の「気色」はここでは〝機嫌・心の動き〟の意。「ならば」は四段活用動詞「なる」の未然形に接続助詞「ば」が付いているので仮定条件を表す。〝御機嫌が悪くなりなさるなら〟の意である。「見苦しき物」（＝箕）を掛けていることで、御機嫌が悪くなりなさるならば、と仮定されている人物は、これから巡察に来る法皇と考えてよい。したがって、正解は2である。なお、4は「御」の敬意の対象を「奉行人」としているが、「奉行（人）」は法皇巡察をとりしきる責任者と考えてよい。奉行人は民が穏やかに暮らしている様子を法皇に見せたいのだが、寛快はこれに反発している。

(E) 傍線部の「ともかくもなる」は、直訳すると〝どのようにでもなる〟である。「はべら」は丁寧の補助動詞「はべり（侍り）」の未然形。「んず」は「むず」。助動詞「むず」のもとの形は、〈推量・意志の助動詞「む」＋格助詞「と」＋サ変動詞「す」〉であり、「とす」が「ず」に変わった形である。「らめ」は現在推量の助動詞「らむ」の已然形。ここで〝どのようにでもなる〟とは、法皇の不興を買って、寛快が罰せられることと考えられる。したがって、4が正解。1・5は「私だけは（が）」の「だけ」に相当する語が原文にないので不適。2は「取りはからって」が、3は推量の意味が訳出されておらずそれぞれ不適。

(F) 傍線部の直前「もつとも」は同感や肯定を表し〝いかにも・本当に〟の意。さらに傍線部の後でも奉行人は自身の過失を認めていることがヒントになる。「さいはれて候」の「さ」は副詞であり〝そう・そのように〟の意。「いはれて」の「れ」は尊敬の助動詞「る」の連用形。したがって、〝おっしゃるとおりです〟と訳出している1が正解。

(G)　傍線部の口語訳は〝丁重に言ったところ〟である。「奉行のもの」の発言に着目するとよい。奉行がこのような態度をとったのは、寛快の言い分を認めたからである（「もつともさいはれて候……なほさすべく候」）。一方で、法皇の巡察がこのまま行われてしまうと、巡察の責任者である奉行は困ってしまう。そこで「今度ばかりはとりのけ給へ」と寛快に軒に掛けた箕を隠すように求めたのである。したがって、正解は1である。2は「自分の名誉と威厳を保つため、礼節ある態度を貫こうとしたから」が不適。丁重な態度は奉行自らの名誉や威厳を保つためではない。3は「同じ姿勢で言い返したら対話にならない」が不適。奉行は寛快に反論を試みているわけではない。4は「親しみを感じるようになったから」が不適。5は傍線部の後の「げにもていねいにぞ下行しける」（＝その後は、奉行の言った通り手厚く米を下賜した）に合わないので不適。

(H)　傍線部「かしこう」は形容詞「かしこし（賢し）」の連用形「かしこく」がウ音便化したもの。「かしこく」と連用形を副詞的に用いて〝はなはだしく・たいそう〟と程度の甚だしさを表したり〝うまい具合に〟と見事さに感嘆し、その結果の幸いであったことに喜ぶ用法がある。ここでは「参り」に係る副詞的用法と考えてよい。供米の不正を訴えることもできず困っていた僧たちのもとに、寛快が来てくれてよかったと喜ぶ場面である。したがって、正解は5である。1の「機転が利く」は「かしこし」の語義としては正しいが「かしこく」の副詞的な用法に合わない。「かしこき」と連体形になっていれば〝機転が利く近江阿闍梨が〟という意味にもなりえるが、「かしこう」と連用形なので、用言である「参り」に係るはずである。2・3・4はいずれも「かしこし」の語義には当たらないので不適。

(I)　寛快の輿を担いでいる力者は二人しかいない。傍線部の直前の「ただ二人が外」に着目すると、傍線部の「またもなし」の「また」は〝別に〟の意で解釈できる。傍線部の訳は〝他に人もいない〟となり、正解は5である。他の1〜4の選択肢は「ただ二人が外」とのつながりが不自然となるので不適。

(J)　傍線部を直訳すると〝そのようなことがございましょうか、いや、あるはずもございません〟となる。「さること」

（＝そのようなこと）とは、寛快の乗る輿を辛そうに担いでいる二人の力者の前後を入れ替えることで、力者の負担が軽くなると言った寛快の提案である。傍線部の直後の「比興」は語注を参考にすると〝おかしいこと・興あること〟の意である。なお、この一文は語り手の言葉であり、寛快が交替せよと言った後に、二人しかいないと知ってとっさに、前後を替われと言ったのを「比興」だと評したのである。寛快の提案に対する〝そのようなことがあるはずがございませんでしょう〟に合う内容は3である。他の選択肢は、いずれも傍線部の解釈や前後の文脈に合わないので不適。

(K) 傍線部は文覚の誘いに応じる寛快の言葉である。高雄で一緒に餅を食おうという文覚に対して寛快は「さらなり」と応じている。「さらなり」は直訳すれば〝言うまでもないことだ〟である。ここでは字数制限に応じて〝もちろん行こう〟〝もちろんだ〟などとするとよい。

(L) 「得意」は訓読すれば、「意を得（う）」となり〝よく心を理解している知人・親友〟〝ひいきにすること（人）〟〝思い通りになること〟などの意味がある。ここでは、寛快と文覚が互いに力比べをした後で、文覚が寛快を自分のいる神護寺に招き、餅を食おうと誘っていることから〝親友となった〟がよい。これに合致するのは5である。1・2は「得意」を現代語の得意としている点が不適であり、文脈にも合わない。3・4は「得意」の語義に合わず不適。

(M) 二重傍線部(a)「まじ」の文法的なはたらきは、選択肢の中では、5・6である。二重傍線部(a)を含む一文を訳すと〝まったく奉行の方への御咎めはございませんでしょう〟となる。したがって、正解は5である。二重傍線部(b)「ん（む）」の文法的なはたらきは、選択肢の中では1・3・4である。二重傍線部(b)を含む一文は〝そのようでございますのでしたら（箕を除きましょう）〟となるので、正解は3である。

(N) **イ**、「寛快に頼んで」が本文に合致しない。僧たちは「うたへ申すべきにもあらですぎはべりけるに」と供米に関する処置に不満を抱きながらも手を拱いていたのであり、寛快に頼んではいない。

ロ、「ことさらに見苦しい状態にした」が合致しない。「箕」は農具であるので、法皇の視界に入れるには、（たとえ綺麗な状態であっても）「見苦しき物」なのである。わざわざ見苦しい状態にしたわけではない。

ハ、本文の「奉行人、『もつともさいはれて候。これは奉行の越度に候』に合致する。

ニ、「やさしい性格」「親近感をもたれていた」が本文の内容に合わない。寛快が力者に掛けた言葉は作者から「比興のことなり」とされており、前書きにも「言動の巧みさと面白さで知られていた」と寛快は紹介されている。親切心というよりは寛快の面白味を表す逸話である。また、力者がこの冗談に対して「親近感」をもったとは書かれていない。

ホ、最終段落の内容に合致する。寛快と文覚とは互いに名を知る関係であった。お互いに力自慢ということも知っていたのだろう。相撲をとった後、親友となっている。

二月十三日実施分

問　題

（七五分）

一　左の文章を読んで後の設問に答えよ。（解答はすべて解答用紙に書くこと）

(1)身体内外の境界線は、反復構造の安定性の差によって相対的に引かれるため、可変的なものだ。たとえば、介助者などの他者と緊密な身体的連携がとれたり、電動車いすなどのモノを道具として使いこなすようになったりすれば、その他者やモノを含めた全体が自分の身体の一部のように感じられるようになる。身体、モノ、そして他者は、(2)反復構造の安定性の高低や、自分の出す運動指令との連関の有無によっていったんその境界線が区切られるものの、しかし互いにまったく無関連なわけではなく、ゆるやかに動きが接続し合っている。

では、私とモノとの動きはどのように接続し合っているだろうか。モノはその形が変わらない限り、私の運動的働きかけに応じた知覚応答のパターンを安定的に返してくる。この運動的働きかけと知覚応答のパターンは、そのモノについての予測モデルを私の中に構成する（むろん、モノは身体ほど安定した応答パターンを構成するのではなく、どの角度と距離から働きかけるかによって応答は変化する）。つまり私とモノとはいったん切り離されたのちに、私の中に構成されたモノについての予測モデルを介して連関し合っているのだ。

同様の連関は他者の身体との間にも成立する。ただしモノと異なるのは、他者の身体が、私の身体と類似した反復構造を持っているということだ。この類似性によって他者の身体の動きを予測するにあたり、私の身体についての予測モデルを投影することが可能になるが、問題は他者の身体は私の身体と違って、私の出す運動指令に応じていつも動いているわけではない、という点だ。したがって他者のふるまいには私の身体の予測モデルだけでは予測しきれない不確実性が残り、私を怯《おび》やかすことになる。そのため、あくまでも私の身体の予測モデルを投影するだけではない、相手固有の予測モデルをも構成する必要が生じるのである。

相手固有の予測モデルを構成するにあたって、不確実性による怯えは、必要不可欠な条件である。その詳細について説明するために、私と介助者とが怯えの中で相互に相手の予測モデルを構成し合う過程について詳しく述べることにしよう。

私は、起床から身支度、排泄《はいせつ》、入浴に至るまで、生活全般において他者の物理的な手助けを必要としている。それは、まったく［ａ］な自己の身体を、他者に預け続けるということであり、それなりの怯えと覚悟が必要なものだ。

たとえば、初めて出会う介護者に身体を触れられるときなどは、全身の感覚が研ぎ澄まされ、タッチの柔らかさやリズム、しなり、フィット感などから、その介護者についての情報をなるべくたくさん得ようとしている。恐る恐る触れてはすぐに引っ込める、弱腰の介護者がいると思えば、物を扱うようにやる、侵入的な介護者もいる。終始かったるそうな人もいるし、善意だが不器用な人もいる。

　誰でも、不意に他者から触れられたときというのは、「その感覚がなにものであるか、それに対して次に何をすべきか」という判断や予測が間に合わず、びっくりするものだ。逆に自ら能動的に触れるときは、意識をこれから触れる対象に照準し、視覚や聴覚など五感を総合しながら触れるため、予測が容易で驚くことは少ない。介助が生活必需品であり、他者に触れられる機会が多い私は、先ほど述べたような受動的に触れられる恐怖に対処するために、工夫が必要になる。そこで私が重要視しているのは、触れられる前の予測の共有である。つまり、予測を共有することで受動性をなくし、〝(3)能動的に触れられる〟工夫が必要なのだ。

　たとえば駅で急に便意を催し、駅員をナンパすることがある。私はまず、そこにいる駅員を物色するためにサッと一瞥《いちべつ》する。なるべく視線が合うように上目遣いで。視線が合うと、人というものはジワリと身体の構え、フォーメーションを変えるものだ。ある人は目を細めて怯えるように後ずさり、同時に威嚇するように背を起こす。手は後ろに行く。こいつはダメだ。別の人は「何かしましょうか」と言わんばかりに目を見開き、身を乗り出して背をかがめ、手が前に出てくる。よし、こいつはいける。

　こちらが「いける」と思える人は、介助に対する能動性を発している。体の構えは、いつでも動けるように前傾姿勢でスタンバイしている。そういう身体の一挙手一投足をじっと見て取り込み、その人になったつもりで頭の中で再構成し追体験すると、相手の次の動きが読めてくる。まるで相手を自分に「憑依《ひょうい》」させるような感覚だ。私が能動性を失わずに触れられることを可能にできるのは、この「憑依」ともいえる状態が実現されたときである。

一方で相手が私に憑依すると、私の身体もモゾモゾと構えを変え始める。介助してほしい身体部位に意識が集中していくのがわかり、介助されやすいような姿勢に体が組み換わっていく実感がある。車いすからトイレの便座に乗り移るときならば、相手が抱えやすいように脇が甘くなり、車イスに浅く乗り、体を前傾にする。介助を「　b　」ような体になるというと気持ち悪いが、一方で相手も、そのような私の一挙手一投足から意図を読み込もうとさらに前のめりになっている。つまり、お互いに憑依し合っているのだ。

このように二つの身体が憑依し合い始めたら、もう介助の大半はうまくいったようなものである。ここでおもむろに、「あのう、トイレに行きたいのですが、手伝ってもらえますか？」とひと声号令をかければ、待ってましたとばかりに二つの身体が一斉に動き出す。まるで、相手の体に催眠術でもかけたかと思うほどだ。

トイレに乗り移るときに、初めの皮膚接触があるのは、脇の下だ。向かい合わせになって、脇の下に介助者の手を潜り込ませて身体を引き寄せ、お腹同士がくっついた状態で回転して座らせる。私は意識を脇の下とお腹に向けた状態で最初の接触を待っている。介助者の手が予想通りの場所に触れると、その手のフォルムに沿うように私の身体が曲率を変える。もしこのとき予想に反して背中でも触られたらたいそうびっくりするだろう。だから言葉でも「どこそこを触ってくれ」と指示する。相互憑依状態がはずれないまま主導権を握るためには、言葉は相手のタッチを誘う色気を失わないで、かつ多弁なくらいがよい。

基本的には私が司令塔ではあるが、いつも私がリードする訳ではなく、ときには介助者がリードする局面もある。そんなときでも互いに憑依した状態ならば、自分で自分に触れるときと同じように触れる意図、触れ方、触れられる感覚が予測できているから、怖いということはない。しかし、憑依から外れて次の動きが読めなくなると、急に皮膚の予期しない場所に、予期しない刺激が、予期しないタイミングで訪れるため、びっくりしてしまう。そして再び結び直し作業が必要になってくる。

このように、安全な介護関係には、双方の怯えと、それによる憑依のし合いが不可欠な条件である。だから、(4)怯えのない自信満々な自称介護のプロほど、危険極まりないのである。介助関係に限らず、人と人の間に生じる怯えと、互いの動きを模倣的になぞることで予測し（感染）、相手の動きに応じようとする（拾う）前のめりの構えは、双方の予測モデルを互いに共有することを可能にする。

以上のように、知覚・運動ループが回り続ける中で、反復構造の安定性の高低によって自己身体と環境の境界線が引かれるが、同時にモノや他者についての予測モデルを取り込み、それら予測モデル自体をある程度他者と共有することで、再びゆるやかにつながることになる。

おそらく、私たちが他者と共有している「モノとはこのようなものだ」「人々はおおむねこのように動く」といった社会・文化的コードは、このようなメカニズムによって維持、更新され続けているのだろう。

（熊谷晋一郎「痛みから始める当事者研究」による）

問

(A)　――線部(1)について。「身体内外の境界線」が「可変的なもの」であることの説明として最も適当なものを、次のうちから一つ選び、番号で答えよ。

1　電動車いすのような高機能のモノや緊密な関係にある他者は、自分の出す運動指令通りに動くため、単なる外部環境から自分の身体の延長へと変化する。

2　日本人である私はモノや他者を身内と捉える傾向があるため、モノや他者と自分の身体との境界があいまいである。

3　モノや他者といった外部環境との緊密な連携が取れているときには、自分の身体が環境全体の一部になっている。

4　自分の身体に関わるモノや他者が、単に自分の身体の外に属すときもあれば、内に属すように感じられるときもある。

5　自分の身体と車いすや介助者との接合はゆるやかなため、どこまでが自分の身体であるという境界を区切ることができない。

(B)　——線部(2)について。「反復構造の安定性の高低」の説明として適当ではないものを、次のうちから一つ選び、番号で答えよ。

1　自分からの働きかけに「こう見える」「こう動く」と応答するパターンが毎回ほぼ同じで最も安定しているのが、自分の身体である。

2　自分からモノへの働きかけに対する応答パターンは形・角度・距離の変化によって不安定になるが、予測モデルが自分の中に作られると安定化する。

3　他者も自分と似たような身体を持っている以上は、外部環境に対してこう働きかけたらこう反応するというパターンは同一であり、モノと違って予測可能である。

4　モノも他者も、自分からの働きかけへの毎回の応答パターンが不安定であるほど、自分の身体との境界線が強まる。

5　自分からの働きかけに対する応答パターンはモノと他者とでは異なるが、どちらが安定的であるとは必ずしも言えない。

(C)　空欄 a ・ b にはどのような言葉を補ったらよいか。最も適当なものを、次のうちから一つずつ選び、番号で答えよ。

a
1　無気力
2　無遠慮
3　無作法
4　無愛想
5　無防備

b
1　ねだる
2　うける
3　こばむ
4　ねがう
5　たのむ

(D)　――線部(3)について。次の問い(イ)・(ロ)に答えよ。

(イ)　「能動的に触れられる」のような文章の表現法を一般に何と呼ぶか。最も適当なものを、次のうちから一つ選び、番号で答えよ。
1　撞着《どうちゃく》　2　反語　3　誇張　4　婉曲《えんきょく》　5　倒置

(ロ)　この言葉でどのようなことを表現しているか。その説明として最も適当なものを、次のうちから一つ選び、番号で答えよ。
1　「触れられること」は能動的でもなく受動的でもなく、特定の行為者なき行為として、どこからともなく発生するということ。
2　「触れられること」から驚きと恐怖をなくすための工夫のなかに触れる者を触発する行為が含まれており、それは通常の能動と受動の概念では理解しきれないということ。
3　「触れられること」という複雑な経験が成立するうえでは、常識的理解とは逆に、受動的立場の者が能動的立場の者を終始導く仕組みがあるということ。
4　「触れられること」の前提に、他者の動きを予測しお互いに共有するという、本来は不可能なはずのプロセスが存在するということ。
5　「触れられること」に判断や予測が間に合わないという問題に対処するためには、受動的な出来事の捉え方を変えて、能動的な出来事として思い込む必要があるということ。

(E)　——線部(4)について。怯えのない介助者が被介助者に安全を感じさせない理由を述べよ。ただし（1）「怯え」が何によるのかを明示すること、（2）「憑依」の語を使わないこと。句読点とも四十字以上五十字以内で説明せよ。

(F) 次の各項について、本文の論述の特徴と合致するものを1、合致しないものを2として、それぞれ番号で答えよ。

イ 主に小説で用いられる自由話法（発話や心内のつぶやきを鉤括弧《かぎかっこ》等の引用のしるしなしで地の文と区別なく記述する手法）を用いるなど、読者の興味を惹《ひ》く工夫をしている。

ロ 介助者と被介助者との身体的なコミュニケーションの豊かな機微を伝えるために、官能性を連想させる言葉を用いている。

ハ 冒頭で抽象的な命題を提示し、具体的な場面記述を経たうえで、それが再提示されたときに納得されるような組み立てとなっている。

ニ 介助の現場を内側から生き生きと語り、身体とモノと他者との連動に関して、介護される当事者だけにしか経験できないメカニズムを鮮やかに記述している。

二　左の文章を読んで後の設問に答えよ。(解答はすべて解答用紙に書くこと)

あと少しで三歳になろうという子供は、言葉が急激に増えていく時期のようだ。日々、動物実験に立ち会っている面白さがある。大人になると、支離滅裂な言葉というのをなかなか話せないが、彼らはただ、口唇の快感のみにまかせて言葉をころがす。腰をこごめてその世界に入ると、めまいをおこすようなできごとにぶつかる。

お店屋さんごっこを盛んにやりだすが、店員になったりお客さんになったり。演じるということが自然に始まるので、そのことにもびっくりしてしまう。役の自分とそれとは別の自分を、認識しているってことでしょうかね。考え始めるとくらくらする。

佐野洋子さんのエッセイ集『神も仏もありませぬ』を読んでいたら、息子さんが三歳のとき、「ねえ、僕が初めて僕に会ったのはいつ?」と聞いたそうだ。こういうのを読むと驚愕《きょうがく》する。

お店屋さんごっこといえば、子供があるとき突然に、「ちーくーみーまー、ください」と言ったことがあった。「ちーくーみーまー」とは、いったい何なのか。(1)泥のなかから、ひとかたまりの混沌《こんとん》を、素手でつかみとってきたような感触があった。音引きの面白さを発見したのか。

ちーくーみーまー、その、おそろしいような響きにつられて、「それはありません。えーめーてーみーならあります」と答えてみた。すると子供は「じゃあ、くーみーてーもー、ください」と言う。「ふーみーちーもーではいかがですか」と返す。子供は乗ってきて、こんなことがしばらく、わたしにしてみれば、永遠に等しいような長

いあいだ交わされた。そして彼らは不意に飽きる。取り残されるのはわたしのほうだ。(2)

子供の世界にはいったい、どんな時間が流れているのかと思う。彼らはたいへんに繰り返しが好きだが、あの、終わりのない循環する時間感覚から、わたしたちはいつ、どのようにして、はじきだされてしまったのだろう。気が付けば、きのう、きょう、あす、が連続していく、レールのような味気ない時間の線上に投げ出されている。

「いま」が絶えず、噴水のように吹き上がる子供世界は、日常にあって魔界である。そこに触れるとき、わたしたちも、時間からつかの間、解放され、自由な無時間空間に遊ぶ。

彼らはまた、「きのう」という言葉を、とても大きな範囲で使う。「きのう、公園に行ったの」と言っても、正確には、かなり前であったり、あるいは未来への願望を含んだ予知であったりする。

過去、現在、未来は、まざりあっているし、［a］と［b］の区別も曖昧だ。「えっ、ほんとに行ったの?」そうたずねると、変な顔をして宙を見ている。自分の出した言葉の行方を自分で追いかけているような表情である。自分が言ったのに、その言葉はどこか自分のものではないというように。

その発言を嘘《うそ》といってもいいが、彼らは嘘をつくことによって、仕事をしているように見える。何かをつくっているように見える。泥の粘土のような素材で素手を汚しながら、自分自身をつくっているのかもしれない。まだ、何もモノが分からない、と形容される彼らの内面では、確かにものごとが分かれていない。子供たちは泥の混沌を生きているのだ。

しかしその泥のなかから、時折、光のような直感で、わたしたちを射るようなことを言うこともある。今まで回路が閉ざされていた異質のものどうしがつながり、そこに知性の流れる道が、まさに開通したという感じである。分かっていないという前提でつきあうと、覆される瞬間がくる。

際立った童謡や詩をいくつも書いた、まど・みちおという詩人がいる。たいていの大人が持つ、子供ってこういうもんでしょう、という認識をくぐらず、言葉が子供の世界に直結しているところが面白い。世の中で作られている子供のための作品は、子供のために、わざわざ接ぎ木されたり移植されたりしたものが多く、子供の土壌に直接、根を下ろしたものが案外少ない。あの繰り返す時間、循環する野蛮な混沌のなかに、手足を浸しているものは稀《まれ》なのではないだろうか。

まど・みちおの作品に、「やぎさん　ゆうびん」という有名な童謡がある。シロヤギとクロヤギが交互に手紙を出すのに、それぞれ読まずに食べちゃって、「さっきのおてがみ／ごようじ　なあに」と再び手紙でたずねるという歌。クロヤギさんとシロヤギさんのあいだで、これが交互に無限に続く。

文字を食ってしまうことが、まず、おそろしい。しかし妙な解放感もそこにある。(3)わたしたちにとって、唯一の自分に差し出された、意味を持つ言語の連なりである手紙は、もはや紙でなく特別の価値を持ったものだ。しかしクロヤギさんとシロヤギさんにとってはあくまで物質であり、えさでしかない。彼らは永遠に「無」をやりとりするのか。

何の用事だったの、とたずねているけれど、それは一応、聞いているだけで、答えを待っているわけでもなさそうだ。その質問だって食われてしまうのだ。かくして二匹の応酬は、永遠の時間のなかへ流れこんでいく。
「ふしぎな　ポケット」という歌もある。

ポケットを　たたくと
ビスケットは　ふたつ

もひとつ　たたくと
ビスケットは　みっつ
たたいて　みるたび
ビスケットは　ふえる

そんなふしぎな
ポケットが　ほしい
そんなふしぎな
ポケットが　ほしい

これを耳にした子供のころ、そんなポケットが猛烈に欲しかったし、ほんとうにポケットにはそんな魔力があるような気がした。それはいまでも少し信じている。大昔の切符がひょこっと出てきたり、忘れていた千円札が折りたたまれて入っていたり。ポケットに入れると、入れたことを忘れてしまうので、あとから思わぬものがどんどん出てくる。(4)やっぱりポケットは魔界なのだ。

袋ものは内部に宇宙を広げている。外からは内側が見えないので、想像力が刺激される。ふくらんでいく人間の想像力が、あのビスケットを、二倍、三倍と増やしたに違いない。

ともかくわたしはあの歌詞に、親戚のおばさんのような愛情を持っている。ああいう銀行通帳がどこかにないだろうか。あったら、年に一度くらいは叩《たた》いてみたいものだ。表層の意味を超えて、(5)深い欲望に触られた感じが残る歌である。

これはわたしが女であり、産む性であることとも関係があるのか。あとは野となれ、山となれ。ものが増殖し、世界が充満していく感触が、おそろしいのに快感なのである。

わたしは水玉模様がなぜかとても好きなのだが、これもまた、増殖がデザインに置き換えられたものだ。増えるビスケットと水玉模様、そこには強迫観念のようなものが働いているようにも感じる。

「ふしぎな　ポケット」という歌は、子供も好きで時々歌っていた。あるとき、どうしたわけか、ビスケットとポケットが逆転して、「ビスケットをたたくと、ポケットがたくさんだよ」と言う。子供の世界では、こうした入れ替えや逆転もよく起こる。

わたしはたわし、おくすりはおすくり、おくむらさんは、おくるまさんというように、単語内での反転もしばしばだ。なぜに律儀にひっくりかえすのか、入れ替えが起こるのか、わたしにはまったく謎である。

ところで、そのとき、あら、と思った。わたしはこの童謡をもとに、ビスケットでなく、まさにポケットが増える詩を書いたばかりだったから。子供の言葉がそのまま詩になるわけではない。しかし結果として同じように言葉が並ぶことがある。しかも言い間違いや入れ替えのなかに面白いイメージが出現する。こういうことが炸裂《さくれつ》する時期は、年齢が限定されるようだが、(6)混沌のなかから幼児たちはひょこっと、簡単に偶然に詩的言語をつかみだす。

詩の言葉が無意識の領域からくみ出されてくることは、多くの人が指摘することだ。わたしは三歳以前の記憶をほとんど持っていない。同じように、いま経験していることのすべてが輪郭を失い、やがて深くしずみこむ、心の生成期の人間に自分が立ち会っていることを思うと、一瞬、おののくような気持ちになる。

でもそれは本当に一瞬だけで、敬虔《けいけん》な気持ちはすぐに消え去る。せいぜいが面白がって、げらげら笑っているうちに、一日は早々と暮れてしまうのだ。

（小池昌代『黒雲の下で卵をあたためる』による）

問

(A)　――線部(1)について。その理由を説明する次の文の空欄にあてはまる最も適当な言葉を、［イ］には五字、［ロ］には七字で本文中から抜き出せ。
「ちーくーみーまー」とは、子供が［イ］にしたがってつくり出した［ロ］だから。

(B) ——線部(2)について。子供の世界に流れる時間の説明として本文の内容と合致しないものを、次のうちから一つ選び、番号で答えよ。

1 新たな現在が間断なく生起する。
2 制御不能な野蛮さを秘めている。
3 似たものが果てしなく回帰する。
4 日常の混沌から大人を解放する。
5 連続した直線では表象できない。

(C) 空欄［a］・［b］にはどのような言葉を補ったらよいか。最も適当なものを、次のうちから一つ選び、番号で答えよ。

1 a 現実　b 虚構
2 a 時間　b 空間
3 a 知性　b 感性
4 a 秩序　b 混沌
5 a 内面　b 外面

(D)　――線部(3)について。その理由として最も適当なものを、次のうちから一つ選び、番号で答えよ。

1　いかなる説明もなしに返信の義務と責任を免除されたから。
2　いっさいの言語活動の意味が前触れもなく無に帰したから。
3　大人たちが抱く手紙のイメージがあっけなく覆されたから。
4　擬人化されていたヤギが本来の動物性を回復しているから。
5　大切な私信のかけがえのなさが逆説的に立証されえたから。

(E)　――線部(4)について。その理由として最も適当なものを、次のうちから一つ選び、番号で答えよ。

1　いったんポケットにしまうと安心して、入れたことを忘れさせてしまうから。
2　外から内側を見ることができない以上、ポケットの中身は確定できないから。
3　童謡が夢見させたものにどこか似た不思議な体験をしばしば可能にするから。
4　ほかのどんな袋ものにもまして、内部に広がる無限の宇宙を想像させるから。
5　まど・みちおの歌に出てくるポケットに憧れた幼年時代を思い出させるから。

(F)　――線部(5)について。その説明として最も適当なものを、次のうちから一つ選び、番号で答えよ。

1　甘いものが食べたかった幼児期の欲求に今も抵抗できない自分を感じる。
2　遺失物を取り戻したいという儚《はかな》くも根強い望みがかないそうな気になる。
3　心に秘めた金銭欲を受け入れる契機を提供してくれ、親近感をおぼえる。

4　袋の中身を想像したりのぞき見したりする好奇心の根深さが感じられる。
5　ものが増殖する不気味な感覚を味わいたがっていることに気づかされる。

(G)　——線部(6)について。その説明として最も適当なものを、次のうちから一つ選び、番号で答えよ。

1　言葉の音と自在に戯れて意味に拘泥しない子供は、苦もなく詩的表現を生み出す。
2　詩的言語の起源は、三歳児が素朴に繰り返し続ける言い間違いや音の逆転にある。
3　突発的に子供が犯した言い間違いも、そのまま詩人の作品として難なく通用する。
4　無秩序のように思える子供の言い間違いには、定型詩に似た法則が隠されている。
5　幼児でも、自分がたまたま口にした詩的なイメージの面白さは容易に把握できる。

(H)　次の各項について、本文の内容と合致するものを1、合致しないものを2として、それぞれ番号で答えよ。

イ　お店屋さんごっこをする幼児のスムーズな演技開始には驚きを禁じえない。
ロ　子供たちの言い間違いをもとに詩を書くと、おのずから童謡に似てしまう。
ハ　泥遊びで手を汚しながら、子供はものごとの区別を学び、知性を獲得する。
ニ　まど・みちおの詩は、大人が理想視する子供らしさを大胆に表現している。
ホ　幼児の混沌とした無意識に思いを巡らすと、戦慄し、畏敬の念に襲われる。

三　左の文章を読んで後の設問に答えよ。（**解答**はすべて**解答用紙**に書くこと）

この侍従大納言殿(注1)こそ、備後介《びごのすけ》とてまだ地下《ぢげ》(注2)におはせし時、蔵人頭《くらうどのとう》になりたまへる、(1)例いとめづらしきことよな。その頃は、源民部卿《げんみんぶきやう》(注3)殿は、職事(注4)にておはしますに、上達部になりたまふべければ、一条院(注5)、「この次にはまたたれかなるべき」と問はせたまひければ、「行成なむまかりなるべき人にさぶらふ」と奏せさせたまひけるを、(2)「地下の者はいかがあるべからむ」とのたまはせければ、(3)「いとやむごとなき者にさぶらふ。地下など思《おぼ》し召し憚《はばか》らせたまふまじ。ゆく末にもおほやけに、何事にもつかうまつらむにたへたる者になむ。かやうなる人を御覧じ分かぬは、世のためあしきことにはべり。(4)善悪をわきまへおはしませばこそ、人も心遣ひはつかうまつれ。このきはになさせたまはざらむは、いと口惜しきことにこそさぶらはめ」と申させたまひければ、道理のこととはいひながら、なりたまひにしぞかし。

おほかた昔は、前頭の挙によりて、後の頭はなることにてはべりしなり。されば、殿上に、我なるべしなど、思うたまへりける人は、今宵《こよひ》と聞きてまゐりたまへるに、いづこもとかにさしあひたまへりけるを、(5)「たれぞ」と問ひたまひければ、御名のりしたまひて、「頭になし賜《た》びたれば、まゐりてはべるなり」とあるに、(6)あさましとあきれてこそ、動きもせで立ちたまひたりけれ。げに思ひかけぬことなれば、道理なりや。

(7)この源民部卿かく申しなしたまへることを、思し知りて、従二位の折かとよ、越え申したまひしかど、(8)さらに上に居たまはざりき。かの殿出でたまふ日は、我、病申し、またともに出でたまふ日は、むかへ座などにぞ居たまひし。さて民部卿正二位の折こそは、(9)もとのやうに下﨟《げらふ》になりたまひしか。

（『大鏡』による）

（注）
1 侍従大納言――藤原行成。
2 地下――昇殿を許されない人。
3 源民部卿――源俊賢。
4 職事――ここでは蔵人頭のこと。
5 一条院――一条天皇。

問

(A) ――線部(1)の解釈として最も適当なものを、次のうちから一つ選び、番号で答えよ。

1 いつもどおり大変優れた判断が下されましたね。
2 世の習いとして決してあってはならない事態ですよ。
3 このことは彼の愛すべき人柄が招いたのでしょうね。
4 これがとても目新しい状況だと思ってはいけません。

5　それはきわめてまれにしか生じないことですよ。

(B)　――線部(2)の解釈として最も適当なものを、次のうちから一つ選び、番号で答えよ。

1　何とかして地下人を任命することも考えていいのではないか。
2　まだ地下人である者をあえて任命しない方がいいのではないか。
3　他の地下人がどのように感じるかということが分からないのか。
4　地下人という制度そのものをやめてしまってもいいのではないか。
5　地下人を任命するためにどのような手続きを踏めばよいだろうか。

(C)　――線部(3)の解釈として最も適当なものを、次のうちから一つ選び、番号で答えよ。

1　家柄がとても良い人物
2　実際には身分の高い人物
3　きわめて尊重すべき人物
4　とても特殊な事情がある人物
5　容姿がたいそう優れている人物

(D)　――線部(4)の解釈として最も適当なものを、次のうちから一つ選び、番号で答えよ。

1　行成が善悪をわきまえているのであれば、人々も彼のことを認めるはずだ。
2　私は人の善悪をわきまえられるのだから、帝にも公平な判断をしてほしい。

3 もし帝が善悪をわきまえていたならば、行成が最適だと気づけていたのに。
4 主君が善悪をわきまえていることで、人々も心を尽くして懸命に励むのだ。
5 帝が今善悪をわきまえられなければ、行成がこの先従うことはないだろう。

(E) ――線部(5)について。何を尋ねたのか。最も適当なものを、次のうちから一つ選び、番号で答えよ。

1 行成を推挙した人物の名を尋ねている。
2 殿上で出会った相手の名を尋ねている。
3 蔵人頭に任命された人物の名を尋ねている。
4 自分の名を相手が知っているかを尋ねている。
5 行成がどういう人物なのかを尋ねている。

(F) ――線部(6)について。このように感じた理由として最も適当なものを、次のうちから一つ選び、番号で答えよ。

1 自分が蔵人頭に任命されると期待していたのに、見知らぬ地下人が選ばれていたことを知ったから。
2 殿中で名を尋ねられてもすぐに答えてはいけないのに、ましてや答えた人物が地下人だったから。
3 前任者から推挙を受けていたのに、慣習とは異なり他人が蔵人頭に任命されたことが分かったから。
4 これから蔵人頭の任命が行われると思っていたのに、すでに新任の人物が決定した後だったから。
5 地下人が蔵人頭になったと耳にしたばかりだったのに、偶然話しかけた相手が当の本人だったから。

(G)　――線部(7)の説明として最も適当なものを、次のうちから一つ選び、番号で答えよ。

1　俊賢が、地下人であった行成が蔵人頭に任命されたことを言いふらしていることを知ったということ。
2　俊賢が、蔵人頭に任命される可能性を事前に行成自身が予想していたことを知ったということ。
3　俊賢が、周囲の人物と行成が宮中でさっそく衝突を起こしていることを知ったということ。
4　行成が、地下人であった自分を俊賢が後任として強く推挙してくれたことを知ったということ。
5　行成が、当初は別の人物を俊賢が後任として推挙しようとしていたことを知ったということ。

(H)　――線部(8)の理由として最も適当なものを、次のうちから一つ選び、番号で答えよ。

1　俊賢は、行成の口の軽さに閉口して彼を重用する考えを改めたから。
2　俊賢は、行成の統率力に疑問を感じて今後は距離を置こうと決意したから。
3　行成は、帝に対する俊賢の影響力の大きさを知ってさらに利用しようと考えたから。
4　行成は、立場が変わっても俊賢に恩義を感じ続けていたから。
5　行成は、俊賢のことを心底信用するのは危険だと感じたから。

(I)　――線部(9)の説明として最も適当なものを、次のうちから一つ選び、番号で答えよ。

1　俊賢は、立場が再逆転したことで、行成を低い身分に落とすことができたということ。
2　俊賢は、位が高くなったことで傲慢になり、卑しい性格に戻ってしまったということ。
3　行成は、再び身分が俊賢より下になり、配慮の必要性もなくなったということ。

4　行成は、また低い身分に落とされてしまい、俊賢との接点も失われたということ。
5　行成は、俊賢に対する義理は果たしたと考え、以後遠慮しなくなったということ。

(J) 本文には、係り結びが流れて、いわゆる「結びの流れ（結びの消滅）」が生じている一文がある。その一文の初めの四字を記せ。

(K) 〰〰線部の後には省略が見られる。適当な内容を現代語で十字以内で補え。ただし、句読点は含まない。

(L) 次の各項について、本文の内容や特徴の説明として合致するものを1、合致しないものを2として、それぞれ番号で答えよ。

イ　地の文では終助詞が効果的に用いられており、語り手の存在を意識させる構成となっている。
ロ　大量の係り結びからは身分制度に翻弄される貴族社会への批判意識が読み取れる。
ハ　天皇の意向は考慮されずに貴族が全てを決める様子が描かれている。
ニ　行成は立場が下の者には饒舌だったが、俊賢に対しては仮病を使うほど苦手意識があった。
ホ　最高敬語（二重敬語）は帝および俊賢に対して用いられている。

二月十三日実施分

解　答

一

出典　熊谷晋一郎「痛みから始める当事者研究」（石原孝二編『当事者研究の研究』医学書院）

解答

(A)　4

(B)　3

(C)　a－5　b－1

(D)　(イ)－1　(ロ)－2

(E)　介助者が、被介助者の動きの不確実性に怯えを感じなければ次の動きを読めず、安全な介護は成立しないから。（四十字以上五十字以内）

(F)　イ－1　ロ－1　ハ－1　ニ－2

要旨

自分とモノや他者との間には、反復構造の安定性の高低によって境界線が引かれるが、モノや他者の応答の予測モデルを自ら構成することで再び緩やかにつながる。ただしモノのそれとは異なり、他者の動きに生じる予測しきれない不確実性は私を怯やかす。生活全般に他者の物理的な介助を必要とする私は「能動的に触れられる」工夫をする。まるで相手を自分に「憑依」させるように、相手の動きを観察・再構成・追体験することで次の動きを予測し、相手が自分の予期する身体部位に触れるようにリードする。双方の怯えと動きの予測モデルの共有によって安全な介護関係が成立するのである。

解説

(A)「身体内外の境界線」が「可変的なもの」であるとはどういうことかを説明する問題である。傍線部に「身体内外の境界線」は「反復構造の安定性の差によって相対的に引かれる」ものだとあるが、説明が抽象的で読者に伝わりにくいため、筆者は傍線部の直後で「緊密な身体的連携」のとれる「介助者」や自分の意のままに使える「電動車いす」は「自分の身体の一部のように感じられる」と具体例を挙げている。そして身体、モノ、他者はいったん境界線が区切られても「ゆるやかに動きが接続し合っている」という。よって、正解は4である。1は「他者」も「自分の出す運動指令通りに動く」としており、不適。

(B) 傍線部の内容説明の問題である。傍線部を含む一文を確認すると、「反復構造の安定性の高低」は「(自分の)身体」と「モノ」や「他者」との「境界線」に関わるものである。第二段落以降で「モノ」は「形が変わらない限り、私の運動的働きかけに応じた知覚応答のパターンを安定的に返してくる」ため「予測モデル」を構成しやすいが、「私の身体と類似した反復構造」をもつ「他者」は「私の出す運動指令に応じていつも動いているわけではない」ため、「予測しきれない不確実性」によって「私」は「怯やか」される。これに合致しないのは3である。

(C) 文脈によって適切な語句を補充する問題である。空欄aには「他者に預け続ける」ことを想定した「自己の身体」を表す語句が入るが、空欄を含む文の直前に「私」は「生活全般において他者の物理的な手助けを必要としている」とあることから、「私」は自分の身体を全く制御できないと推測される。よって「無防備」が適当である。空欄bには「介助」を受ける際の筆者の「体」の様子を表す語句が入るが、同じ段落に「介助してほしい身体部位に意識が集中して」いき「介助されやすいような姿勢」になるとあることから、介助を心底望んでいると読み取れる。よって「ねだる」が適当である。

(D) (イ)「能動的に触れられる」の修辞法を考える問題である。「能動的」に続く「触れられる」は動詞〝触れる〟に受身の助動詞〝られる〟が下接した形である。一つの文の中に〈能動〉と〈受動〉という対義表現が混在しており、一見すると〈前後が矛盾している〉ようである。その意味の選択肢を選ぶと、正解は1である。

(ロ)「能動的に触れられる」が表す意味を説明する問題である。傍線部を含む一文を確認すると「予測を共有する」ことは「受動性」をなくす「工夫」だとある。またさらに遡ると「触れられる前の予測の共有」によって「受動的に触れられる恐怖に対処する」と書かれている。よって、正解は2である。

(E) 「怯えのない自信満々な自称介護のプロ」による「介助」が「被介助者に安全を感じさせない」理由を説明する問題である。傍線部を含む文の直前に「安全な介護関係」には「双方の怯え」と「憑依のし合い」が「不可欠」だとある。「怯え」とは第三段落にあるように「他者のふるまい」を「予測しきれない不確実性」によって生じる感情であり、「憑依」とは第九段落にあるように「身体の一挙手一投足」を観察し「その人になったつもりで頭の中で再構成し追体験する」ことで「相手の次の動き」を読むことである。これらを指定字数に合わせてまとめればよい。

(F) 文章表現効果や構成を問う問題である。まず合致するものについて、イの「自由話法」は第六段落以降の筆者自身の経験談が語られる場面で「よし、こいつはいける」など散見されるため合致する。ロは第十二段落で「最初の接触を待っている」「その手のフォルムに沿うように私の身体が曲率を変える」「相手のタッチを誘う色気」などがあるため合致する。ハについても、冒頭と最後で〈反復構造の安定性の高低によって自分とモノや他者の間に境界線が引かれ、再びゆるやかにつながる〉という主張を二度提示し、途中に筆者自身の経験が記述されているため合致する。合致しないのはニであり、「被介助者」としての筆者がどのようにモノや他者と連関するかを詳らかに記した上で、最終段落で「社会・文化的コード」も「このようなメカニズム」によって成り立っていると考察しており、「介護される当事者だけにしか経験できないメカニズム」が合致しない。

二

出典　小池昌代『黒雲の下で卵をあたためる』〈ちーくーみーまー〉（岩波書店）

解答

(A)　**イ**、口唇の快感　**ロ**、支離滅裂な言葉

(B)　4

(C)　1

(D)　3

(E)　3

(F)　5

(G)　1

(H)　**イ**－1　**ロ**－2　**ハ**－2　**ニ**－2　**ホ**－1

要旨

言葉が急激に増える時期の子供は繰り返しを好み、終わりのない循環する無限の時間空間を生きている。どこか自分のものではない自分の言葉によって彼らは自分自身をつくっている。まだ何もモノが分からない彼らの中ではものごとが分かれていないが、その泥の混沌ともいえる魔界から時折、彼らは光のような直感で大人を射るような言葉を放つ。また、子供の世界では言葉の入れ替えや逆転もしばしば起こるが、詩的言語は、そのような無意識の領域から出現するものだ。いまの経験すべてが輪郭を失う、心の生成期の人間に立ち会っていると思うと一瞬、おののくような敬虔な気持ちになる。

解説

(A)　子供の言った「ちーくーみーまー」という言葉に筆者が「ひとかたまりの混沌を、素手でつかみとってきたような感触」を得た理由を説明する問題である。空欄つきの解答文を見ると、「ちーくーみーまー」がどのようなものかを説明する文である。筆者はその言葉を「ひとかたまりの混沌」と評しているが、「混沌」とは〝区別がつかず全体が入

り混じっている様子〞という意味である。さらに傍線部に続く文で筆者はその言葉を「音引きの面白さ」と表現している。つまり「ちーくーみーまー」は〈発音の面白さが先立つ意味のない言葉〉である。これを言い換えた表現を探すと、第一段落の「口唇の快感」と「支離滅裂な言葉」が適当である。

(B) 「子供の世界に流れる時間」とはどのようなものかを問う問題である。それは傍線部に続く文章中に断続的に列挙される。「繰り返し」を好む子供は「終わりのない循環する時間感覚」をもち、「『いま』が絶え」ない時間の中にいる。そして子供と過ごす大人も「時間からつかの間、解放され、自由な無時間空間に遊ぶ」ことができる。子供にとっては「過去、現在、未来はまざりあって」いて、「繰り返す時間、循環する野蛮な混沌」の中に生きる彼らは「永遠の時間」の中にいるといえる。これに合致しない4が正解である。大人が解放されるのは「時間」であり「混沌」ではない。

(C) 文脈によって適切な語句を補充する問題である。空欄を含む文を確認すると、空欄には子供の中で「区別も曖昧」なものが入るとわかる。一つ前の第八段落にある「きのう、公園に行ったの」という子供の言葉の「きのう」という言葉は、本当は「かなり前」だったり「未来への願望を含んだ予知」だったりする（=「過去、現在、未来は、まざりあっている」）し、「えっ、ほんとに行ったの？」と聞くと「変な顔をして宙を見ている」。つまり「きのう、公園に行ったの」は「嘘といってもいい」発言である。子供にとって時間感覚はおろか〈本当か嘘か〉も区別がつかないものである。よって空欄には「現実」と「虚構」が入る。

(D) まど・みちおの作品「やぎさん　ゆうびん」において「二匹」が「文字」を食べてしまうことに筆者が「妙な解放感」を感じた理由を説明する問題である。傍線部の直前に「文字を食ってしまうことが、まず、おそろしい」とあり、「妙な解放感」の前に筆者は〈恐怖〉を感じていると確認できる。大人にとっては「唯一の自分に差し出された、意味を持つ言語の連なりである手紙」は「特別の価値」を持つものだが、ヤギにとってはあくまで「物質」であり「えさ」である。この価値の反転に筆者は「妙な解放感」を感じたのだ。よって、正解は3である。

(E) 「ポケット」が「魔界」である理由を説明する問題である。「やっぱり」とあることから、以前に「ポケットは魔界なのだ」と感じたことがあり、その後も同じように「魔界」だと感じたことがわかる。傍線部と同じ段落に、「ふしぎな　ポケット」を聞いた子供のころ、「魔力があるような気がした」とある。その後も、ポケットから「思わぬものがどんどん出てくる」という、童謡に似た経験をたびたびしたことから、「それ（＝ポケットに魔力があること）はいまでも少し信じている」というのである。よって、正解は3である。

(F) 「ふしぎな　ポケット」という歌によって喚起された「深い欲望」がどのようなものかを説明する問題である。傍線部を含む文の直前に「ああいう銀行通帳がどこかにないだろうか」「年に一度くらいは叩いてみたい」という欲望が吐露されるが、それは表面的な欲望であり、「深い欲望」とは言えない。むしろ、次の第二十二段落に書かれる「ものが増殖し、世界が充満していく感触」を「おそろしいのに快感」だと感じており、この快感を味わうことが筆者の欲望だと言える。よって、正解は5である。

(G) 傍線部を言い換える問題である。「幼児たち」が「詩的言語をつかみだす」様子について「ひょこっと、簡単に偶然に」と書かれている。これを筆者は次の第二十七段落で「無意識の領域」と言っている。また傍線部を含む一文を確認すると、それは「こういうことが炸裂する時期」に起こるとある。「こういうこと」とは、第二十四段落以降に書かれる「入れ替えや逆転」や「単語内での反転」、「言い間違い」の中に「面白いイメージが出現する」ことである。つまり、意味のない言葉遊びから子供は「詩の言葉」を不意に生み出すのである。よって、正解は1である。

(H) 内容真偽の問題である。まず合致するものについて、イは第二段落と、ホは第二十七・二十八段落の内容とそれぞれ合致する。次に合致しないものだが、ロの「おのずから童謡に似てしまう」の部分が合致しない。第二十六段落にあるように、あくまで「子供の言葉」が「結果として」詩と「同じように」並ぶことがある程度である。また、ハの「泥遊びで手を汚しながら」も合致しない。本文において「泥」は子供の「混沌」を喩えたものである。ニの「大人が理想視する子供らしさ」もまったく合致しない。第十三段落に、まど・みちおは「たいていの大人が持つ、子供ってこういうもんでしょう」という認識をぐらないとある。

三

出典　『大鏡』〈伊尹伝〉

解答

(A)　5
(B)　2
(C)　3
(D)　4
(E)　2
(F)　1
(G)　4
(H)　4
(I)　3
(J)　この侍従
(K)　蔵人頭が任命される〔蔵人頭の任命がある〕（十字以内）
(L)　**イ**—1　**ロ**—2　**ハ**—2　**ニ**—2　**ホ**—1

全訳

この侍従大納言殿（＝藤原行成）は、備後介としてまだ地下人（＝昇殿を許されない身分）でおられた時、蔵人頭になりなさったことは、（このような）前例はとてもめったにないことですよ。その頃は、源民部卿殿（＝源俊賢）は、蔵人頭でいらっしゃったが、上達部になりなさるはずであったので（＝参議に昇進なさることになっていたので）、一条天皇が、「後任にはまた誰が（蔵人頭に）なるのがよいか」と尋ねなさったところ、「行成が（蔵人頭に）なるによい者（＝適任）でございます」と申し上げなさったのを、「地下の（身分の）者は（蔵人頭にするには）どうであろうか」とおっしゃったので、（俊賢は）「とても立派な者でございます。地下人など（＝地下人だからといって）御遠慮なさってはなりません。将来も朝廷に、何事にもお仕えするに十分な（能力をもつ）者でございます。このような人を見分けなさらないことは、世のために悪いことでございます。（君主が）善悪を心得ておられるからこそ、人々も心配りをいたします。この機会に（行成を）任命なさらなかったなら、ひどく残念なことでございましょう」と申し上げなさったので、当然のことはいいながら、（行成が蔵人頭に）なりなさったのでしたよ。

総じて昔は、前任の蔵人頭の推挙によって、後任の蔵人頭は任官することでございました。したがって、殿上人の中で、自分が（蔵人頭に）なるにちがいないなどと、思っておられた人は、今夜（任命されるだろう）と聞いて参内なさっていたところ、（行成に）どことかでばったり出会いなさった時に、「誰ですか」と尋ねなさったところ、（行成は）お名前を仰って、「蔵人頭に任命してくださったので、参上したのです」と答えると、驚いたことだと茫然として、身動きもしないで立っておられたということです。なるほど確かに思いもしないこと（＝意外な人事）であるので、当然なのですよ。

この源民部卿がこのように（＝蔵人頭を行成に任命するようにと）強いて（一条帝に）申し上げて成就なさったことを、（行成は）十分に承知なさって、従二位の時でしたか、（行成の位階が俊賢を）追い越し申し上げなさったけれど、決して上座にお座りになりませんでした。かの殿（＝俊賢）が出仕なさる日は、自分は、病気である旨申し上げ（て欠勤し）、またともに出仕なさる日は、向かい側の席（＝対等の席）などに座っておられました。そうして民部卿が正二位（に昇進）の時には、以前のように（行成が）下の位階になりなさったのです（＝行成は俊賢に気遣いをせずにすむようになりました）。

解説

(A)　傍線部は、「この侍従大納言殿こそ……なりたまへる」を受けている。「例」は〝先例・前例〟の意。「めづらし」は

“賞讃に値する・すばらしい”“目新しい・心ひかれる”“めったにない・今までに例がない”などの意がある。ここでは“めったにない”の意。行成が地下人（＝昇殿を許されていない人）でありながら蔵人頭になったことが、前例がなくめったにない、ということを述べている。傍線部の後に、行成が地下人であることを一条帝が懸念していることもヒントとなる。したがって、正解は5である。1は「例」の訳を「いつもどおり」としている点が誤り。2は「決してあってはならない」が「めづらし」の語義に合わない。3は「愛すべき人柄」が不適。4は「思ってはいけません」と禁止の訳をしている点が不適。

(B) 「地下の者」とは行成のことである。「いかがあるべからむ」は“どうだろうか・どうするのがよいだろうか”の意。蔵人頭に任命するには行成の身分が低いことへの一条帝のためらいを表している。これに対して俊賢が、行成が地下人だからという理由で任命を遠慮してはならないことを進言していることからも、一条帝の行成の身分の低さに対する懸念があると考えてよい。したがって、正解は2である。1・4・5はいずれも一条帝の懸念を表していないので不適。3のように「他の地下人」の不満を懸念したわけではないのでこれも不適。

(C) 一条天皇の「地下の者はいかがあるべからむ」と行成の身分を懸念する言葉に対する俊賢の返答である。「やむごとなし」はここでは“すぐれている・格別だ”の意。傍線部に続けて俊賢は「地下など思し召し憚らせたまふまじ」（＝地下人だからといって御遠慮なさってはなりません）と述べている。俊賢が、行成は身分こそ低いが蔵人頭として適任であると述べている場面である。したがって、正解は3である。1・2のように「やむごとなし」には“高貴だ”の意味もあるが、俊賢は行成を本来は身分の高い者として推挙しているわけではないので不適。4は「特殊な事情」、5は「容姿がたいそう優れている」がそれぞれ不適。

(D) 傍線部は一条帝に対する俊賢の言葉。主語を「私」（＝俊賢）としている2は不適。ここは「おはしませば」の解釈がポイント。「おはします」は尊敬語であり、一条帝に対する敬意を表す。よって、行成を主語とした1は不適。「おはします」の活用は四段活用なので「おはしませ」は已然形である。「已然形＋ば」は確定条件の訳出をすることから、この箇所の訳は〝善悪を心得ておられるので〔のだから〕〟となる。仮定条件の訳出をしている3・5は不適となる。俊賢は主君（ここでは一条帝を念頭に置いている）が善悪を弁えているからこそ、人（ここでは臣下や民の総称として用いられている）も主君のために力を尽くすのだとし、臣下の登用にあたっては適切な任官をしなくてはならないと説いている。

(E) 第二段落「おほかた昔は」から話題の中心が行成になっていることを踏まえて解答する必要がある。傍線部の後の「御名のりしたまひて、『頭になし賜びたれば、まゐりてはべるなり（＝蔵人頭に任命してくださったので、参上したのです）』とあるに」の主語が、蔵人頭に任命された行成であることをつかんでから解答するとよい。2と3とでやや迷うが、傍線部「たれぞ」（＝誰か）の後に、行成が名を名乗っていることから、これまで昇殿を許されなかった地下人の行成を知らなかったと判断してよい。したがって、正解は2である。

(F) 「あさまし」は〝驚きあきれる〟の意。「あきる」は〝茫然とする・あっけにとられる〟の意である。傍線部の「こそ」は下の文の「けれ」まで係るので、行成の蔵人頭任官に驚き茫然としている者の様子と考える。これが、自分が蔵人頭に任命されるだろうと自負した者の様子であることを第二段落で読み取る必要がある。正解は1である。1の「見知らぬ」については(E)の〔解説〕を参照すること。2は「殿中で名を尋ねられてもすぐに答えてはいけないのに」が不適。3は「前任者から推挙を受けていた」が誤り。4のように「すでに新任の人物が決定した後」であったことに驚いたわけではない。5も選択肢の全文が本文の内容に合わない。

(G) 第三段落は行成が、蔵人頭任官の一件で俊賢に対して恩義を感じ、位階で俊賢を越しても気を遣っていたことが書かれている。傍線部の「思し知る」（＝十分承知なさる・理解なさる）の主語は行成。したがって、1〜3は不適。「源民部卿かく申しなしたまへる」について。「申しなす」は、〝申し上げてそのように為す〟の意の語。ここでは〝俊賢が帝に申し上げて蔵人頭に為した〟の意。「言ひなす」（＝意識的に〜のように言う・あえて言う）とは語義に違いがあるので注意する必要がある。「かく」は俊賢が行成を蔵人頭に推挙したことを指す。前例にない地下人の蔵人頭任官をあえて一条帝に奏上したことを指す。したがって、正解は4である。5は「当初は別の人物を」が不適。

(H)　傍線部(8)は傍線部(7)を受けている。「さらに〈打消〉」は〝全然〜ない・決して〜ない〟と訳す語法。「上」はここでは上位者のいる場所や席のことで上座を表す。行成が位階で俊賢を追い抜いても上座には座らなかったのは、傍線部(7)にあるように、俊賢の推挙によって蔵人頭に任官できたことに行成が恩義を感じていたからである。したがって、正解は4である。1・2は俊賢を主語にしているので不適。3のように「さらに利用しようと考え」て行成が俊賢に気遣いをしたのではない。5のような内容も最終段落から読み取ることはできない。

(I)　「下臈」は〝官位や身分の低い者・身分の低い教養のない者〟の意。傍線部は、直前の「さて民部卿正二位の折こそは」を受けている。この時、行成は従二位である。俊賢が正二位の位階を授けられたことで、行成は「もとのやうに」（＝以前のように）再び俊賢の下位になったことを述べている。1・2は俊賢を主語にしている点が不適。4のように行成が「低い身分に落とされ」たわけではない。俊賢が正二位に叙せられたのである。5は「俊賢に対する義理は果たしたと考え」が不適。3の「配慮の必要性もなくなった」の行成の「配慮」は、第三段落に示されている。したがって、正解は3である。

(J)　係り結びの流れ（消滅）とは、結びの語が文末として完結せず、さらに下に続く場合をいう。本文一行目の「この侍従大納言殿こそ」は「蔵人頭になりたまへる」に係っている。「る」は完了の助動詞「り」の連体形であり、係り結びの原則にしたがえば「れ」となるところである。ここでは「る」の後に「ことは」などが省略されていると考えるとよい。したがって、ここに「結びの流れ（結びの消滅）」があると判断してよい。

(K)　波線部を含む一文は〝『今夜』と聞いて参内なさっていたところ〟と訳せる。主語は「殿上に、我なるべしなど、思うたまへりける人」である。殿上人で自分が後任の蔵人頭に任命されると自負していた人が、任官に備えて参内していた場面である。したがって、「今宵」の後には「蔵人頭が任命される」「蔵人頭の任命がある」などと補うとよい。

(L)　**イ、**　地の文で用いられている終助詞は、例えば一〜二行目「よな」の「な」や八行目「かし」、十二行目「なりや」

の「や」が挙げられる。文末に置き、詠嘆や確認を表す終助詞であるので本文の特徴に合致する。なお、『大鏡』は百九十歳の大宅世継と百八十歳の夏山繁樹の二人の老人が若侍を相手に昔を回想する座談・問答形式で進められることも知っておくとよい。

ロ、本文には多く係り結びが用いられているが、その強調している内容や疑問・反語で示された内容から「貴族社会への批判意識」を読み取ることはできない（例えば「行成なむまかりなるべき人にさぶらふ」はぜひとも行成を任命してほしいとの俊賢の心情の表れ）。したがって、ロは合致しない。

ハ、本文で俊賢は行成が蔵人頭に適任であると推挙し説得を試みているが、適材適所の人事を行うことが賢君のあり方であると述べており、最終的な裁可は帝に委ねている。ハのような貴族の専断による裁定ではない。

ニ、「行成は立場が下の者には饒舌」「俊賢に対しては……苦手意識があった」が本文の内容に合致しない。

ホ、「最高敬語（二重敬語）」とは、「せ給ふ」「させ給ふ」「しめ給ふ」など、敬語を二重にする用法である。第一段落中の帝と俊賢のやりとりを見ると、「問はせたまひければ」（帝）、「奏せさせたまひけるを」「申させたまひければ」（俊賢）などとあるので合致する。

//////////////////// ·memo· ////////////////////

///////////////////// · memo · /////////////////////

2023年度

問題と解答

二月九日実施分

問題

（七五分）

一　左の文章を読んで後の設問に答えよ。（**解答**はすべて**解答用紙**に書くこと）

書きたいことなどひとつもない。

およそ小説に関して、これだけははっきりと断言できる。

書きたいことがないのに、では、何故書くのか。職業だから。書いたものが貨幣と交換されうるから。いまとなってはこれが最も実状に即した答えかもしれない。しかし、起源においてはどうだったのか。すなわち自分の書いたものが換金されうるかどうかまったく分からない時点で、紙に文字を記したときはどうだったのか。やはり書きたいことはなかったのか。

なかった、と答える。するとすぐに続いて、では何故書いたのかという問いが生じるだろう。わたしは何故小説を書いたのか。

いまはまだ可能性のうちにとどまってはいるが、いずれ自分の書いたものが商品になるだろうという期待のなかで最初の小説は書かれた。そう考えてみると、事実そうだったように思えてくる。だとすれば、わたしという作家は、(1)作家になるために小説を書いたということになるだろう。

　わたしがはじめて小説を書いたのは二九歳のときである。記憶の遡る限り、それまで小説を書こうなどと思ったことは一度もなかった。つまりわたしは、二九歳のある日、作家になりたいとの欲望に不意に見舞われ、あるいは潜在していた欲望が発現するかして、書きはじめたのである。

　そうだったのかもしれない。だとするならば、わたしは作家になろうとして小説を書きはじめ、作家であり続けるために小説を書き続けていることになる。とはいえ、一般に起源は隠蔽される性質を持つから、断言を避けるのが無難かもしれない。「現在」を「過去」に［ａ］させ「起源」が［ｂ］される、これはしばしばみられる現象である。しかし、少なくとも現在、わたしは作家であるがゆえに小説を書いているのは間違いない。

　ところで、小説を書いたから作家になったのではなく、作家になるために小説を書いた、あるいは、小説を書くから作家なのではなく、作家だから小説を書く、これは倒錯であろうか。

　(2)決してそうではない。もし倒錯にみえるとしたら、作家と小説の関係こそが倒錯しているからである。作家は自分の書いた小説の［ｃ］ではもちろんないが、実は［ｄ］ですらない。小説と呼ばれる文字の集積をどこかに書き記したのはたしかに作家である。その意味で作家を［ｄ］と呼ぶのは慣用的には間違っていないが、しかし文字の集積それ自体は小説ではない。小説とは、たとえば本に印刷された文字の列を誰かが読む、その時間のうちに起こる(3)出来事である。漱石の小説、ドストエフスキーの小説といったとき、指し示されているのは、本についたインクの染み、つまり活字の列ではなく、それを読んだ誰かの経験である。漱石の小説が面白いといったとき、面白いのは活字の列ではなく、それを読む経験が面白いのである。その意味で、小説とは誰かの読書の経験のなかで、その都度作られるともいえる。極端ないいかたをすれば、作家は小説の素材を提供するにすぎない。素材から言語能力と創造力を駆使して小説を作り上げるのは読者である。小説は書き手と読み手の共同作業として成立する。

したがって、誰にも読まれることのない小説は小説ではない。もっとも大抵は、小説を書く者は自分の書いたものを自分で読むから、最低限小説たりえるのが普通である。この場合、作家は書き手と読み手に分裂し、両者の共同作業を通じて小説をつくりあげる。

いずれにせよ、小説になるかもしれない文字の列、いわば小説の可能態を提供するのが作家である。とするなら作家は、文字の列から小説を作りあげる者、可能態を現実化する者、つまり読者との関係なくしては作家ではありえない。読者の存在なしに作家は存在できない。

作家とはすなわち、書き手と読み手からなる小説創造の場において、書き手たることを選ぶ者の謂《いい》なのであり、だから小説を書く者は誰でも、まずは作家にならなければならない。作家として読者と関係を結び、小説を作り上げようと意志しなければならない。小説を書くから作家なのではなく、作家たる立場をあらかじめ選びとるからこそ作家なのだ。小説を書いたから作家になったわけではなく、作家として小説に係わろうとしたからこそ作家になったのだ。

小説を書こうと考え、一行でも書いたならば、その人はすでにして作家である。というより作家でなければならない。小説を書くとは、未知の他人であれ、自己のうちなる読み手であれ、読者との関係を強いられる事態を意味し、この関係を意識する者こそが作家と呼ばれるにふさわしい。読者との関係を意識せずに書く者は作家とは呼べない。そうして、読者を意識する書き手にとって、自分が書きたいことを書くといった怠慢は到底許されるものではない。書き手の書きたいことが、読み手の読みたいことだとは限らないからである。

誰かが読みたいと思うものを書く。それをするのが作家である。もちろんその誰かとは作家本人でもよい。自分が読みたいと思うものを自分で書く。これはきわめて(4)正当な態度といえるだろう。

わたしには書きたいことなどひとつもない。ただし読みたいことはたくさんある。だから書くのである。

（奥泉光「意志の来歴」による）

問

(A)　――線部(1)について。「作家になるために小説を書く」とは、ここではどのような態度をさしているか。その説明として最も適当なものを、次のうちから一つ選び、番号で答えよ。

1　作家という社会的影響力のある肩書を得たいと願い、そのための最も手っ取り早い手段として、小説を書く、という態度。

2　小説を通して訴えたいことがあるからではなく、現在の不遇の身を脱して作家として有名になるべく、小説を書く、という態度。

3　単なる個人的趣味ではなく、職業的な書き手として通用することを世間に認めてもらうため、作家になろうとする、という態度。

4　商品として小説を生み出し、その対価を読者から得る作家という立場に身を置きたいがゆえに、小説を書く、という態度。

5　面白い小説が書ける作家の才能に憧れを抱き、自分もそのような存在になりたいという一心で小説を書く、という態度。

(B)　空欄 a ・ b にはそれぞれどのような言葉を補ったらよいか。最も適当な組み合わせを、次のうちから一つ選び、番号で答えよ。

1　a　融合　　b　再生

2　a　反転　　b　投影

3　a　遡及　　b　捏造《ねつぞう》

4　a　累積　　b　秘匿

5　a　復活　　b　馴致《じゅんち》

(C)　——線部(2)について。「わたし」がこのように断言できるのはなぜか。その説明として最も適当なものを、次のうちから一つ選び、番号で答えよ。

1　読者を念頭に置かずとも、小説を通して書きたいことを表現できさえすれば作家になれる、という考え方の方が倒錯しているから。

2　小説とは本来、芸術作品であるべきなのに、作家が利益を上げるための産業と化している現状の方こそ、むしろ倒錯しているから。

3　作家という特殊な才能に恵まれた者にしか小説は書けないのに、意志さえあれば誰にでも書けるという前提の方が錯覚にすぎないから。

4　小説を書くことが作家としての能力を証明する手段であるかのように見なす、という前提の方が本末転倒だから。

5　小説とは、読者という他者による経験でなければならないにもかかわらず、その点を誤解した作家が自らの内面に閉じこもっている状況の方こそ、倒錯と呼ばれるに値するから。

(D)　空欄 c ・ d にはそれぞれどのような言葉を補ったらよいか。最も適当な組み合わせを、次のうちから一つ選び、番号で答えよ。

1　c　所有者　d　作者
2　c　所有者　d　書き手
3　c　所有者　d　売り手
4　c　作者　d　所有者

5　c　買い手　d　所有者

(E)　――線部(3)について。「わたし」が「出来事」と言っているのはどのようなことか。句読点とも四十字以内で説明せよ。

(F)　――線部(4)について。そのように考えられる理由として最も適当なものを、次のうちから一つ選び、番号で答えよ。

1　他人の読みたいことを書こうとすると、すでに成功を収めた事例の後追いになりがちであるのに対し、自分のまだ読んだことがないことこそ、自分が読みたいと思うことだから。
2　自分が読みたいと思うことを書こうと努力すればおのずと理想が高くなり、その達成に近づけば近づくほど、書き手として最大限の満足が得られるから。
3　真に読みたいと思うことを追求すれば、実人生では経験したくてもできないことになってくるため、他者の読みたいことと一致する可能性が高くなるから。
4　自分の書きたいことを書けば、書き手としての自己が主体とならざるをえないのに対し、自分が読みたいと思うことを書けば、意識的に読み手を兼ねることが可能になるから。
5　自分の書きたいこととは異なり、自分の読みたいことは事後的にしか完全には明らかにならないため、自分がなにを読みたいと思っているのか、納得の行くまで追求できるから。

(G)　次の各項について、本文の内容と合致するものを1、合致しないものを2として、それぞれ番号で答えよ。

イ　いまの「わたし」にとって明らかなのは、自分が小説を書き続けている理由だけであって、最初の小説を書こうとした動機に関しては明言をためらっている。

ロ　小説は読者のうちでしか完成しない以上、小説の真の所有者は読者だけであり、それに対して作家は何の権利も主張できない。

ハ　漱石の記した文字の列は、それだけでは漱石の小説と呼ぶことができず、誰かによって読まれてはじめてそう呼びうる。

ニ　作家が提供するのは小説の素材、その可能態にすぎないとはいえ、それを書く労苦と読み手の味わう喜びを比較すれば、作家と読者の関係は対等とはいえない。

ホ　自分が書きたいことを小説に書こうとする者は、読者との共同作業を回避しているため、怠慢の誹《そし》りを免れない。

二　左の文章を読んで後の設問に答えよ。（**解答**はすべて**解答用紙**に書くこと）

『日本語の発見』という本が山本安英《やすえ》(注1)の会から出ていて、そのなかで野口三千三《みちぞう》(注2)という体操の先生が「人間は猫より柔らかい」という逆説めいた表現でおもしろいことを書いている。猫のように柔らかいとよくいうが、これは固定観念の所産であって、(1)人間の体の方がほんとうは猫よりはるかに柔らかいというのである。

そのことを野口さんは、人を使って実験をしてみせ、また、実習によって参加者の一人一人に体得させている。が、その実験と実習の底には、軟体動物→外骨動物→内骨動物という延長線上に直立動物としての人間を考え、その、直立動物としての人間の可能性を自覚的にたかめるものとして体操を考えるという発想があってそれをささえている。だから話は、軟体動物と骨のある動物とはどちらが柔らかいかということから始まって、柔らかい体とはいったい何かを明らかにしながら進められてゆく。

軟体動物は文字どおり軟らかいだろう。だが、ぐにゃぐにゃしているのが柔らかい体というわけでもあるまい。概念規定を変えて――野口さんがわざわざむずかしくいってみせている言葉を使って――「内部環境あるいは外部環境から、ある情報（力、刺激）が与えられた時、それを高い感度で正確に受けとり、それを伝えるべき所に(イ)ナメらかに速やかに伝え、その間に適当に選択、濾過《ろか》、制御して適切に反応（適応）する能力」を柔軟性と名づけてみる。すると、――その概念規定に従えば――柔らかい体は骨で体が支えられることで初めて可能となる。さらに、二本足で立つという、猫からみれば曲芸に等しいことを常にしている人間の体は、猫よりはるかに柔軟なはずだし、現に人間の体がいかに柔らかいものであるかは、――むずかしい概念規定を使わなくても――テストによって容易に知ることができる。

ほぼこういうことで、野口さんは、たとえば「気をつけ」という硬直した、次の姿勢には容易に移りえないことをもって特徴とする軍隊での直立の姿勢を体操に持ち込んで体操の基本姿勢とするやり方に反対をし、あらゆる可能性を持つものとしての柔軟な体を発見し、作りあげていくことに体操の意義を置くのである。

休んでいる筋肉しか次の瞬間には働かぬという指摘、あらゆる複雑な姿勢への可能性を蔵しているがゆえにこそ自然体としての直立が基本形であるという発想、その他この論文の全体を私は大変おもしろく読んだが、同時に二本足を社会科学に置きかえてみるとどうなるかということを考えさせられた。

近代は、ある意味では人間が一人一人、二本の自分の足で立ちだしたところにはじまる。そして、そこから（そのために）社会認識の二本の足ともいうべき社会科学が出てきた。だがその社会科学はいま、ほんとうに、個々の人間にとって二本の足の役をしているであろうか。社会科学を持っている方が、柔軟で鋭敏に物をつかまえることができるべきはずのものであろう。むろん骨は骨であって、骨そのものが筋肉や神経の働きをするわけにはいかないのと同じで、社会科学的認識で得られるものは、芸術や宗教実践で得られるものとは違う。社会科学自体にそれ以上のものを要求すべきではない。しかし、社会科学という骨を持つことによって人間の行動はより柔軟に、認識の面でいえば人間の眼はより柔軟な眼に、なりうるはずのものではあろう。ところが、社会科学のあり方はそうではなくて、むしろ社会科学によって眼そのものが硬直してしまっているのが現実ではないか。

社会科学を忘れた自立は、いわば軟体動物的自立であろう。人間が柔軟にして強靭《きょうじん》な存在になってゆくためには日常見聞きする現象を学問的にとらえるという、簡単なようで厄介な操作を絶対に必要とする。国家が社会科学を必要とする局面をいうのではない。そうではなくて、(2)人間が自立する条件としての社会科学の必要をいうのである。そういうものとしての社会科学を、一人一人が自分のものとしなければ、自立した、自分の足で立った人間とはいい得まい。そのためには、研究と伝達の双方を含めて社会科学の勉強の仕方に反省がいる。第一、社会科学という言葉が何かものものしい、人ごとのようなものになっているということが問題だ。

方法論ということもある。が、方法論が方法論倒れにならないためには、ハウ・トゥという意味での勉強の仕方も考えねばならぬであろう。問題はいっぱいあるが、およそ考えるという場合の姿勢の問題も（むずかしくいえば、社会科学という規定をまだ受けない、学問の生産と流通の単純な形態の問題として）意識しておくべきことと考える。ここで姿勢というのは、さしあたり、全く肉体的なそれである。

私自身社会科学者の一人としてがっかりさせられるのは、芝居や映画に出てくる学者なるものだ。大体において深刻な顔をしてうつむいている。あれが学者なのか。俳優さんたちは、あんなことで考えるという操作ができると考えているのかと思うと腹が立つより悲しくなるのだが、同時に日本の学者イメージを漫画化したところで正直に伝えているものであるかもしれない、と思うと(3)いっそうがっかりする。

力がはいって動きのとれぬ姿勢である。そして今日の話に関連していえば、うつむいたまま硬直した姿勢である。(4)自然体としての直立の姿勢から来たものでもなければ、そこに戻りうるものでもない。すなわち考えるという作業とはおよそ遠い姿勢である。であるのに、考えるということを、うつむいて硬直した姿勢において考えるのが通念になっているのは、いったいどういうことか。

社会科学にしろ何にしろ、およそ考える場合の(5)基本姿勢には二つあると思う。一つはうつむいた姿勢であり、一つは天井をむいてポカンとしているそれである。この二つの姿勢がどういう効果を持つのか、実験してみてほしい。うつむいた場合。天井をむいた場合。それぞれ三分。眼の働きも狭角、広角とそれぞれ違ってくるはずだ。うつむいているとある土俵の中に思考が集中していく。天井をむくと土俵が外れる。執着していた土俵が外れて新しい土俵ができる。今まで古い土俵にこだわっていたために土俵にはいり切れず、あまりに具体的な姿のままゴロゴロしていた事物が、その場をうるという形で収まる土俵がふっと出てくる。あるいはまた、新しい土俵の設定とともに、忘れていたことが忘却の彼方から浮かび出てくる。それが天井をむいた姿勢の効用だ。

昔から洋の東西を問わず、偉い人の前に立つと頭を下げるのは、あなたのおっしゃることをあなたの土俵において正確に理解致します、そしてそれを忠実に遂行しますということであって、それが形式化され、儀礼化されて敬意の表現の姿勢となったものであろう。天井をむいて人に接するのが失礼なのは、相手の土俵にこだわらない、まあ参考にしておきましょうというお大臣的姿勢だからか。

この二つの姿勢は、切り離したところで固定すればそれぞれ変なものであるけれども、自然体の変化形としては、それぞれ別個の意味を持ち、考える場合の二つの基本姿勢となっている。

仕事をしている場合、夜中にふっといい考えが浮かぶことがある。新しい土俵の生誕であり、(ロ)キチの事実との新たな遭遇である。が、そのままではせっかくの土俵も、思い出した事実も、雲散霧消してしまう。あおむきの姿勢は土俵を外すには適合的でも、土俵の中で煮つめていくには不適当なのだ。とっさに起き上がって集中しうる姿勢となり、書くことである程度ディベロップしておく。少なくともテープに吹き込んでおく。突撃の体勢に移るわけだ。その場合には(6)絶対に一度きめた土俵を動かしてはいけない。これがコツなのであって、絶対に土俵を動かしてはいけないという無理から、実は、諸事実と土俵の衝突がはっきりしてきて、そこで、土俵を外すという次の作業が出てくるのである。肝心なのは、それぞれの姿勢がもつ働きを、肉体感覚として、眼の働きの感覚とともに、鮮明に覚えておくことである。天井をむいて校正は出来まい。

（内田義彦『生きること　学ぶこと』による）

（注）1　山本安英――日本の新劇女優・朗読家（一九〇二～一九九三）。
2　野口三千三――野口体操の創始者。東京芸術大学名誉教授（一九一四～一九九八）。

問

(A)　═══線部(イ)・(ロ)を漢字に改めよ。（ただし楷書《かいしょ》で記すこと）

(B)　――線部(1)について。「人間の体の方がほんとうは猫よりはるかに柔らかい」と考える理由として最も適当なものを、次のうちから一つ選び、番号で答えよ。

1　人間の体の方が、外からの力や刺激に固定的に対応することで、素早く適切に行動できるから。
2　人間の体の方が、骨で支えられている上に、さまざまな動きを可能にする直立姿勢を維持できるから。
3　人間の体の方が、柔軟な発想を有することによって、多様で高度な動きに対応することができるから。
4　人間の体の方が、体操等を通して関節の可動域を広げることで、より柔軟な動きを可能にしているから。
5　人間の体の方が、軟体動物からの進化の過程で、身体を制御する力を体得しているから。

(C)　――線部(2)について。その説明として最も適当なものを、次のうちから一つ選び、番号で答えよ。

1　日常生活のなかで物事を鋭敏に把握できる柔軟な身体動作を身につけること。
2　日常的に生起している物事を学問的にとらえる取り組みを行うこと。
3　日常生活の問題を解決するために研究や伝達の方法に眼を向けて柔軟に対応すること。
4　日常的に生じている科学的事象を自分にあてはめて考える習慣を身につけること。
5　日常的に起こっている事柄について学問の生産と流通の関係からとらえなおすこと。

(D)　――線部(3)について。その説明として最も適当なものを、次のうちから一つ選び、番号で答えよ。

1　俳優が、深刻な顔で硬直した姿こそ重厚な思考態度を示す姿勢だと勘違いしていることに落胆し、それを意図的に強調していると思うとますます落胆する。

2 誤解に基づく俳優の演技に落胆するが、学問についての世間の見方が硬直してしまっているという事実があることにますます落胆する。

3 芝居や映画に出てくる俳優が、姿勢の意味について理解できていない点に落胆し、さらに社会科学者を漫画的に誇張して示していると思うとますます落胆する。

4 俳優による学者の演技には落胆するが、それが日本の学者の姿勢に関する通念を反映したものだとするとますます落胆する。

5 俳優が学者のイメージを曲げて表象していることに落胆するだけでなく、そのことに気づいていないと思うとますます落胆する。

(E) ――線部(4)について。その説明として最も適当なものを、次のうちから一つ選び、番号で答えよ。

1 あらゆる形に変わりうる軟体動物と同様の柔軟な動きや発想を可能にする姿勢。

2 軍隊での直立姿勢に生かせるような反応を生み出す制御された姿勢。

3 うつむいた姿勢や天井をむいた姿勢など、特定の行動に適した姿勢。

4 芸術や宗教実践で得られるものと同様の働きを可能にする機能的な姿勢。

5 多様で複雑な動きや思考に柔軟に対応できる可能性を秘めた姿勢。

(F) ――線部(5)について。それぞれの基本姿勢の特徴として最も適当なものを、次のうちから一つ選び、番号で答えよ。

1　天井をむいた姿勢は、忘れていた事物を浮かび上がらせ、新しい思考の枠組みをつくるのに適しており、うつむいた姿勢は、さまざまな事実を収集するのに適している。

2　天井をむいた姿勢は、ポカンとして思考の枠組みを解放させるのに適しており、うつむいた姿勢は集中して学問の方法を身につけるのに適している。

3　天井をむいた姿勢は、素材のままだった事実に意味を与える新しい思考の枠組みを生み出すのに適しており、うつむいた姿勢はその枠組みと諸事実をつきあわせるのに適している。

4　天井をむいた姿勢は、眼の働きが広角になって幅広く材料を収集するのに適しており、うつむいた姿勢は眼の働きが狭角になり細かい作業の効率を上げるのに適している。

5　天井をむいた姿勢は、これまで固執していた思考を柔軟にするのに適しており、うつむいた姿勢は、新たな思考の枠組みを生み出し、それを正確に理解するのに適している。

(G)　——線部(6)について。その理由として最も適当なものを、次のうちから一つ選び、番号で答えよ。

1　一度決めた思考の枠組みを安易に動かすことで、その思考の枠組みと諸事実との対応関係が不明確となり、得られた思考の枠組みを更新する作業が難しくなるから。

2　一度決めた思考の枠組みを動かしてはいけないという思いが、その思考に対するこだわりを強くし集中して検討することを可能にするから。

3　一度決めた思考の枠組みを安易に動かすと、集中できるうつむきの姿勢の働きを生かすことができず、得られた思考の枠組み自体を喪失することに帰結するから。

4　一度決めた思考の枠組みを動かしてはいけないというルールによって、二つの基本姿勢の役割が明確になり、自分が思い描く新しい思考が言語化されるから。

5　一度決めた思考の枠組みを動かしてはいけないという無理によって、新しく生誕した思考の限界が見えてきて、これまでの思考の良さを改めて認識できるから。

(H)　次の各項について、本文の内容と合致するものを1、合致しないものを2として、それぞれ番号で答えよ。

イ　二つの基本姿勢を通して、考える姿勢を意識することは、社会科学の勉強の仕方を反省することの一環である。

ロ　野口が提唱する体操の価値は、多様な可能性を有するものとしての柔らかい体を発見し、作っていくところにある。

ハ　社会科学は、柔らかい思考を生み出す軟体動物的自立を目指す人間にとって不可欠な科学である。

ニ　社会科学という言葉がものものしいのは、芝居や映画にでてくる俳優たちの演技の影響が大きい。

ホ　「気をつけ」という硬直した姿勢から次の姿勢に移るのが難しいのは、休んでいる筋肉しか次に働かないという体の仕組みによる。

三　左の文章は、『源氏物語』の「椎本」の巻の一節で、帝の愛息匂宮が初瀬詣での帰りに宇治川のほとりの大臣の別荘で休憩をとっている場面である。匂宮は、薫（宰相の君）をはじめとする大勢の臣下たちを従えている。一方、対岸には今は没落した八の宮の邸があり、八の宮は二人の娘、大君と中の君と共にひっそりと暮らしている。これを読んで後の設問に答えよ。（解答はすべて解答用紙に書くこと）

所につけて、御しつらひ(注1)などをかしうしなして、碁《ご》(注2)、双六《すごろく》、弾棊《たぎ》の盤どもなど取り出でて、心々にすさび暮らしたまひつ。宮は、ならひたまはぬ御歩《あり》きになやましく思されて、ここにやすらはむ(注3)の御心も深ければ、うち休みたまひて、夕つ方ぞ御琴《こと》など召して遊びたまふ。

例の、かう世離れたる所は、水の音《おと》ももてはやして物の音《ね》澄みまさる心地して、かの聖《ひじり》(注4)の宮にも、たださし渡るほどなれば、追風《おひかぜ》に吹き来る響きを聞きたまふに昔のこと思し出でられて、「笛をいとをかしうも吹きとほしたなるかな。誰《たれ》ならん。昔の六条院(注5)の御笛の音《ね》聞きしは、いとをかしげに愛敬《あいぎやう》づきたる音にこそ吹きたまひ［　　］。これは澄みのぼりて、ことごとしき気《け》のそひたるは、致仕《ちじ》(注6)の大臣《おとど》の御族《ぞう》の笛の音にこそ似たなれ」など独りごちおはす。「あはれに久しくなりにけりや。かやうの遊びなどもせで、あるにもあらで過ぐし来にける年月《としつき》の、さすがに多く数へらるるこそかひなけれ」などのたまふついでにも、姫君たち(注7)の御ありさま(1)あたらしく、かかる山ふところに(2)ひきこめてはやまずもがなと思しつづけらる。宰相の君(注8)の、同じうは近きゆかり(注9)にて見まほしげなるを、さしも思ひよるまじかめり、まいて(3)今様《いまやう》の心浅からむ人をばいかでかは、など思し乱れ、(4)つれづれとながめたまふ所は、春の夜もいと明《あ》かしがたきを、(5)心やりたまへる旅寝の宿《やどり》は、酔《ゑ》ひの紛れにいととう明けぬる心地して、(6)あかず帰らむことを宮は思す。

はるばると霞《かす》みわたれる空に、散る桜あれば今開《ひら》けそむるなどいろいろ見わたさるるに、川ぞひ柳の起き臥《ふ》しなびく水影などおろかならずをかしきを、(7)見ならひたまはぬ人は、いとめづらしく見棄《みす》てがたしと思さる。宰相は、かかる(8)たよりを過ぐさず(9)かの宮にまうでばやと思せど、あまたの人目を避《よ》きて独り漕《こ》ぎ出でたまはん舟渡《ふなわた》りのほども(注10)軽《かろ》らかにやと思ひやすらひたまふほどに、かれより御文《ふみ》あり。

A　山風に霞吹きとく声はあれどへだてて見ゆる(注11)をちの白波

草《さう》(注12)にいとをかしう書きたまへり。宮、思すあたりと見たまへば、いとをかしう思《おぼ》いて、「この御返りは我せん」とて、

B　(注13)をちこちの汀《みぎは》(注14)に波はへだつともなほ吹きかよへ宇治の川風

(注)　1　御しつらひ――御室内の調度や飾り付け。
2　碁、双六、弾棊の盤ども――室内遊戯の道具。
3　ここにやすらはむの御心――八の宮邸の近くで休憩したいというお気持ち。匂宮は八の宮の姫君たちに関心を抱いている。
4　かの聖の宮――あの聖のように仏道修行している八の宮。

5　六条院――今は亡き光源氏。
6　致仕の大臣――今は亡き引退した大臣。
7　姫君たち――八の宮の二人の娘たち。大君と中の君のこと。
8　宰相の君――薫は数年前から八の宮を慕っていて、しばしば八の宮邸を訪問している。
9　近きゆかりにて――縁の深い人として。「どちらかの姫君の結婚相手として」という意味。
10　軽らかに――軽々しい。
11　をち――遠方。
12　草――草仮名。
13　をちこち――そちらとこちら。
14　汀――水ぎわ。

問

(A)　空欄［　］に入る過去の助動詞を正しい活用形で記せ。

(B)　――線部(1)の意味として最も適当なものを、次のうちから一つ選び、番号で答えよ。

1　初々しく　2　当世風であって　3　めずらしく
4　心惹かれる様子で　5　もったいなく

(C) ——線部(2)の解釈として最も適当なものを、次のうちから一つ選び、番号で答えよ。

1　埋もれたままなのだろう
2　埋もれたままにはならないだろう
3　埋もれたままでいるのが良いことだ
4　埋もれたままであったら大変だ
5　埋もれたままで終わらせたくはない

(D) ——線部(3)の解釈として最も適当なものを、次のうちから一つ選び、番号で答えよ。

1　近頃の若者は思慮が浅いので困ったものだ
2　近頃の思慮の浅い人では婿に迎えられない
3　昨今の思慮深い若者を何とかして婿に迎えたい
4　今結婚などを考えていない姫君をどう説得しようか
5　今は未熟な姫君を何とかして思慮深い人に育てたい

(E) ——線部(4)の解釈として最も適当なものを、次のうちから一つ選び、番号で答えよ。

1　所在なく物思いに沈んでいらっしゃる八の宮邸の人々
2　孤独をまぎらわせようと対岸を眺めていらっしゃる八の宮邸の人々
3　することもなく物思いに耽っていらっしゃる匂宮一行

4　退屈しのぎに景色を眺めていらっしゃる匂宮一行
5　暇に任せて歌を朗詠していらっしゃる匂宮一行

(F)　――線部(5)の意味として最も適当なものを、次のうちから一つ選び、番号で答えよ。
1　気晴らしをする　2　思いを馳せている　3　気遣いをしている
4　思い悩んでいる　5　恋焦がれている

(G)　――線部(6)の意味として最も適当なものを、次のうちから一つ選び、番号で答えよ。
1　飽きている　2　満足している　3　満ち足りない
4　夜が明けていない　5　まだ酔っていない

(H)　――線部(7)は誰のことを指しているか。最も適当なものを、次のうちから一つ選び、番号で答えよ。
1　匂宮　2　薫　3　八の宮　4　大君　5　中の君

(I)　――線部(8)の現代語訳を三字以内で記せ。ただし、句読点は含まない。

(J)　――線部(9)の解釈として最も適当なものを、次のうちから一つ選び、番号で答えよ。
1　あちらの八の宮邸に参上したい
2　あちらの八の宮邸に参上したらどうか
3　こちらの匂宮のお側に伺候していたい
4　こちらの匂宮のお部屋に伺ったらどうか

5　こちらの匂宮のお側に伺候するべきである

(K)　本文中のAの和歌は八の宮が薫に宛てて贈ったものである。この和歌に込められた八の宮の気持ちとして最も適当なものを、次のうちから一つ選び、番号で答えよ。

1　川を隔てて遠く離れていても笛の音が風に乗って聞こえてくることを喜んでいる。
2　こんなに近くにいるのに訪ねて来てくれない薫に対して他人行儀だと感じている。
3　自分を慕ってくれているのに姫君と結婚しようとしない薫に不満を抱いている。
4　匂宮一行と自分とでは社会的身分の隔たりが大きくあるから気が引ける。
5　川を渡ってそちらへ行くから自分も仲間に入れてほしいと願っている。

(L)　本文中のBの和歌に込められた気持ちとして最も適当なものを、次のうちから一つ選び、番号で答えよ。

1　川の波が私たちの間を隔てていたとしても、あなたと仲良く交流したい。
2　私たちの間を隔てる川の波はどうしようもないので、交流は諦めるしかない。
3　姫君たちに会えないでいるので、せめて和歌のやり取りを許してほしい。
4　身分の隔たりが大き過ぎるので、あなたとのお付き合いはできかねる。
5　もうすぐ帰るので、川を渡ってでもすぐこちらへ来てくれないと困る。

(M)　次の各項について、本文の内容に合致するものを1、合致しないものを2として、それぞれ番号で答えよ。

イ　匂宮は慣れない外出のせいで精神的につらくなり、旅に出たことを後悔した。

ロ　匂宮は対岸から聞こえる八の宮の吹く笛の音を素晴らしいと思った。

ハ　八の宮は致仕の大臣の一族の笛の音を直接聞いたことはなかった。

ニ　八の宮は没落してわびしい境遇にあるが、今の暮らしに十分満足していた。

ホ　匂宮は八の宮の姫君たちに近づきたくて、八の宮への返歌を自ら贈った。

解答

二月九日実施分

一

出典　奥泉光『虚構まみれ』〈意志の来歴〉（青土社）

解答

(A)　4
(B)　3
(C)　1
(D)　1
(E)　作家が素材を提供し、読者が言語能力と創造力を駆使して小説を作り上げるということ。（四十字以内）
(F)　4
(G)　イ―1　ロ―2　ハ―1　ニ―2　ホ―1

◆要　旨◆

二九歳のある日、不意に作家になりたいという欲望に見舞われた筆者は、いずれ自分の書いたものが商品になり貨幣と交換されるという期待のもと小説を書き始めた。作家になるため、作家であるために小説を書く筆者は、小説を文字の集積や活字の列ではなく、素材を提供する作家と言語能力と創造力を駆使して読む読者の共同作業によって成立するものだと定義する。読者を意識する書き手は、自分が書きたいことを書くという怠慢は許されず、読み手の読みたいことを書かなければならない。ただし、その読み手は作家本人でもよいため、作家が書き手と読み手に分裂し、自分の読みたいと思うものを自分で書くということは正当な態度であるといえる。

▲解　説▼

(A)「作家になるために小説を書く」という筆者自身の態度の意味を問う問題である。「わたしは何故小説を書いたのか」と前段落で自問しており、傍線部はその答えである。「作家になる」とは言い換えると、傍線部を含む段落にあるように「自分の書いたものが商品になる」、第三段落に遡ると「書いたものが貨幣と交換されうる」ということである。つまり筆者にとって「小説」とは〈換金される商品〉なのである。よって、正解は４である。なお、３にも「職業的な書き手」という表現が含まれるものの、〈換金〉という要素が欠落しているため、誤りである。

(B)空欄を含む文にある「現在」「過去」「起源」という言葉は、作家である筆者の「何故小説を書いたのか」という問いに関わるものである。これについて筆者は第七段落で「作家になろうとして小説を書きはじめ」たと一度結論づけるが、直後に「起源は隠蔽される性質を持つ」から「断言を避ける」のがよいと考えている。つまり〈自ら小説を書いた起源〉に疑いを感じているのであり、空所ｂには〝でっちあげること〟の意の「捏造」が入る。また、空所ａも〝過去にさかのぼること〟の意の「遡及」という言葉で問題はない。よって、正解は３である。

(C)「決してそうではない」と筆者が断言する理由を説明する問題である。筆者は傍線部直前の〈作家になる、作家であるために小説を書くことは倒錯か〉という問題提起を自ら否定し、傍線部を含む段落で「作家と小説の関係こそが倒錯している」と主張する。「小説」とは「文字の集積」や「活字の列」ではなく「読んだ誰かの経験」の中で「その都度作られる」ものであり、「小説の素材を提供する」作家と「言語能力と創造力を駆使して小説を作り上げる」読者の「共同作業」によって成立するものだと筆者は言う。つまり小説を書いただけで読者がいなければ作家ではないのである。よって、正解は１である。

(D)空欄を含む文の直前の文に〈作家と小説の関係が倒錯している〉とあるため、空所ｃとｄにはそれぞれ〈一般的に〉作家を定義する語句が入る。ｃの直後の「もちろんない」という表現から、ｃには〈論ずるまでもない例〉である「所有者」が妥当であり、ｄの直後の「すらない」という表現から、ｄには〈極端な例〉としての「作者」が合致する。よって、正解は1である。なお、2のdの「書き手」も「作者」と同義ではあるが、空欄を含む段落に「小説は書き手と読み手の共同作業として成立する」という筆者の主張があるため、2は誤りである。

(E)　「出来事」とは具体的に何が起こっているのかを説明する問題である。傍線部を含む文を確認すると、「出来事」とは「本に印刷された文字の列を誰かが読む、その時間のうちに起こる」ことである。つまり「出来事」が起こる直接のきっかけを作るのは「読者」である。また、同文は「小説とは」という書き出しで始まっており、「出来事」はそのまま「小説」の定義を表す。同じ段落で筆者は「小説」を「書き手と読み手の共同作業」の結果であるとし、作家が「小説の素材を提供」し、読者が「言語能力と創造力を駆使して小説を作り上げる」ことでそれは成立すると主張する。これらをまとめればよい。

(F)　「正当な態度」だと筆者が主張する理由を説明する問題である。「正当な態度」とは傍線部を含む段落にあるように「作家」が「自分が読みたいと思うものを自分で書く」態度である。第九段落から最終段落にかけて筆者は「読者との関係なくしては作家ではありえない」とし「読者を意識する書き手」が「誰かが読みたいと思うものを書く」ことが、作家を作家たらしめるのだと主張する。ただし、その「誰か」とは「作家本人でもよい」ため、「書き手」としての作家が「書きたいこと」を書くことは「怠慢」だが、「読み手」としての作家が「読みたいこと」を書くことは「正当」なのである。よって、正解は4である。

(G)　内容真偽の問題である。まず合致するものについて、イは第七段落と、ハは第九段落と、ホは最後から三段落目の内容と、それぞれ合致している。次に合致しないものだが、ロの「小説の真の所有者は読者だけ」だという表現は本文にはないため、合致しない。また、ニは〈作家と読者との関係は対等ではない〉とあるが、第九段落以降に述べられるように「書き手」と「読み手」とは〈共同作業者〉であり、関係上の優劣はないため、合致しない。

二

出典　内田義彦『生きること　学ぶこと』〈第一部　常識を問う〉（藤原書店）

解答

(A)　(イ)滑　(ロ)既知

(B)　2

(C)　2

(D)　4

(E)　5

(F)　3

(G)　1

(H)　イ―1　ロ―1　ハ―2　ニ―2　ホ―1

◆要　旨◆

猫よりも柔軟な体をもつ人間の直立の姿勢は、硬直した場合を除いて、あらゆる複雑な姿勢と思考への可能性を持つ自然体としての基本形である。これは、人間が自立するために不可欠な社会科学を考える上でも有用であり、考える場合の二つの基本姿勢である「うつむいた姿勢」と「天井をむいた姿勢」にはそれぞれ異なる意味と効用がある。人は前者によって一度決めたある土俵に執着し、思考を集中させて考えを煮つめていき、後者によってその土俵を外して新たな土俵を出現させたり、忘れていたことを思い出したりする。二つの姿勢のもつ働きを、眼の働きの感覚を含めた肉体感覚として覚えておくことが肝心である。

▲解　説▼

(B)　人間の体の方が猫のそれより柔らかいと考えられる理由を説明する問題である。これについて、第四段落に述べられる、体操の先生である野口さんのいうところの「柔軟性」の概念規定「内部環境あるいは……適切に反応（適応）する能力」に従えば「柔らかい体」とは「骨で体が支えられることで初めて可能となる」ものであり、「二本足で立つ」ことのできる「直立動物」としての「人間の体」は「猫よりはるかに柔軟なはずだ」ということになる。また第六段落にあるように「直立」は「あらゆる複雑な姿勢への可能性を蔵している」人間にとっての「基本形」だと彼は言う。よって、正解は2である。

(C) 人間が自立する条件を具体的に言い換える問題である。傍線部を含む文を確認すると、その条件とは「社会科学」であることがわかる。そして「社会科学」の定義についても同じ段落に「日常見聞きする現象を学問的にとらえる」ということだとある。よって、正解は2である。

(D) 「芝居や映画に出てくる学者なるもの」や「日本の学者イメージ」が「大体において深刻な顔をしてうつむいている」ことに対し、筆者が落胆する理由を説明する問題である。これについて筆者は、傍線部を含む段落の次の段落で問題提起をしている。「自然体としての直立の姿勢」に由来しない「うつむいて硬直した姿勢」が「考えるという作業とはおよそ遠い姿勢」であるにもかかわらず、それが今日の日本において「通念」化していることに、強い疑問を抱いている。よって、正解は4である。

(E) 筆者の定義する「自然体としての直立の姿勢」を言い換える問題である。傍線部を含む段落にあるように、それは「うつむいて硬直した姿勢」とは全く異なる姿勢だと筆者は言う。筆者はこの主張の援用として、第一段落から第六段落にかけて体操の先生の野口さんの見解を引用しており、第六段落に「自然体としての直立」は「あらゆる複雑な姿勢への可能性を蔵している」とある。つまり「直立の姿勢」は〈思考や複雑な姿勢に応じうる姿勢〉なのである。よって、正解は5である。なお、1も一見正答のようだが「柔軟な動きや発想」が「軟体動物」にも可能だとしており、誤りである。

(F) 「うつむいた姿勢」と「天井をむいた姿勢」という「考える場合の二つの基本姿勢」の違いを説明する問題である。両者については傍線部を含む第十二段落から最終段落にかけて説明される。前者については「思考が集中していく」

姿勢、「諸事実と土俵の衝突」をはっきりさせる姿勢であり、後者については「土俵が外れて新しい土俵ができる」姿勢、「忘却」したことを思い出す姿勢である。つまり、後者によって出現する「新しい土俵」を固定化して「煮つめていく」のが前者である。なお、文中で多用される「土俵」という言葉は「思考の枠組み」の比喩と考える。よって、正解は３である。

(G)　集中的に考える時に「一度きめた土俵を動かしてはいけない」理由を説明する問題である。これについて、傍線部を含む文の直後の文に「絶対に土俵を動かしてはいけないという無理」が「諸事実と土俵の衝突」を顕在化させ、その後に「土俵を外す」、つまり〈思考の枠組みを新しくする〉という作業に移ることができるとある。「諸事実と土俵の衝突」とは〈思考する対象〉と〈思考の枠組み〉との対応の適不適を検討することであり、それを行うために〈土俵は絶対に動かしてはならない〉のである。もし〈土俵を動かす〉と、諸事実との対応が不明確になり、したがって、思考の枠組みの更新が困難になるのだから、１が正解。２の「集中して検討」は「うつむいた姿勢」で可能となるので誤り。

(H)　内容真偽の問題である。まず合致するものについて、イは第九段落と、ロは第五段落と、ホも第五・六段落の内容と、それぞれ合致している。次に合致しないものだが、ハの「軟体動物的自立」について、第八段落に「社会科学を忘れた自立」だとあり、社会科学の目指すところではないため、合致しない。また、ニは〈社会科学のものものしさ〉の由来を「俳優たちの演技」だとしているが、両者に関連はないため、合致しない。

三

出典　『源氏物語』〈椎本〉

解答

(A)　しか

(B)　5

(C)　5
(D)　2
(E)　1
(F)　1
(G)　3
(H)　1
(I)　機会（三字以内）
(J)　1
(K)　2
(L)　1
(M)　イ―2　ロ―2　ハ―2　ニ―2　ホ―1

◆全　訳◆

（山里という）場所柄に合わせて、御室内の調度や飾り付けなどを風情豊かにととのえて、碁、双六、弾棊の盤などを取り出して、思い思いに一日中興じなさった。匂宮は、慣れていらっしゃらない御外出に疲れて大儀だとお思いになって、ここで休憩したいというお心が深いので、ちょっとお休みになって、夕方に御琴などをお取り寄せになって管絃の遊びをなさる。

いつものように、このように人里から離れている所は、（川の）水の音も引き立て役となって楽器の音が澄みまさる心地がして、あの聖の宮（＝八の宮）にも、ただ棹一さしで漕ぎ渡れる近さなので、（匂宮たちのいらっしゃる対岸から）追い風に吹かれてやってくる響きを聞きなさるにつけて（八の宮は）昔のことが自然に思い出されなさって、「笛をたいそう見事に吹きすましているものだなあ。誰であろうか。昔の六条院の御笛の音を聞いたことがあるが、たいそう趣深げで魅力ある音で吹きなさっていた。（今聞こえる）この音は澄みきって、仰々しい感じが加わっているのは、致仕の大臣のご一族の笛の音に似ているようだ」など独り言をおっしゃる。「しみじみと長い時が過ぎたものだなあ。このような管絃の遊びなどもせずに、生きていないのも同然のように過ごしてきた年月であるが、それでももう何年も経ってしまったとついつい数えてしまう、（そんなことをしても）何のかいもないのだが」などとおっしゃる折にも、姫君たちのご様子がもったいなく、このような山に囲まれた奥深い所に埋もれたままで終わらせたくないととめどなく思われなさる。宰相の君が、（しばしば訪問してくれているが）同じことなら（どちらかの姫君の結婚相手となる）縁の深い人として考えたいお方であるが、そんなふうに思って近づくのもよくないだろう、まして近頃の思慮の浅い人をどうして（婿として迎え入れられようか、いや婿に迎えられない）、などと思い乱れなさり、所在なく物思いに沈んでいらっしゃる八の宮邸の人々にとっては、春の（短い）夜も（長く感じられ）ひどく夜明けまで過ごしがたいのに対して、（匂宮が）気晴らしをしていらっしゃる旅寝の宿では、酔いにまかせてたいそう早く夜が明けてしまった心地がして、満ち足りないまま（京に）帰ることを（残念だと）匂宮はお思いになる。

はるか遠くまで一面に霞んでいる空に、散る桜があれば（一方では）今咲き始めるものなど（もあり）いろいろと見渡される中に、川沿いの柳の枝が（風に吹かれ）起きたり臥したりとなびくのが水面に映る姿など並々でなく風情があるのを、見慣れていらっしゃらない人（＝匂宮）は、たいそう目新しく見捨てがたいとお思いにならずにはいられない。（一方の）宰相は、このような機会を逃さずあちらの八の宮邸に参上したいものだとお思いになるが、大勢の人目を避けて一人だけが舟を漕ぎ出してお渡りになるのも（ご身分からすると）軽々しいのではないかと思いためらいなさるうちに、あちらからお手紙がある。

山風にのって霞を吹き分ける笛の音が聞こえてきますが、そちらとこちらを隔てて見えるのは遠方の白波であることよ（訪ねてくださらないのが恨めしいことです）。

草仮名でたいそう美しく書きなさっている。匂宮は、関心をお寄せになっていた所（からの手紙だ）とご覧になると、たいそう興趣深くお思いになって、「このお返事は私がしよう」とおっしゃって、そちらとこちらの水ぎわに波が寄せて両者を隔てるとしても、やはり吹き通いなさい、宇治の川風よ（隔てなどものともせず親しくしていただきたいものです）。

▲解　説▼

(A)　過去の助動詞には「き」と「けり」があるが、基本的に「き」は直接体験過去、「けり」は間接体験過去（伝聞過去）を表す場合に用いられる。ここは、その前に「聞きしは」と「き」の連体形「し」が用いられており、八の宮自身が直接体験した過去が述べられている。係助詞「こそ」があるので已然形で答える。

(B)　形容詞「あたらしく（あたらし）」には現代語と同じ「新し」もあるが、〝姫君たちのご様子が新しい〟では意味が通じない。ここは「惜《あたら》し」と表記するもので、〝惜しい・もったいない〟の意。姫君たちは、このような山奥に埋もれさせるにはもったいないほど美しい様子なのである。

(C)　「もがな」は願望を表す終助詞。「もがな」が訳出されているのは5のみ。「やまず」は「止まず」。八の宮は〝このような山ふところ（＝山に囲まれた奥深い所）に姫君たちを閉じこめたままで終わらないようにしたい〟と思っているのである。

(D)　（注9）に「どちらかの姫君の結婚相手として」とある。つまりここで八の宮は、娘の結婚について考えているということがわかる。娘の結婚に関する言及のない1・5は除外。「心浅からむ人」とあるので、3の「思慮深い若者」は不適。「心浅からむ人」を「結婚などを考えていない姫君」とした4も不適。正解は2。「いかでかは」は、〝どうして・どうやって・どうにかして〟の意の副詞「いかで」に係助詞「かは」が接続したもの。ここは、結婚相手としてはあまり望ましくない「今様の心浅からむ人」が対象になっているので反語で解釈する。〝近頃の思慮の浅い人をどうして結婚相手として考えようか、いや考えることはできない〟の意。

(E)　直前の「思し乱れ」のあとに接続助詞「て」の省略があり、〝思い乱れて物思いにふけりなさる〟のだから「思し乱れ」と「ながめ」の主語は同じ人物と考えるのが妥当。(C)・(D)の〔解説〕からもわかるように、「思し乱れ」ているのは八の宮である。よって、「匂宮一行」とした3・4・5は除外。「つれづれ」は〝何もすることがなく手持ちぶさたなさま〟を表す語なので、1が正解。

(F) そのあとの「旅寝の宿」は匂宮一行が泊まっている宿を指す。「思し乱れ」ている八の宮にとっては春の短夜も「明かしがた」いと感じられるのに対して、「旅寝の宿」では酒に酔っているために夜の明けるのが早く感じられるというのである。匂宮たちはその「旅寝の宿」で酒を飲みながら管絃の遊びをしている。「心やり」は〝不快な気持ちを発散させること・気晴らし〟の意。「心をやる」で〝思いを馳せる〟という意味もあるが、八の宮邸との対比、そのあとの「酔ひの紛れ」という表現があることを考えると1が最適。

(G) 「あかず」はカ行四段活用の動詞「あく（飽く）」の未然形に打消の助動詞「ず」が接続したもの。「飽く」は〝飽きる〟のほか〝満足する〟という意味もある。よって、「あかず」は〝満足しない・名残惜しい〟と訳す。

(H) 「ならひ」は「慣らふ」、「ぬ」は打消の助動詞「ず」の連体形。よって、「見ならひたまはぬ」は〝見慣れていらっしゃらない〟の意。このあたりの景色に見慣れていない人なのだから、都住まいの人である。3・4・5は除外。そのあとに「宰相（＝薫）は」とあるが、すでにその前で言及している人を再度名指しで取り上げるのはおかしい。よって、正解は1。

(I) 名詞「たより」は〝よりどころ〟〝縁〟〝手紙〟〝機会〟など複数の意味をもつ語。ここはそのあとに「過ぐさず（＝逃さず）」とあることから〝機会〟の意でとらえる。（注8）に、宰相の君は「八の宮を慕っていて、しばしば八の宮邸を訪問している」とある。初瀬詣での帰りにたまたま近くに立ち寄ったので、この機会を逃さずに、ということである。

(J) 「まうで（詣づ）」は〝参上する〟の意。「ばや」は終助詞で自己の願望を表し、〝〜たい〟と訳す。この二点をおさえた1が正解。

(K)　和歌中の「声」とは、第二段落の初めに「追風に吹き来る響き」「笛をいとをかしうも吹きとほし」とあることから〝笛の音〟を表していることと見当がつく。「声」には〝楽器の音色〟という意味もある。〝笛の音〟まではわからなくても川向こうに宰相（＝薫）が来ていることに八の宮が気づいているということは読み取れるはず。さらに「へだてて見ゆるをちの白波」とある。つまり、〝笛の音が聞こえるほど近くにいるのに、そちらとこちらを白波が隔ててしまっている〟というのである。もちろん、実際の情景を言っているのではなく、宰相が近くまで来ていながら訪ねてくれないことを恨めしく思う気持ちを詠んでいるのである。

(L)　「波はへだつとも」は〝たとえ波が両者の間を隔てるとしても〟の意。「とも」は接続助詞で終止形（形容詞には連用形）に接続し、〝（たとえ）…としても〟と訳す。「吹きかよへ」は「吹きかよふ」の命令形。〝波が隔てても吹き通いなさい〟と言っているのだから、互いの交流を受け入れているということである。交流はしないという意味合いの2・4は不適。3の内容はそれまでの文脈からは読み取れない。5は前もって面会の約束をしていたかのような内容なので、不適。

(M)　イ、第一段落にある「なやましく」は〝病気や疲れなどで具合が悪い・つらい〟意を表す。「精神的につらく」の部分が不適。また「旅に出たことを後悔」も不適。匂宮は第一段落終わりにあるように、琴などを取り寄せて管絃の遊びに興じている。第二段落の最後にも「あかず帰らむことを宮は思す」とあり、「旅寝の宿」を楽しんでいることがわかる。

ロ、第二段落初めの「笛をいとをかしうも……」は八の宮の言葉。八の宮が対岸から聞こえる笛の音を賞美している。

ハ、第二段落の中ほどに八の宮の言葉として「致仕の大臣の御族の笛の音にこそ似たなれ」とある。似ていると判断できるということは、実際に聞いたことがあるということである。「似たなれ」は、ナ行上一段活用「似る」の連用形「似」＋存続の助動詞「たり」の連体形の撥音便無表記「た」＋推定の助動詞「なり」の已然形「なれ」の形である。

ニ、八の宮が今は没落しているという内容はリード文にあるが、「今の暮らしに十分満足していた」という描写は本文にない。むしろその逆で、第二段落中ほどにあるように八の宮は、対岸で行われているような管絃の遊びなどもしないまま久しく時間が経ってしまったことを「かひなけれ（甲斐なし）」と嘆いている。また、「今の暮らしに十分満足してい」るのなら、娘たちの今後について「思し乱れ」ることはないはずである。

ホ、（注3）に「匂宮は八の宮の姫君たちに関心を抱いている」とある。その八の宮から薫に手紙が来たので、匂宮は「この御返りは我せん」と言って返歌をした。この文脈に合致する。

❖講　評

一の随筆は、作家自身が「何故小説を書いたのか」と自問することから始まり、小説を、書き手である作家と作家自身を含む読み手との共同作業として成立するものだとする、作家論とも言える文章である。文章は読解しやすく、設問についても特別難解なものはない。どちらも標準的なレベルであり、丁寧に読解すれば解ける問題である。ただし、記述問題の字数制限が厳しく、必要な情報をすばやく取捨選択する力が求められる。また、すべての選択肢の適否を判定させる内容真偽の問題もあるため、時間内に細かい部分まで読み取る必要がある。

二の評論は、直立動物としての人間の柔軟性と社会科学との共通点を挙げながら、人間が考える場合の二つの基本姿勢の意味と効用に言及する身体論からの出題。一の随筆に比べるとやや読解に時間がかかるが、抽象度の高い文章ではないため、イメージは湧きやすい。設問は選択肢の解釈に手間取るものもあるが、漢字の書き取りを除けば記述問題もないため、丁寧に読解すれば解ける問題である。ただし、こちらにもすべての選択肢の適否を判定させる内容真偽の問題があるため、注意が必要である。

三の古文は、平安時代中期の物語『源氏物語』の「椎本」の一節。「椎本」は『源氏物語』の第四十六帖で、光源氏亡き後、その息子の薫と今上帝の三の宮である匂宮を中心に描かれるいわゆる「宇治十帖」の二番目にあたる。本文は、初瀬詣での帰りに宇治川のほとりにある大臣（薫の兄・夕霧）の別荘で休憩する匂宮と薫の様子、対岸の邸で二人の娘とひっそりと暮らす八の宮の心情が描かれる。『源氏物語』は登場人物も多く、難解な作品の一つではあるが、今回の出題ではリード文や語注に文脈把握のための手がかりが数多くあるおかげで、全体の流れはおおよそつかめるはずである。設問に関しても基本的なものが多く、解釈問題でも重要単語の意味や基礎的な文法事項が身についていれば確実に解けるものが多かった。(K)の和歌に込められた心情を問う問題が少し難しい。「声はあれどへだてて見ゆる」の部分が表す内容を的確に捉えられるかどうかがポイント。最後の内容真偽の問題は、本文のどの部分に対応するかを見極め、その部分を丹念に読み直して合致するかどうかを判断する。

二月十二日実施分

問題

(七五分)

一 左の文章は、マンガ『やがて君になる』(仲谷鳰《にお》作)を題材にした論考の一部である。これを読んで後の設問に答えよ。(**解答**はすべて**解答用紙**に書くこと)

『やがて君になる』は、他者に恋愛感情を抱けないことに悩む小糸侑《ゆう》と、自分を肯定できないことで他者からの好意を受け入れられずにいる七海燈子《ななみとうこ》と、七海に恋をする佐伯沙弥香《さやか》との関係を描いた百合《ゆり》(注1)マンガである。本作では、恋愛とは何かという問いがテーマとなっており、恋愛を自明のものとして扱ってはいない。むしろ作中では、恋愛は誰もが当然するものだという(あ)固定観念を相対化する場面がいくつか描かれている。また、最終的に小糸と七海が両想いの恋愛関係になる場面でも、自分の意志とは無関係に抗《あらが》いがたく他者へ惹《ひ》かれるもの、という恋愛観が相対化され、自ら選び取るものとして恋愛が提示される。さらに、恋愛を問う際に「相手が同性だから」という理由が持ち出されることはない、という点も重要である。むしろ作中では、女性同士の恋愛を「思春期の一過性のもの」や「異常なもの」とみなす想定が明確に拒絶されている。

以上のように、最終的に小糸と七海の恋愛が成立するのだが、これを単純に性愛規範への回収と読むべきではない。(注2)とはいえ、結局は恋愛できるようになることが「望ましい」「成長」の結果として描かれており、恋愛しないことやできないことを「望ましくない」「未成熟」と位置づけてしまっていないか、と思われるかもしれない。言い換えれば、異性愛規範への批判は明確だが、性愛規範の相対化には十分成功しておらず、それゆえに恋愛の自明性を問うというテーマを完遂し損ねているのではないか。そうではない、ということを以下で論じたい。

この問題を乗り越えるうえで重要なのが、槙聖司《まきせいじ》という登場人物である。槙は他人の恋愛を見たり恋愛相談に乗ったりするのが好きで、小糸の相談相手という重要な人物として登場する。しかし槙には自分で恋愛をしたいという欲望はなく、また恋愛感情を経験しないことを素直に肯定しており、その意味で小糸と対照的な人物である。

槙が好んでいるのは、(1)「舞台の上の物語」として「役者」がするものとしての恋愛である。これに対して、槙自身が他人から恋愛感情を向けられたときには、「役者が観客に恋するなんてがっかりだ　そんなのはいらない　僕は客席にいてただ舞台の上の物語を見ていたい」(二巻、五五頁)と拒否感をあらわにする。ここで描かれているのは、恋愛を「する」ことと「見る」ことの間の破れ目である。たとえば(2)恋愛マンガを読んでいるとき、読者が行っているのは恋愛マンガを読むことであって、(登場人物に恋愛感情を抱いている場合などを除けば)自ら恋愛を実践しているわけではない。槙はこの破れ目を露悪的なまでに顕在化させるのである。

このことは、性愛規範と創作物との関係を考えるうえできわめて重要な意味を持つ。恋愛要素のある創作物を求める欲望は、しばしば漠然と「恋愛に対する欲望」として認識される。この漠然とした認識のもとでは、「恋愛に対する欲望」は「恋愛をしたいという欲望」へと還元されてしまう――正確に言えば、両者の差異が意識されないまま(い)看過されてしまう。これに対して、「する」と「見る」の間の破れ目が突きつけられるとき、恋愛は必ずしも「する」ものではないということが露《あら》わになる。「恋愛」というものと「する」という行為が結びつく必然性はない。つまりこの破れ目は、「恋愛に対する欲望」が「恋愛をしたいという欲望」へと至らないような回路が成立しうることを示すものなのである。

とはいえ当然ながら、わたしたち読者とマンガや小説の登場人物との関係とは異なり、槙は他の登場人物たちと同じ世界内にいる。この点において「舞台」というモチーフが意味を持つ。舞台の「観客」は、舞台上の「役者」と切り離されて存在しているわけではない。むしろ両者は同じ空間で、ともに身体的に存在している。だからこそ、観客の反応や挙動は舞台上の役者に影響を与えうる。その意味で、観客は舞台を見る受け手であると同時に、舞台に対して責任を負う存在でもある。これに関して、仲谷鳰は槙について、当初は「侑との対比のために登場させた」が「百合漫画に登場するキャラとしてあるべき姿を探った結果、今の形に落ち着きました」と語っている（かーずSP「今もっとも読んでほしい恋愛漫画『やがて君になる』の人気に迫る！仲谷鳰先生インタビュー」より）。

この「あるべき姿」とは何か。ひとつは小糸にとっての相談相手となっていることが挙げられるが、本稿では別の点に注目したい。それは槙の癖である。槙は他人の恋愛を見ることを好んでいるが、好みの状況に遭遇したとき、きまって自らの口元を手で隠す。槙は好みのシチュエーションを見ると思わずにやけてしまうのであり、このしぐさはそれを隠すために行われているのである。

さて、(3)口元を手で隠すという癖をどう解釈すればよいだろうか。まず指摘できるのは、槙が「舞台」と捉えているのは他人の恋愛であるという点である。一般論として、恋愛はしばしば第三者によってかき乱される。たとえば周りの人から囃《はや》し立てられ、ときにはそのせいで相手との関係が悪化することすらある。さらに異性間の関係と比べると、同性間の関係はとりわけ社会的な攻撃を受けやすい。それに加えて、「男＝見る主体」と「女＝見られる客体」という非対称な関係も考えなければならない。

以上のことから、「他人の、女性同士の恋愛模様を、男性が見て、にやける」ということがどのような意味を持つか、理解できるだろう。まず性別を問わず、他人の恋愛を見てにやけるということは、一般的には相手を冷やかすものとして解釈されうる。さらに(4)「男性が女性を見てにやける」という行為は「対象の女性に対して性的欲望を向けている」と解釈されうる。このように、他人の恋愛を「見る」男性としての槙は、女性同士の恋愛関係にとって脅威となりうる。だからこそ槙は、自身のふるまいが百合という「舞台」を妨げることのないよう、にやけた口元をさりげなく隠す。つまりこれは、欲望の表出を抑制するふるまいなのである。

ただしここで見落としてはならないのが、槙の「欲望」が異性愛男性的なものとして解釈されるという状況そのものが、槙のような存在を不可視化する状況でもある、という点である。正確に言えば、槙のような存在があらかじめ不可視化されているからこそ、槙の「欲望」が異性愛男性的なものとして解釈されてしまうのである。たとえば、同じ学年の男子から「槙は七海派？　佐伯派？」と問われる場面は(二巻、四二―三頁)、まさに異性愛的欲望以外の「欲望」があるという発想がそもそも出てこないからこそなされる問いかけを描いている。

さらに重要なのは、槙のような存在が不可視化される状況は異性愛規範のみの問題ではない、という点である。このことは槙と小糸のやり取りからも読み取れる。物語の後半、七海に振られたと思い込んだ小糸は、一方で劇的な悲しみこそ抱かないものの、捉えどころのない苦しさや苛立《いらだ》ちを覚える。この「失恋」経験を槙に語りながら、小糸はその漠然とした感覚を「好き」が分からないのだと納得しようとする。言わば自身も槙と同類なのだと考えようとする。

これに対して槙は、「それは逃げてるだけだよ」と突き放す。「本当はもう人を好きになる気持ちがわかってるくせに　好きなのに受け入れてもらえなかったってわかっちゃうと痛いから　ごまかしてるだけでしょ」と（七巻、一五〇頁）。言うまでもなく、他人のセクシュアリティを一方的に決めつける発言は決して望ましいものではない。しかしこの場面の意味は、そうした望ましくない発言をしてしまうほどに槙が(5)怒っているのだ、と読むことによって初めて理解できるようになる。

槙にとって、この時の小糸から同類とみなされるということは、どのような意味を持つだろうか。それは、「本当はもう人を好きになる気持ちがわかってるくせに　好きなのに受け入れてもらえなかったってわかっちゃうと痛いから　ごまかしてるだけ」の人物から同類扱いされた、ということにほかならない。つまり、あなたも私と同じで、何か理由があって人を好きにならないだけでしょう、と言われたも同然ではないか。だからこそ槙は、これまでになく厳しい言葉で小糸との間に線を引く。「君と僕を一緒にしないでよ」と（七巻、一五一頁）。

（松浦優「アセクシュアル／アロマンティックな多重見当識＝複数的指向
——仲谷鳰『やがて君になる』における「する」と「見る」の破れ目から」による）

（注）1　百合——ここでは女性間の恋愛等の交際の意。なお、『やがて君になる』作中の小糸、七海、佐伯はいずれも女性である。
2　性愛規範——筆者はこの論考において、（クリスティーナ・グプタの議論（Kristina Gupta, "Compulsory Sexuality : Evaluating an Emerging Concept"）を要約して）その意味を「当然誰もが他者へ性的に惹かれるものだという想定」と説明して、この言葉を用いている。

問

(A)　——線部(あ)・(い)の言葉の意味として最も適当なものを、次のうちから一つずつ選び、番号で答えよ。

(あ)　固定観念
1　ゆるがせにすべきでない考え方
2　主張や立場の核心となる考え方
3　抗いがたく染み付いた考え方
4　意味内容が明確な考え方
5　確たる根拠に裏付けられた考え方

(い)　看過
1　見落とすこと
2　見破ること
3　見咎《とが》めること
4　見誤ること
5　見定めること

(B)　――線部(1)について。その意味として最も適当なものを、次のうちから一つ選び、番号で答えよ。
1　周囲を観客として意識して、役に入り込んで演じる恋愛。
2　他人が実践するものであり、専ら鑑賞の対象となる恋愛。
3　自身と他人が相互に影響する中で、ともに実践する恋愛。
4　他人が舞台の観客のように鑑賞する中で、自ら行う恋愛。
5　観客まで巻き込みながら、役者が舞台の上で演じる恋愛。

(C)　――線部(2)について。恋愛マンガの読者と槙の違いとして筆者が注目していることは何か。最も適当なものを、次のうちから一つ選び、番号で答えよ。
1　恋愛マンガの読者は恋愛をしたいという欲望を持っているが、槙は恋愛をしたいという欲望を持たないこと。
2　恋愛マンガの読者は物語の展開に影響を与えることはないが、槙は他人の恋愛に影響を与え得ること。

3　恋愛マンガの読者は先の展開を知った上でも物語を読めるが、槙は他人の恋愛の行く先を知り得ないこと。
4　恋愛マンガの読者は恋愛をしたいという欲望を持たないが、槙は恋愛をしたいという欲望を持っていること。
5　恋愛マンガの読者は物語の舞台における役者であるが、槙は他人の恋愛という舞台における観客であること。

(D)　――線部(3)について。筆者の「解釈」として最も適当なものを、次のうちから一つ選び、番号で答えよ。
1　槙は女性同士の恋愛を特別視していることを気取られないようにしている。
2　槙は見ている対象の女性に性的欲望を抱いていることを秘匿しようとしている。
3　槙は自身の表情への誤解が恋愛の行く末を左右しないようにしている。
4　槙は恋愛に関心がないのに関心があると誤解をされないようにしている。
5　槙は役者としての舞台に対する自身の責任を果たそうとしている。

(E)　――線部(4)について。この「解釈」はどのような前提に基づいているか。最も適当なものを、次のうちから一つ選び、番号で答えよ。
1　多くの男性は女性同士の恋愛を鑑賞することを好むという前提。
2　男性が女性に示す欲望はすべて性的なものであるという前提。
3　男性に対して性的欲望を抱く人は誰もいないという前提。

4　すべての人は同性愛者と異性愛者のいずれかであるという前提。
5　男性は必ずしも女性に異性愛的欲望を抱くわけではないという前提。

(F)　——線部(5)について。筆者はその理由をどのように考えているか。最も適当なものを、次のうちから一つ選び、番号で答えよ。

1　他人への恋愛感情を知りつつ失恋の痛みをごまかすために「好き」を知らないふりをする小糸と、自分が同類であることを自覚して、自己嫌悪に陥ったから。
2　失恋の痛みから逃げて恋愛感情を抱くことができなくなった小糸とは違い、自分はより深刻な理由で恋愛感情を抱けないのに、同じように扱われたくなかったから。
3　観客として鑑賞していた恋愛の当事者である小糸が、失恋の痛みをごまかすために自分勝手に舞台を降りようとしたことに、失望させられたから。
4　自分は今なお他人に対して恋愛感情を抱くことができないのに、自分と一緒だと思っていた小糸が七海との交際の中で恋愛感情を育んだことに、心をかき乱されたから。
5　恋愛感情を抱けないことに理由などない自分を、失恋の痛みをごまかすために恋愛感情が抱けないと思い込もうとする小糸と、同一視されたくなかったから。

(G)　筆者は、槙聖司の存在が『やがて君になる』においてどのような意義を持つと考えているか。次の文章のように、槙はどのような人物であるかを示して答える場合、各空欄に句読点とも十字以上二十字以内の言葉をそれぞれ補い、文章を完成させよ。

槙は［　　］人物なので、その存在が［　　］を相対化している。

二　左の文章を読んで後の設問に答えよ。（解答はすべて解答用紙に書くこと）

「自由の秩序」と言うと、訝《いぶか》しく感じる向きもあろうかと思います。「法と秩序（law and order）」は独裁者や権威主義体制が市民の自由を踏みにじるときの合言葉ではないか。戒厳令は常に「秩序回復」の名において発せられるのではないか。他方、人間が自由であるということは、その行動が予見不可能であること、他者の予見通り行動することがあるとしても、常に予見を破る自由を留保していること、つまり、予見可能性ないし正当化された期待の体系としての秩序を攪乱《かくらん》する力をもつことではないか。結局、「自由の秩序」とは一つの「語義矛盾（oxymoron）」ではないか。

自由と秩序を両立不可能と見るこの考え方は、自由を愛するがゆえに秩序を敵視する人々だけでなく、自由を敵視するがゆえに秩序を偏愛する人々も共有する前提です。秩序なき自由論と自由なき秩序論とは、まさにその対立によってこの共通前提を自明化している点で、(1)共犯関係にあると言えるでしょう。しかし、本当に、自由は秩序の否定であり、秩序は自由の否定なのでしょうか。むしろ、自由とは一定の秩序の構想なのではないでしょうか。自由な社会と自由でない社会を区別するのは秩序の有無ではなく、その社会の秩序の特質ではないでしょうか。秩序からの自由ではなく、秩序の中の間隙としての自由でもなく、(2)自由の秩序を構想することが問題なのではないでしょうか。一つの興味深い例題を出発点にして、この問題を考えてみましょう。これはチャールズ・テイラー(注1)が外的障害の欠如としての「消極的自由」の概念を批判する文脈で提示したものです。

アルバニアを自由な国として擁護する次のような悪魔的な議論を考えてみよう。アルバニアでは宗教が廃止されたが、英国ではそうではないということをわれわれは承知している。しかし他方、住民一人あたりの交通信号の数は、ティーラーナ〔アルバニアの首都〕の方がロンドンよりはるかに少ない。（自分で調べたわけではないが、これはまことに真実らしい想定である。）さて、アルバニア社会主義の擁護者が、それにも拘わらず次のように主張したとしよう。この国は英国より自由である。なぜなら、制限された行為の数ははるかに少ないから。結局、公共の場所で宗教的行為を実践するロンドン市民はごく少数だけだが、すべてのロンドン市民は交通の流れをくぐって進まなければならない。宗教を実践する者は一般に週に一日そうするだけなのに対し、交通信号に止められるのは毎日のことである。純粋に量的な見地からすれば、交通信号で制限される行為の数は、公共の場所での宗教の実践の禁止により制限される行為の数より多いに違いない。したがって、英国が自由な社会とみなされるなら、なぜアルバニアはそうでないと言えるのか。

(C. Taylor, "What's Wrong with Negative Liberty", in *Philosophy and Human Sciences: Philosophical Papers 2*, Cambridge U.P., 1985, p.219)

テイラーがこの例題を提示した意図は明確です。自由を単に外的障害の欠如として捉える消極的自由の概念は、選択可能な行為の数の多寡《たか》という量的問題に自由を還元する。しかし、このような前提に立つと、宗教活動は禁止するが交通規制は少ないアルバニアの方が、交通規制は煩瑣《はんさ》だが宗教活動は禁止されていない英国よりも自由な社会だということになる。これは不合理な帰結である。よって、帰謬法《きびゅうほう》(注2)により、消極的自由の概念は誤謬である。自由にとって本質的なのは選択可能な行為の量ではなく、その質、すなわち価値である。「自由は些事《さじ》を顧みず(de minimis non curat libertas.)。……自由はもはや単なる外的障害の欠如ではなく、重要な行為、人間にとって大切なものに対する外的障害の欠如なのである。」(Taylor, *op. cit.* p.218)

消極的自由に対するテイラーのこの批判は一見巧妙ですが、(3)成功しているとは言えません。アルバニアは英国よりも自動車の保有者・利用者がはるかに少なく、隠れた篤信家がはるかに多いとすれば、行為を現実的に制限される主体と機会の数の点でアルバニアの方が自由だとは必ずしも言えなくなりますが、この問題はテイラーの議論を次のように再解釈すれば解消します。すなわち、消極的自由概念の不合理な帰結とは、アルバニアの方が英国よりも自由な社会になってしまうことではなく、むしろ、あまり行使されない交通の自由を与えて、行使可能性の高い宗教的自由を制限するアルバニアと、あまり行使されない宗教的自由を与えて、行使可能性の高い交通の自由を制限する英国とは、自由の程度において同じになってしまうことであるというわけです。

このように再構成してもテイラーの議論には問題が残ります。(4) 彼は自由な体制の下で自由を保障された人の範囲と、実際にその自由を行使する人の範囲とを混同し、さらに、この体制が人々に保障する選択可能な行為の多寡と、現実に人々が遂行する当該行為の多寡とを混同しています。現在の英国で実際に宗教活動を営む人がごく少数で、その活動頻度も少ないからといって、英国で宗教的自由を享受する人の範囲がこれらの少数者に限定されているとか、制度的に保障された宗教活動の頻度と形態が現実のそれに限定されているということにはなりません。宗教活動をまったくしない人も、活発な宗教活動の可能性が制度的に保障されている限り、広範な宗教活動の自由を享受しているわけです。英国がもし宗教活動を禁止する体制に移行するならば、あらゆる形態の宗教活動をあらゆる機会に行う可能性がすべての市民から剝奪されることになります。

またテイラーは宗教活動に対するこのような禁圧的規制と交通規制のような調整的規制との区別を無視しています。(5) 交通規制は単に行為を制限するだけでなく、人々の行為の衝突を調整して行為の可能性を新たに創出しているのです。それが制限するのは相互的挫折に導くような行為の可能性ですから、制限される行為の可能性よりも多くの行為の可能性をもたらすわけです。信号のない自動車社会とは人々が交通の自由を満喫する社会ではなく、絶えざる交通事故と渋滞で車も人も身動きがとれなくなる社会です。(宗教についても、宗教活動一般を禁止するのではなく、様々な宗教団体に活動機会を公平に保障したり、欺罔《ぎもう》・強迫による布教を防止するために、宗教活動の場所や方法を規制することは調整的規制と言えます。)したがって、宗教活動の禁止と交通規制という点に絞って言えば、可能な選択肢の「量」から見ても、社会主義体制下のアルバニアと比べれば英国の方がやはり、より自由な社会であると言わざるをえないでしょう。

（井上達夫「講義の七日間――自由の秩序」による）

（注）1　チャールズ・テイラー――カナダの政治哲学者（一九三一～）。
2　帰謬法――ある命題を否定した場合の結論が不合理であることをもって、その命題の正しさを論証する方法。

問

(A)　――線部(1)について。その説明として最も適当なものを、次のうちから一つ選び、番号で答えよ。

1　いずれの論も、自由と秩序の内容そのものに関しては共通の理解に立っている。
2　「自由の秩序」を観念しうるかについて、両者は最終的に合意している。
3　両論は対立しているように見せかけることで、一般聴衆を欺こうとしている。
4　自由と秩序は、実は、協力し合うことによって共通の目的を達成しようとしている。
5　ともに、自由と秩序を両立不可能と見る考え方を固定化している。

(B)　――線部(2)について。その説明として最も適当なものを、次のうちから一つ選び、番号で答えよ。

1　さまざまな自由の相互関係を体系的に説明する。

2　自由な人々こそが秩序を成り立たせていることを論証する。
3　自由と秩序が原理的に矛盾するという事実を隠蔽する。
4　自由な社会を成り立たせるような秩序の特質を探求する。
5　「消極的自由」の概念を否定して秩序の存在を正当化する。

(C)　――線部(3)について。テイラーの批判が成り立たないと筆者が考える理由として最も適当なものを、次のうちから一つ選び、番号で答えよ。

1　アルバニアの方が、規制により制限されない行為の量が多いとは必ずしも言えないから。
2　英国の方が自由な国であるという前提自体がいまだ論証されていないから。
3　アルバニアにおいても、実際には、英国より強い宗教的規制が行われている可能性があるから。
4　帰謬法は自由などという価値判断にかかわる命題を論証するには無力であるから。
5　英国とアルバニアとでは、そもそも自由という概念のとらえ方自体に違いがあるから。

(D)　――線部(4)について。その理由として最も適当なものを、次のうちから一つ選び、番号で答えよ。

1　自由な体制であるかどうかによって、自由を行使する人の数や行使する頻度も変わってくるから。
2　実際には、アルバニアにおける自動車の保有台数は多いし、また、英国にも隠れた篤信家は多いから。
3　自由は、現実にはそれを行使しなかったり、まれにしか行使しなかったりする人々にも意味をもつから。
4　テイラーの主張はあまりにも多義的であり、その解釈について論争が起きること自体が問題であるから。

5　現在の英国における宗教活動者の数のみに目を奪われ、将来それが増加する可能性を無視してしまっているから。

(E)　――線部(5)について。その説明として最も適当なものを、次のうちから一つ選び、番号で答えよ。

1　自由を主張する者すべてに譲り合いの精神を身に着けさせることで、自由同士の激しい衝突を回避させている。

2　妨害し合う関係に立つ人々の行為に規制を加えることで、かえっていずれの行為も実現できるようにしている。

3　行為を完全に禁止するのではなく緩やかな規制をかけることで、むしろ各人がその自由を行使しやすくしている。

4　自由が規制なしには成り立たない事実を人々に示すことで、各人の行動をより安全なものへと誘導している。

5　他と衝突する恐れの強い自由に制限をかけることで、人々に新たな行為の選択肢を探求するよう促している。

(F)　次の各項について、本文の内容と合致するものを1、合致しないものを2として、それぞれ番号で答えよ。

イ　自由とは従来、他者の予見を破って行動しうることと解されてきた。

ロ　テイラーは、「消極的自由」の概念が自由の秩序を生み出せないことを論証している。

ハ　テイラーは、アルバニアにおいて宗教弾圧が行われていることを批判している。

ニ　英国において宗教的自由があまり行使されないのは、人々の自由を享受しているという意識が希薄だからである。

ホ　宗教活動に対する規制であっても、それが常に禁圧的規制にあたるとは限らない。

三　左の文章を読んで後の設問に答えよ。（**解答**はすべて**解答用紙**に書くこと）

河内《かはち》の国、金剛寺《こんがうじ》とかやいふ山寺に侍《はべ》りける僧の、「松の葉を食ふ人は、五穀《ごこく》(注1)を食はねども苦しみなし。よく食ひおほせつれば、仙人ともなりて、飛びありく」といふ人ありけるを聞きて、松の葉を好み食ふ。まことに食ひやおほせたりけむ、五穀のたぐひ、食ひのきて、(1)やうやう両三年になりにけるに、(2)げにも身も軽くなる心地しければ、弟子などにも、(3)「我は仙人になりなむとするなり」と、つねはいひて、「今々」とて、うちうちにて、(4)身を飛びならひけり。

「すでに飛びて、昇りなむ」といひて、坊(注2)もなにも弟子どもに分け譲りて、「昇りなば、仙衣《せんい》(注3)を着るべし」とて、形のごとく腰に物をひとへ巻きて出《い》で立つに、「わが身にはこれよりほかは、いるべきものなし」とて、(5)年ごろ、秘蔵して持ちたりける水瓶《すいびやう》(注4)ばかりを腰につけて、すでに出でけり。

弟子、同朋《どうぼう》、名残惜しみ悲しぶ。聞き及ぶ人、遠近《をちこち》、市のごとくに集まりて、「仙に昇る人、見む」とて、集ひたりけるに、この僧、片山のそばにさし出でたる巌《いはほ》の上に登り(a)ぬ。「(6)一度に空へ昇りなむと思へども、近くまづ遊びて、(7)ことのさま、人々に見せ奉らむ」とて、「かの巌の上より、下に生ひたりける松の枝に居て遊ばむ」とて、谷より生ひあがりたる松の上、四五丈《ぢやう》ばかりありけるを、さげざまに飛ぶ。人々、目をすまし、あはれを浮べたるに、いかがしつらむ、心や臆したりけむ、かねて思ひしよりも、身重く、力浮き浮きとして弱りにければ、飛びはづして、谷へ落ち入りぬ。

人々、(8)あさましく見れども、「これほどのことなれば、(9)やうあらむ。さだめて飛びあがらむずらむ」と見るほどに、谷の底の巌にあたりて、水瓶もわれ、またわが身も散々《さんざん》打ち損じて、ただ死にしたれば、弟子、眷属《けんぞく》(注5)、(ア)さわぎ寄りて、「いかに」と問へど、(イ)いらへもせず。わづかに息のかよふばかりなりけれど、とかうして、坊へ(ウ)かき入れつ。ここに集まれる人、笑ひののしりて(エ)帰り散りぬ。

さて、この僧、あるにもあらぬやうにて病み臥せり。とかくいふばかりなくて、弟子も恥づかしながら(オ)あつかふあひだ、松の葉ばかりにては、命生くべくも見え(b)ねば、年ごろ、いみじく食ひのきたる五穀をもて、さまざまいたはりやしなへば、命ばかりは生きけれども、足手腰もうち折れて、起居《おきゐ》もえせず。今は松の葉、食ふにも及ばず。もとのごとく五穀むさぼり食ひて、(10)弟子どもにゆゆしく譲りたりし坊も宝も取り返して、かがまり居たり。

仙道に至る人、たやすからぬこと(c)なり。ただ松の葉を食ひならひたるばかりにて、深き谷へ向ひて飛びける□、よく思ひはかりなけれ。

（『十訓抄』による）

（注） 1 五穀——五種の主要な穀物類。
2 坊——寺の建物。
3 仙衣——仙人の衣。
4 水瓶——飲料水などを入れる容器。
5 眷属——従者。配下の者。

問

(A) ——線部(1)の意味として最も適当なものを、次のうちから一つ選び、番号で答えよ。

1 ちょうど　2 たちまち　3 しだいに
4 およそ　5 少なくとも

(B) ——線部(2)の意味として最も適当なものを、次のうちから一つ選び、番号で答えよ。

1 おもむろに　2 明瞭に　3 本当に
4 わずかに　5 急速に

(C) ——線部(3)について。このように述べた僧の心情として最も適当なものを、次のうちから一つ選び、番号で答えよ。

1 仙人になることは残念だ　2 仙人になることが恐くなってきた

3　仙人になる希望が出てきて嬉しい　　4　仙人になれたので満足だ
5　仙人になれなくても当然だ

(D)　――線部(4)の解釈として最も適当なものを、次のうちから一つ選び、番号で答えよ。
1　飛べないと諦めていた　　2　飛ぶことを練習していた
3　飛ぶことを教わっていた　　4　飛ぶことに慣れきっていた
5　飛べない振りをしていた

(E)　――線部(5)の現代語訳を四字以内で記せ。ただし、句読点は含まない。

(F)　――線部(6)の解釈として最も適当なものを、次のうちから一つ選び、番号で答えよ。
1　一回なら空に昇れるだろうと思うが
2　一回は空に昇ってみたいと思うが
3　一回でみんな空に昇れればよいと思うが
4　一回で空に昇ってしまおうとは思うが
5　一回では空に昇れるはずはないと思うが

(G)　――線部(7)の内容として最も適当なものを、次のうちから一つ選び、番号で答えよ。
1　飛んでいるさま　　2　仙衣を着ているさま
3　松の葉を食べているさま　　4　弟子たちが驚くさま

5 松の枝が伸びているさま

(H) ——線部(8)の意味として最も適当なものを、次のうちから一つ選び、番号で答えよ。

1 感動して　2 気楽に　3 飽きずに　4 同情して　5 驚いて

(I) ——線部(9)の意味として最も適当なものを、次のうちから一つ選び、番号で答えよ。

1 用事　2 姿形　3 理由　4 利益　5 手段

(J) ═線部(ア)〜(オ)のうち、仙人になろうとした僧の行為・状態はどれか。次のうちから一つ選び、番号で答えよ。

1 (ア)　2 (イ)　3 (ウ)　4 (エ)　5 (オ)

(K) ——線部(10)の解釈として最も適当なものを、次のうちから一つ選び、番号で答えよ。

1 不吉にも譲った　2 気前よく譲った

3 後先を考えずに譲った　4 惜しみながら譲った

5 一時的に譲った

(L) ━━線部(a)〜(c)それぞれの文法上の意味として最も適当なものを、次のうちから一つずつ選び、番号で答えよ。ただし、同じ番号を何度用いてもよい。

1 完了　2 可能　3 意志　4 打消

5 断定　6 過去　7 伝聞・推定

(M) 空欄［　］に入る係助詞を、次のうちから一つ選び、番号で答えよ。

1 ぞ　2 なむ　3 や　4 か　5 こそ

(N) 次の各項について、本文の内容と合致するものを1、合致しないものを2として、それぞれ番号で答えよ。

イ 仙人になるには松の葉を食べることだけでなく三年以上の修行を積む必要がある。

ロ 仙人になるには日常で使用する所有物を放棄することが有効である。

ハ 仙人になろうとする僧を一目見ようとして人々は市に集まった。

ニ 僧が谷の底へ落ちたのは五穀を食べずに衰弱していたからである。

ホ 一命を取りとめた僧はまた五穀を口にするようになった。

二月十二日実施分

解　答

一

出典　松浦優「アセクシュアル／アロマンティックな多重見当識＝複数的指向―仲谷鳰『やがて君になる』における「する」と「見る」の破れ目から」（『現代思想』二〇二一年九月号　青土社）

解答

(A)　(あ)―3　(い)―1

(B)　2

(C)　2

(D)　3

(E)　2

(F)　5

(G)　（槙は）自分で恋愛をしたいという欲望のない（人物なので、その存在が）恋愛は誰もが当然するものだという固定観念（を相対化している。）（それぞれ十字以上二十字以内）

◆要　旨◆

女性間の恋愛を描いたマンガ『やがて君になる』は、他人の恋愛を「見る」ことを好み、自分が恋愛を「する」ことを拒否する槙聖司という登場人物によって、恋愛は誰もが当然するものだという固定観念である性愛規範を相対化する作品である。しかし、作中の槙は「不可視化される」存在でもあり、好みの状況を見てにやけた口元を手で隠す槙の癖が異性愛男性による性的欲望の表出を抑制するふるまいだと解釈され、失恋を経験した他の人物から同一視されて激昂する彼の真意が〈他者に恋愛感情を抱かない自分を肯定する〉心情によるものだと理解されないのはそのためだと筆者は主張する。

▲解　説▼

(A)　(あ)「固定観念」とは、〝他人の意見や周囲の状況の変化があっても容易には変わらず、心の中に凝り固まって行動を規定するような考え〟という意味の熟語である。

(い)「看過」とは、〝見過ごすこと。見逃すこと〟という意味の熟語である。

(B)　『やがて君になる』の登場人物の「槙」が好む恋愛の形を説明する問題である。「槙」は「自分で恋愛をしたいという欲望」を持たない人物であり、傍線部を含む段落にあるように「自身が他人から恋愛感情を向けられた」彼は「役者が観客に恋するなんて　がっかりだ　そんなのはいらない　僕は客席にいてただ舞台の上の物語を見ていたい」と自分が「恋愛を『する』こと」に拒否反応を示す。つまり「槙」にとって「恋愛」は鑑賞して楽しむ「物語」であり、自分はあくまで「観客」で、「役者」としての他人が「『する』こと」なのである。よって、正解は2である。

(C)　「恋愛マンガ」の一般的な読者と『やがて君になる』の登場人物の「槙」との違いとして筆者が注目する点を説明する問題である。傍線部を含む段落にあるように、「槙」は「恋愛を『する』ことと『見る』ことの間の破れ目」を「露悪的なまでに顕在化させる」人物であり、第五段落で比較される一般的な読者とは違い、「恋愛をしたいという欲望」には至らない。次段落は「とはいえ」と前述を認めつつ逆接を示す語で始まり、「読者」と違って「槙は他の登場人物たちと同じ世界内に」いて「身体的に存在」するからこそ、「舞台上の役者に影響を与えうる」と説明されている。つまり、「槙」自身は恋愛をしないが「相談相手」として登場人物の恋愛に影響を与えるのである。よって、正解は2である。

(D)　『やがて君になる』の登場人物の「槙」が「好みのシチュエーション」の「他人の恋愛」を見た時に「口元を手で隠すという癖」があることに関する筆者の解釈を説明する問題である。これについては第九段落で順を追って説明されている。「他人の、女性同士の恋愛模様を、男性が見て、にやける」ことは、「対象の女性」に「性的欲望を向けている」と解釈されうる行為であり、女性同士の恋愛の「舞台」を妨げないよう口元を隠すのである。続く第十段落で

「槙のような存在があらかじめ不可視化……槙の『欲望』が異性愛男性的なものとして解釈されてしまう」とある。これは「槙」のような〈恋愛への欲望がない〉存在を想定しないために、〈にやける口元〉を〈女性に性的欲望を向けている〉と誤解されるということである。よって、「自身の表情への誤解」が「恋愛」を「左右しないように」とする3が正解。

(E)「男性が女性を見てにやける」ことがその女性に「性的欲望を向けている」と解釈されるための前提を説明する問題である。これについては第十段落で説明されている。『やがて君になる』の登場人物「槙聖司」が「女性同士の恋愛模様」を見て「にやける」ことは「異性愛男性的なもの」として解釈されるが、これは「槙のような存在を不可視化する状況」によって生じる解釈であると筆者は言う。「槙のような存在」とは「恋愛をしたいという欲望」がなく、「他人の恋愛を見ることを好んでいる」存在であり、彼が「不可視化」されるということは〈すべての男性は異性である女性との恋愛を望んでいる〉ということになる。よって、正解は2である。

(F)『やがて君になる』の登場人物の「槙」が「小糸」から〈好き〉がわからないとして同類扱いされた〉ことに憤った理由を説明する問題である。これについては最終段落で説明されている。「槙」から見た「小糸」は「人を好きになる気持ち」をわかっていながら「好きなのに受け入れてもらえなかった」痛みを「ごまかしてるだけ」の人物であり、彼女から、自分も「何か理由があって人を好きにならないだけ」だと言われたように感じた彼は「君と僕を一緒にしないでよ」と「厳しい言葉」を投げかける。つまり「槙」は「何か理由があって人を好きにならない」わけではないのである。よって、正解は5である。

(G)『やがて君になる』の登場人物「槙聖司」が小説に登場する意義について説明した文の空欄を補充する問題である。一つ目の空欄には「槙」の人物造形が入る。本文中で繰り返し述べられる通り、彼は「他人の恋愛」を「見る」ことを好み、自分が恋愛を「する」ことを拒否する存在である。二つ目の空欄には「槙」によって「相対化」される内容が入る。第一段落の「恋愛は誰もが当然するものだという固定観念」や、第二段落の「性愛規範」がそれである。

「性愛規範」については注釈を確認すると「当然誰もが他者へ性的に惹かれるものだという想定」とある。これらを指定字数に合うようにまとめればよい。

二

出典　井上達夫『自由の秩序―リベラリズムの法哲学講義』〈第１日　アルバニアは英国より自由か〉（岩波現代文庫）

解答

(A)　５

(B)　４

(C)　１

(D)　３

(E)　２

(F)　イ―１　ロ―２　ハ―２　ニ―２　ホ―１

◆要　旨◆

カナダの政治哲学者テイラーは、自由を選択可能な行為の数の多寡という量的問題に還元する「消極的自由」の概念を批判し、自由の本質を量ではなく質つまり価値に求めようとした。しかし、自由の保障の範囲と行使の範囲とを混同し、さらに、選択できる行為の多寡と遂行する行為の多寡とを混同し、禁圧的規制と調整的規制との区別を無視しているなど、彼の議論にも問題は残る。何らかの自由が保障されている限り、それを行使しない人も自由を享受しており、何らかの行為が制限されることで、相互的挫折を伴う衝突を回避し、新たなより多くの行為の可能性をもたらすといえるのである。

▲解　説▼

(A)　「秩序なき自由論」と「自由なき秩序論」との「共犯関係」を説明する問題である。傍線部を含む文を見ると両者の「共犯関係」は「共通前提を自明化している点」によって成立しているものだとわかる。「共通前提」とは、傍線部の直前の文に記されるように「自由と秩序を両立不可能と見る」考え方であり、それを「自明化している」つまり〈証明するまでもなく明らかだとしている〉ことが、両者の「共犯関係」の基礎となっているのである。よって、正解は5である。

(B) 「自由の秩序を構想する」とは言い換えるとどのようなことかを説明する問題である。これについて筆者は、傍線部の一行前で「自由な社会」であるといえるのは「秩序の有無ではなく、その社会の秩序の特質」だと示している。そして、傍線部の後から最終段落にかけて「宗教的自由」と「交通の自由」とを引き合いに、英国とアルバニアのどちらが「自由な社会」であるかを検討していくのだが、最終段落において筆者は「交通規制」が「人々の行為の衝突を調整して行為の可能性を新たに創出している」と主張している。つまり「秩序」が「自由」を作り出すのであり、正解は4。

(C) 「消極的自由」に対するテイラーの「批判」が成功していないとする理由を説明する問題である。まず「消極的自由」とは、第三段落にあるように「自由を単に外的障害の欠如」として捉え「選択可能な行為の数の多寡という量的問題に自由を還元する」概念である。これをテイラーは自由の「本質」は「量」ではなく「質」だとして批判するのだが、第五段落以降に彼の議論の問題点が挙げられる。彼は、自由の〈保障と行使〉、〈選択可能な行為の多寡と遂行可能な行為の多寡〉を混同していると筆者は言う。つまり、自由や選択可能性が保障されていても実際に行使できるとは限らないのである。よって、正解は1である。

(D) 「テイラーの議論」に「問題」が残る理由を説明する問題である。(C)の〈解説〉にも示したが、彼の議論の問題点は、自由の〈保障と行使〉、〈選択可能な行為の多寡と遂行可能な行為の多寡〉を混同していることである。より具体的に言えば、同じ第五段落にあるように、自由を保障された行為を「まったくしない人」も「制度的に保障されている限り」はその「自由を享受している」ことになることを看過している点に、彼の議論の瑕疵があるのである。よって、正解は3である。

(E) 「行為を制限する」ように見える「交通規制」が「行為の可能性を新たに創出している」ことを言い換える問題である。これについて、傍線部を含む文に「行為を制限するだけでなく、人々の行為の衝突を調整」するとあり、その直後の文に「相互的挫折に導くような行為の可能性」を制限し「多くの行為の可能性」をもたらすとある。具体的には「信号のない自動車社会」は「交通事故と渋滞」で「身動きがとれなくなる社会」となるが、「信号」という「調整的規制」によって車や人がスムーズに動けて「交通の自由を満喫する社会」となるのである。よって、正解は2である。

(F) 内容真偽の問題である。まず合致するものについて、イは第一段落の内容と、ホは最終段落の内容と、それぞれ合致している。次に合致しないものだが、ロの「自由の秩序」に関する「論証」を試みているのは、第二段落から、テイラーではなく筆者であるため、合致しない。ハは〈テイラーが批判する内容〉を「宗教弾圧」だとしているが、第二・三段落にあるように、彼は「外的障害の欠如としての『消極的自由』」を批判しており、合致しない。また、ニは〈英国で宗教的自由が行使されない理由〉を〈人々の自由を享受する意識の希薄さ〉に見ているが、第五段落にあるように、〈自由の行使〉と〈自由の享受〉には因果関係はないため、合致しない。

三

出典　『十訓抄』〈七ノ一〉

解答

(A)　3

(B)　3

(C)　3

(D)　2

(E)　長年（四字以内）

(F)　4
(G)　1
(H)　5
(I)　3
(J)　2
(K)　2
(L)　(a)―1　(b)―4　(c)―5
(M)　5
(N)　イ―2　ロ―2　ハ―2　ニ―2　ホ―1

◆全　訳◆

河内の国、金剛寺とかいう山寺におりました僧が、「松の葉を食う人は、五穀を食わなくても苦しみはない。(松の葉だけを)しっかりと食い続けたなら、仙人となって、(空を)飛び回る(ことができる)」と言う人がいたのを聞いて、松の葉を好んで食った。本当に食い続けたのだろうか、五穀のたぐいは、食うのをやめて、しだいに二、三年になったところ、本当に身も軽くなる心地がしたので、弟子などにも、「私は仙人になろうとしているのである」と、常日頃から言って、「まもなくまもなく」と言って、ひそかに、飛ぶことを練習していた。

「もう飛んで、(天に)昇ってしまおう」と(僧は)言って、寺の建物もなにもかも弟子たちに分け譲って、「(天に)昇ったら、仙人の衣を着なければならない」と言って、形ばかり腰に布を一枚巻いて出立する際に、「自分の身にはこれよりほかは、必要なものはない」と言って、長年、大切にして持っていた水瓶だけを腰につけて、いよいよ(寺を)出立した。

弟子、友人が、名残惜しんで悲しむ。(僧の出立を)耳にした人が、遠くからも近くからも、まるで市にでも集まるように（大勢）集まって、「仙人となって空に昇る人を、見よう」と言って、集まったところ、この僧は、片山（＝一方が崖になった山）の崖につき出ている大きな岩の上に登った。「一回で空に昇ってしまおうとは思うが、（人々の）近くをまずは飛び回って、事の様子（＝飛んでいるさま）を、人々に見せてさしあげよう」と思って、「あの大きな岩の上から、下に生えている松の枝に飛び移ってみましょう」と言って、谷から上に向かって生えている松の上まで、四、五丈（＝約十二～十五メートル）くらいあったのを（めがけて）、下向きに飛んだ。人々は、目を凝らし、驚嘆の表情を浮かべていたが、どうしたのだろうか、（僧は）怖じ気づいてしまったのだろうか、前もって思ったよりも、身体が重く、力が入らずに（飛び立つ勢いが）弱くなってしまったので、飛びつきそこねて、谷へ落ちていってしまった。

人々は、驚いて（その様子を）見るが、「これほどのことなのだから、（なにか）わけがあるのだろう。きっと飛び上がってくるだろう」と見ていたところ、谷底の岩に当たって、水瓶も割れ、また自身の身体もさんざん打ちつけ痛めて、今にも死にそうだったので、弟子、従者が、あわてふためいて近寄って、「どうか」と尋ねるが、返事もしない。わずかに息をしているばかりの状態であったが、あれこれして、寺の建物へかつぎ込んだ。ここに集まっていた人は、大声で笑いながら帰っていった。

さて、この僧は、生きているか生きていないかわからないような状態で病み臥せっていた。どうにもこうにも言いようがなくて、弟子もきまりわるく思いながら世話をする間、（僧に食べさせるのが）松の葉だけでは、命を永らえられそうにも思われないので、長年、（僧が）いっさい食うのをやめていた五穀を食わせて、さまざまに心を込めて世話をして養生させたところ、命だけはとりとめたが、足も手も腰も折れて、起き上がって座ることもできない。今となっては松の葉を、食う必要もない。もとのように五穀をむさぼり食って、弟子たちに気前よく譲った寺の建物も宝も取り返して、腰が曲がった状態で暮らしていた。

仙道に至る人は、（そこまでの道のりは）簡単ではないことである。ただ松の葉を食い続けたというだけで（仙人になれると思い込み）、深い谷に向かって飛んだのは、しっかりと思慮することがない（ということだ）。

▲解　説▼

(A)「やうやう」は副詞「やうやく」がウ音便化したもの。現代語と同じ〝やっと〟という意味もあるが、古文で重要なのは〝しだいに・だんだん〟という意味。

(B)副詞「げに」は納得して肯定する意を表し、〝本当に・なるほど〟と訳す。

(C)傍線部の「なりなむ」はラ行四段活用動詞「なる」の連用形＋強意の助動詞「ぬ」の未然形＋推量の助動詞「む」の終止形で、〝きっとなるだろう〟の意。その前に「身も軽くなる心地しければ」と理由が述べられている。つまり、松の葉のみを二、三年食べ続けた結果、身体が軽くなるような心地がしたために、本当に仙人になれるかもしれないと思ったのである。

(D)(C)で解説したように、僧は自分が本当に仙人になれるかもしれないと思っていた。「人」が言うように、仙人になれば空を飛び回るものなので、僧はそれに備えて空を飛ぶ練習をしたのである。「ならひ（習ふ）」とあるが、ここまでの場面に飛び方を教えてくれる人は登場していないので、ここは〝「うちうちに（＝ひそかに）」自ら練習して飛び方を習得しようとした〟と解釈するのが妥当。

(E)〝長い間〟〝数年来〟なども可。「年ごろ」と同じく、時間を表す語に「ごろ」がつく単語は〝数～〟と訳すとよい。「日ごろ」は〝数日〟、「月ごろ」は〝数か月〟。

(F)「思へども」のあとに「近くまづ遊びて、……人々に見せ奉らむ」とあることに着目する。〝本当は一回で昇ろうとは思うが、それをせず、まず人々に飛ぶ姿を披露してから〟というのである。1の「一回なら」、2の「一回は」は文脈に合わない。「昇りなむ」の「む」は下に「と思へ」と続くので意志で解釈する。正解は4。

(G)「ことのさま」は〝事の様子〟の意。それを「人々に見せ奉らむ（＝人々に見せてさしあげよう）」というのである。このときの僧は「片山のそばにさし出でたる巌の上に登」った状態であり、これから何をするのかを考えればよい。

(H)「あさましく」は形容詞「あさまし」の連用形。〝意外なことに驚きあきれる〟意を表す。

(I)　名詞「やう（様）」は〝様子・姿〟〝わけ・理由〟〝手段・方法〟など複数の意味をもつ語。語義だけなら2・3・5が当てはまるので文脈を確認する。ここは、僧が仙人になって空を飛べるようになったと聞き、その姿を一目見ようと集まってきた人々の言葉である。その人々の目の前で僧は谷に落ちていったのだが、それを見た人々は〝僧は空を飛べるはずだから、谷に落ちていったのには何かわけがあって、きっとすぐに飛び上がってくるだろう〟と思っているのである。よって、3の「理由」が適切。5の「手段」で訳すと、人々が僧の失敗に気づいていて〝それでも僧のことだから何とかするだろう〟と思っているというニュアンスが出てきてしまうので誤り。

(J)　(ア)の、（谷底に落ちた僧のもとへ）あわてふためいて近寄ったのは「弟子、眷属」。(イ)の、弟子や眷属の「いかに」という呼びかけに返事もしなかったのは谷底に落ちた「僧」。(ウ)の、瀕死の僧を坊へかつぎ込んだのは「弟子、眷属」。(エ)の、笑いながら帰っていったのは「ここに集まれる人」。(オ)の、病み臥せっている僧を世話したのは「弟子」。

(K)　「ゆゆしく」は形容詞「ゆゆし」の連用形。代表的な語義は〝不吉だ〟だが、坊を譲ることがなぜ不吉なのか、本文からは読み取れない。ここは、副詞「いと」や形容詞「いみじ」と同じように、程度の甚だしいさまを表していると考える。これは、第二段落に「坊もなにも弟子どもに分け譲りて」とあることに対応した表現。このときの僧は自分が仙人になれたと思っていた。仙人として天に昇ることになれば「坊もなにも」必要なくなるので、すべて弟子に譲ったのである。その〈気前の良さ〉を「ゆゆしく」と表現している。

(L)　(a)直前の語はラ行四段活用動詞「登る」の連用形。連用形に接続する「ぬ」は完了の助動詞「ぬ」。
(b)下に接続助詞「ば」が接続。「ば」は未然形と已然形に接続するが、未然形で「ね」になるものは動詞「寝《ぬ》」のみで、助動詞には存在しない。よって、この「ね」は打消の助動詞「ず」の已然形。
(c)名詞「こと」に接続しているので、断定の助動詞「なり」。

(M)　文末の「なけれ」は一単語で、形容詞「なし」の已然形。係り結びで已然形の結びを要求するのは係助詞「こそ」。ほかの選択肢も係助詞だが、いずれも結びの語は連体形になる。

(N)

イ、「三年以上の修行を積む必要がある」の部分が合致しない。具体的な年数の「三年」は第一段落に、僧が松の葉食を始めて「両三年になりにける」とあるが、修行として必要な年数をいっているのではない。

ロ、第二段落で、僧が「坊もなにも弟子どもに分け譲り」とある。しかしこれは、仙人になるために有効だからと思っての行動ではない。その前に僧が「すでに飛びて、昇りなむ」と言っているので、自分はすでに仙人になったと思っての行動だと考えるのが妥当。すなわち〈仙人として天に昇ることになれば、それまで所有してきたものは不要になる〉と考えて弟子たちに譲ったのである。

ハ、第三段落初めに、「市のごとくに集まりて」とある。〝あたかも市（＝人々が集まって物品を売買する場所）に集まるように大勢集まって〟の意であって、市そのものに集まったわけではない。

ニ、僧がうまく飛べず谷の底に落ちてしまった理由として、第三段落に「身重く、力浮き浮きとして弱りにければ」とある。これは〝身体が重く、飛び立つ際の力が弱かった〟ということ。「五穀を食べずに衰弱していたから」という理由は書かれていない。

ホ、第五段落に「今は松の葉、食ふにも及ばず。もとのごとく五穀むさぼり食ひて」とあることと合致する。

❖講　評

一の評論は、女性間の恋愛マンガに「恋愛をしたいという欲望」を持たない男性の登場人物を「不可視化」した状態で配置することによる効果について論じる文化論からの出題。文章自体は難解なものではないが、専門用語が含まれるため、慣れるまでは読解に時間を要する可能性がある。設問についても選択肢の吟味に時間をかけ、本文を丁寧に読解する必要がある。

二の評論は、自由と秩序との関係を外的障害の欠如としての「消極的自由」の概念の是非を紐解きながら論証していく哲学論からの出題。一の評論と比べると文章がやや難解で、専門用語も多用されるため、読解に時間がかかると考えられる。設問自体は特別難解なものはないが、本文と丁寧に照らし合わせる必要がある。記述問題はないものの、すべての選択肢の適否を判定させる内容真偽の問題があるため、時間配分に気をつけなければいけない。

三の古文は、鎌倉時代中期に成立した説話集『十訓抄』の一節。松の葉だけを食べていれば仙人になれると聞いた僧がそれを実行して本当に仙人になったと思い、人々に自分が空を飛ぶ姿を見せようと崖から飛び降りるが、谷底の岩に体を打ち付けて瀕死の重傷を負う。その後は松の葉を食べることもやめ、五穀をむさぼり食って不自由な体で暮らした、という話。難解な語句はあまりなく、文脈もつかみやすい。設問に関しても基本的な単語力、文法の知識があれば、さほど迷うことなく正答を選べるものが多い。(I)は2・3・5が「やう」の語義にあるため迷った人もいただろうが、前後の文脈から考えて3が適切と判断する。最後の内容真偽の問題は、本文のどの部分に対応するかを見極め、その部分を丹念に読み直して合致するかどうかを判断する。

二月十三日実施分

問　題

（七五分）

一　「詩と散文」と題された、左の文章を読んで後の設問に答えよ。（**解答**はすべて**解答用紙**に書くこと）

西洋では文学の中心をなしているものが詩であるということを時々聞かされる。それを聞かされるのは、文学の中心をなしているものが詩だからであって、西洋ではそうであっても、日本ではそうでないのは何故かと言うとという風に、ここでも日本では文学が極めて特(イ)シュなあり方をしていることを説明するのに力を入れるよりも、その限りでは日本というものを暫《しばら》く忘れて、何故、文学の中心をなしているのが詩であるかを考えた方が文学に就《つい》て我々は多くのことを知ることになる。又こうして文学そのものに即する態度を取ることで、日本だけ文学の一切に対して例外である訳ではないことも合せて明かになる筈《はず》である。

文学を詩と言い換えてもいい位であるのは、一定の言葉数で我々に最も大きな楽しみを与えてくれるのが詩だからである。或《あるい》は、詩という形式の目的がそこにあり、それ故にそれに従って言葉を組み合せて成功した結果がそうなるからで、当然、ここで詩というのは詩であるものを意味する。例えば、(1)非常に楽しい一日を過してそれを我が生涯で最上の日などと考えるのは随分みみっちい話であって、その楽しい一日に又楽しい一日が重なり、それがそういう日々になれば、その効果は一日の経過にその日数を乗じたものではなくなり、我が最上の日(a)という種類の吝《けち》な心情とは別な境地がそこに開けて来て、一日だけのものを長い生涯を通して得るのとは(ロ)カク段の差が生じる。又詩の場合、飽きるということを考慮に入れる必要もなくて、飽きる、つまり、疲れるというのは肉体の問題であり、楽しむというのは精神に属することであって、精神は疲れない。

又それ故に、肉体が疲れ、体力が減じて、詩の先を読み続けることが出来なくなるということもある。そのように(2)言葉が我々にとって意味をなくす状態に達するまでにどの位掛るかを詩と散文で験して見るならば、詩が如何《いか》に烈《はげ》しい、或は全面的な作用を我々に及ぼすかがはっきりする筈で、一冊の本に纏《まとま》った小説が一定の時間で読めるから、それよりも薄い詩集(b)を同じ時間のうちに何冊か読めるという風には行かない。その昔、詩を書いていた友達が一時、古歌に凝っていて、そういう歌人達の歌集で一度に読めるのは先ず三首だと言ったことがある。恐らく、その通りであって、歌を作った人間の精神が一冊の本という物質に変り、その物質と読むものの精神の媒介をする肉体は歌一首で存分にこき使われ、精神は自由に運動を開始して更に肉体に負担を課し、我々があり来りの本の書評を頼まれて大車輪で読み飛ばすという風なことは到底望めないに違いない。その精神は飽きないが、精神である為に必要な自由を完全に取り戻したと認めるということはあり、疲れるのでなくて、それを刺戟《しげき》するものがないので肉体を刺戟するのも止めるということもある。

(3)言葉は一つだけでも我々を動かすことが出来る。その一例に地名というものを挙げてもよくて、曾《かつ》て我が海軍では戦艦が詩をその名に冠して敵に向って行った。又この場合、地名というのは特別なものであってと言うことは許されなくて、(c)長門、榛名、足柄、大和などの地名をそれぞれの言葉にしているその響き、歴史、又それを使って来た何代もの人間が送った生活がそこに残している跡は、この頃行われている種類の流行語を除いて、凡《すべ》ての言葉をその一つ一つの言葉にしているものであり、言葉が如何に働くかということの見本がこういう地名にある。又それ故に、それがギリシャやロオマの墓碑銘によく出て来る、生きたという一言であっても構わなくて、シェニエ(注1)がタラントの少女のミルトを悼んだ詩の一行に、又その一篇の詩に伸ばしたものがこの vixit(注2)という言葉にある。又、地名でも注意していいのは、それが単に或る場所を指す符牒《ふちょう》ではないことであって、文学は符牒である言葉を材料に使った寄せ木細工でなしに、そこではどのことばも文学であり、人を動かす働きをする。

詩が言わば、一言当りに最も多く我々を楽しませてくれるのは、詩人がその作品で伝えたいことが何だろうと、言葉のこうした性質が彼自身を先ず引き付け、それが実際には彼が(4)詩を書く動機であって、彼にとって書く仕事はそういう言葉というものを尊重することが第一の条件になっているからに違いない。チェホフ(注3)が雨が降っていれば、雨が降っていると書けばいいではないかと勧めているのは、そのことを書く必要がある時で、詩人は雨が降っているというのでそのことで詩を作らない。

いといと淡き今日の日は
雨蕭々《しょうしょう》と降り洒《そそ》ぎ

水より淡《あは》き空気にて
林の香りすなりけり。

げに秋深き今日の日は
石の響きの如くなり。

思ひ出だにもあらぬがに
まして夢などあるべきか。

まことや我は石のごと
影の如くは生きてきぬ……

呼ばんとするに言葉なく
空の如くははてもなし。

それよかなしきわが心
いはれもなくて拳《こぶし》する
誰をか責むることかある？

せつなきことのかぎりなり。

この「修羅街輓歌」(注4)の一節で詩人が何を歌っているかと言えば、ここにある言葉の凡てがそこで歌われていることなのである。雨のことが出て来たのでこの詩を引いたのであるが、そして又、ここでは確かに雨が降っていても、この詩から得られるのはその降っている状態が適切に言葉に直されていることに対する喜びという程度のことに止るものではない。又同様に、それが秋とか、(d)怒りとか、悲しみとかの、字面の上で拾えることが我々に伝えられることなのでもないので、いつでもそういう解釈をする時、それよりも生のままの怒りとか、悲しみとか、その他何でもの方がいいのではないかという疑問が我々に生じる。寧《むし》ろこういうことを考えるべきであって、我々が一般に現実と呼んでいるものは刻々にその姿を変じ、我々にとって或る一定の時刻の現実は怒りや悲しみなどの精神に属することとともに、秋や雨などの(e)物質の世界での出来事が何《いず》れもこの区別を越えて一つになったものであり、それを描くには言葉しかない。

言葉によって秋ならば秋が単なる自然界の事件、或は科学の対象であることを止めて、精神の領域に入って来て我々が認識するものになる。それ故に、散文でも現実は描けるが、現実は更に現実である為に我々に何ごとか問い掛け、それに答えるものが詩で、一篇の詩はそこに描かれている現実であることで終るということがない。そこで我々が、或は一人の人間が秋に雨に会い、空しさを感じ、拳を握り締めて、その時、世界がその形を(ハ)テイし、我々はそこに言わば、現実以上の現実、或は現実にそうである他なくさせている一つの境地があるのを見る。

これは、ここで挙げた詩でも一部は説明出来ることで、(5)秋は凡ての詩人が用いたその言葉、又、人間が通って来た凡ての秋とそれを表す言葉に繫《つなが》り、秋深きというのも、石の響きの如くというのも誇張でなしに人間の世界とその歴史をそこに呼ぶに足りて、(6)その確乎たる中心であるこの詩の立場から我々はそれを眺め、それを我々の精神のうちに迎えることになる。

（吉田健一『文学の楽しみ』による）

（注）
1　シェニエ——アンドレ・ド・シェニエ。フランスの詩人（一七六二～九四）。
2　vixit——「生きた」と訳されるラテン語。
3　チェホフ——アントン・チェホフ。ロシアの小説家、劇作家（一八六〇～一九〇四）。
4　「修羅街輓歌《しゅらがいばんか》」——中原中也（一九〇七～三七）の詩。

問

(A)　——線部(イ)～(ハ)のカタカナを表す漢字と同じ漢字に線を引いたものを、次のうちから一つずつ選び、番号で答えよ。

(イ) シュ
1 種別
2 珠玉
3 殊勝
4 趣旨
5 株守

(ロ) カク
1 覚醒
2 格言
3 各人
4 閣議
5 画定

(ハ) テイ
1 進呈
2 固定
3 師弟
4 払底
5 旅程

(B) ――線部(1)について。その理由として最も適当なものを、次のうちから一つ選び、番号で答えよ。

1 生涯で最上の日などというものは、長い生涯の最後になって始めてそれと分かるものだから。
2 詩が与えてくれる最も大きな楽しみというものは、楽しい一日一日の総和には及ばないものだから。
3 詩を日々読むことで開かれる境地というものは、生涯で最上の日を数えるような心情とは比較にならないものだから。
4 一定の言葉数で最も大きな楽しみを与えてくれる詩というものは、読めばいつでも非常に楽しい一日を与えてくれるものだから。
5 一定の言葉数から組み合わされた詩の境地というものが、長い生涯を通して最後には得られるものだから。

(C) ――線部(2)について。その説明として最も適当なものを、次のうちから一つ選び、番号で答えよ。

1 古い歌人達の歌を読む行為では、肉体の方が三首で飽きてしまうということ。
2 散文もまた時間をかけて読み続ければ、精神が酷使されてしまうということ。

3　一冊の薄い詩集の肉体に働きかける力は、物質的に限られているということ。
4　物質と化した歌集を全て消化してから、精神の自由な運動は停止するということ。
5　物質と精神とを媒介する肉体の自由には、その持続力に限りがあるということ。

(D)　――線部(3)について。その説明として最も適当なものを、次のうちから一つ選び、番号で答えよ。
1　戦艦にはよく知られたありふれた名前をつけると親しみがわくということ。
2　一人の人間の生の痕跡を表す言葉もまた詩と同じ働きを持ちうるということ。
3　すぐに廃れる流行語には人を動かす力がないということ。
4　何かあるものを指し示すのが一つの言葉の働きだということ。
5　地名と墓碑銘は文学の代わりとはならないということ。

(E)　――線部(4)について。その説明として最も適当なものを、次のうちから一つ選び、番号で答えよ。
1　詩人は雨が降っているというその単純な現実を描く必要を感ずるということ。
2　詩人は生の感情を一定の言葉数で表現して楽しみたいと思うものだということ。
3　詩人は現実というものが精神の世界に属することを言葉で表現したいということ。
4　詩人は物質世界を言葉に置き換えてみたいという欲望を感ずるということ。
5　詩人は精神世界と物質世界とを一つに合わせた現実に動かされるということ。

(F)　――線部(5)について。この語と同じ用いられ方をしている語句として最も適当なものを、本文中で波線〰〰を付した次のうちから一つ選び、番号で答えよ。

1　(a)最上の日　2　(b)詩集　3　(c)長門　4　(d)怒り　5　(e)物質の世界

(G)　――線部(6)について。ここで「迎える」とはどのようなことであるか。次の空欄を補う形で説明せよ。空欄の文字数は句読点とも二十字以上三十字以内とする。

読者は［　　　　　　　　　　］

二　左の文章は、一九九五年の阪神淡路大震災後ほどなくして書かれた。これを読んで後の設問に答えよ。（**解答**はすべて**解答用紙**に書くこと）

いうまでもなく地震と震災は違う。地震は瞬時に終わるが震災はその直後から始まり、いつまで続くのか誰にもわからない。地震は大地の上にのっているものを公平に揺さぶるが、震災がもたらす結果はあまりに不公平だ。地震に人間は何も関与できないが、震災の何割かは天災ではなく人災によるものだろう。

これからお話しする美術館もまた、このたびの地震でまず激しく揺さぶられ、見えない力にかき回されるだけかき回され、それから震災という人事の中へと投げ出された。私の体験は震災の一部を見たにすぎない。それはまぎれもない現実ではあるが、震災の全体ではない。誰までが被災者で、誰からが被災者ではないのか、渦中にあってはそんなことすらわからなかった。地震発生直後から、それぞれが直面する現実に我を忘れて取り組むほかなかった。全体は外部の人にしか見えないといった論者がいたが、外部から見えるものは(1)全体像という名の幻想である。たぶん全体像とは、本屋に行くと堆《うずたか》く積まれているあの写真集の中にあるのだろう。

「阪神大震災」の報道で、「近代的」という言葉をいやになるほど耳にした。神戸のような近代的都市がこれほど地震にもろいとは、といった論調である。今度の震災報道がそれほど「近代」のもろさを強調するのなら、初めから近代美術館に取材すれば一石二鳥なのにと思っていたが、なかなか報道陣は現れなかった。

ところが、しばらくするとマスコミの取材が殺到した。そして、「文化財にも(イ)ジンダイな被害」といった文脈でニュースが流れ始めた。この「にも」という表現に注意しなければいけない。すでに大震災という構図の中に文化財や美術館の位置がはっきりと定められているからだ。そして、美術館はふたつの方向を与えられたように思う。ひとつは被害状況を明らかにして、今後の美術館における地震対策へと議論をつなげる方向。もうひとつは、大震災に際して美術館がやるべきことはないのかと尻を叩かれて進む方向である。

兵庫県立近代美術館では「彫刻室の彫刻がほとんど倒れた」と報じたマスコミもあった。その報道を責めることはできない。そうした情報を美術館側が提供したからだ。地震直後のわれわれ美術館員も「ほとんど倒れた」ように感じていた。当日に撮影した彫刻室の写真をあとから眺めて驚いた。ほとんどの彫刻が倒れずに立っていたからだ。数えると、展示していた二十八点の彫刻のうち、転倒数はわずか七点にすぎなかった。

当事者の記憶はこのように当てにならないし、また大震災という幻想はこのようにして出来上がるのだろうが、ともかく何がどこでどのように倒れたかを正確に把握する必要に迫られた。ここでは収蔵庫での被害をも含め、その数字だけを明らかにしておきたい。展示作品二百二十二点、落下転倒作品六十三点、宙吊になった作品三十三点、損傷作品三十八点。

これらの作品のほぼすべてを、美術館に出勤することのできた人間の手で、地震から四日目までに収蔵庫に移動させた。それから作品の被害調査を行ない、一か月余りで修復の手配にまでこぎつけることができた。同じ神戸市内にある神戸市立博物館の作品被害調査が遅れたのは、被害状況の違いもさることながら、県立と市立の違いによるところが大きかった。災害対策は市が最前線に立ち、市立博物館の学芸員もまた最前線へと送られたからだ。幸か不幸か、われわれは県立美術館の学芸員というだけで美術作品の保護に専念することができた。まさに博物館・美術館ともに(2)震災という人事の真っ只中にあったのである。

美術館に与えられたもうひとつの進路について。この場合、震災に際して美術館は何もしなくてよいのかという声が推進力となる。この声はマスコミによってしばしば増幅される。ここでいう美術館は美術家に差し替えることもできる。震災を非常時に、あるいは戦争に差し替えることもできると、日清戦争を追いかけてきた私は確信をもっていうことができる。ボランティアの称揚、自粛の強制という具合に熱くならず、頭を冷やすという選択肢だってないわけではない。安政大地震のあとに出回った鯰《なまず》絵のように、震災を笑い飛ばす方法もあってよいのである。

美術館が震災の構図の中に、いわば被災美術館としていつまでも身を委ねていると、先のふたつの進路から抜け出せなくなってしまう。(3)後者についてはいずれほとぼりが冷めるにしても、前者は間違いなく作品保全という問題へと収斂《れん》するだろう。これは北澤憲昭(注)さんが現場を踏まない者の発言と断った上で、こんなことを指摘している（『新美術新聞』三月一日号）。作品保全は美術館を物的、制度的に強化することへとつながる。この永遠性の志向は美術館を成り立たせてきた発想だが、それはあくまでもひとつの美術観にすぎず、普遍的なものではないと。

私は現場を踏んだ者として、次のふたつのことを報告しておきたい。いずれも、地震前には思いもよらなかった問題であり、作品保全の課題を超えて、日本の美術館の在り方そのものを考えることへとつなげてくれるはずだ。

まず、地震からひと月ほど経ったころ、彫刻の台座がどのように倒れるかを研究しているという足利工業大学助教授篠泉さんの訪問を受けた。篠さんは土木学会の所属で、橋の被害調査のついでに立ち寄ってくれた。篠さんには、彫刻が倒れるのも橋が倒れるのも同じである。ある一定の力が加われば彫刻は倒れるといって、その力を出す公式をすらすらと紙に書いた。ところが、その公式を埋める数字のひとつを、問われた私は答えることができなかった。彫刻の重さである。

美術館の人間はふつう美術作品を縦横高さの数字で記述する。それに材質と技法が加わり、さらに題名、所蔵者名、履歴という具合に、作品の記述は作品という物質から次第に離れてゆく。美術館人にかぎらず、これが美術研究の常套手段だろう。そこから重さは完全に抜け落ちていた。ところが、彫刻の重さがわからなければ、それを台座に置いた時の重心の位置を算出できない。できなければ、転倒対策など立てようがない。いったい何を考えて台座をデザインしてきたのだろうと我が身を振り返ると、まったく何も考えていなかったことに気が付いた。

なぜそれが許されてきたのだろう。台座の上のそれらを彫刻と呼んではきたものの、どうやらここには置物の伝統が見え隠れしている。台の上にぽんと彫刻を置いて、芸術ですからさあ見てくださいということをあまり深くは考えずにやってきたようだ。そして、それを許したものは、まさにそこが美術館という特別な場所、いわば王国だったからだ。美術館とは、彫刻と台座とをともに戴《いただ》くさらに巨大な台座なのである。

その美術館にとってもうひとつの思いがけない問題とは、警察から遺体安置所に使わせてくれという要請を受けたことだった。近所の体育館はすぐにいっぱいになっていた。美術館側は建物に倒壊の危険があるという理由でこの要請を断ったが、あとからそのことを聞かされた私は、彫刻の重さを問われた時のように［　　］。遺体が安置された展示室というものをまるで想定していなかったからだ。もし私が要請の現場にいたら、ここは美術館ですからという理由で断ったかもしれないと考え、ぞっとした。(4)美術館は王国だとの思いが骨の(ロ)ズイまでしみ込んでいた。それは何もない清潔な四角い空間で、切り花のように生活から切り離されている。そして遺体安置所に使われる学校や体育館ほどには日本の社会に根を下ろしていない。美術館建設ブームとは、そんな箱を次々と作り出してきただけではなかったか。

（木下直之「壊れた台座」による）

（注）　北澤憲昭――近代日本美術史の研究者（一九五一～）。

問

(A)　＝＝線部(イ)・(ロ)を漢字に改めよ。（ただし、楷書《かいしょ》で記すこと）

(B)　――線部(1)について。ここで筆者が「幻想」という表現をするのはなぜか。その説明として最も適当なものを、次のうちから一つ選び、番号で答えよ。

1　大規模な震災の只中に身を置く体験者からは震災の全体を知ることは想像もできないから。

2　外部からは俯瞰《ふかん》的に見ることが可能でも、離れているために部分的な見え方にならざるを得ないから。

3　震災の全体のように認識されているものは、震災の全体のイメージに過ぎないから。

4　直接経験した現実が重要なのに、第三者なら全体が理解できるという間違った考え方をしているから。

5　地震の目に見えない力も震災の一部なので、その全体を見ることがそもそも不可能だから。

(C)　――線部(2)について。この「震災という人事」という表現には、筆者のどのような思いが込められているか。その説明として最も適当なものを、次のうちから一つ選び、番号で答えよ。

1　地震が不可抗力的な自然現象であるのに対して、その様々な局面で混乱を伴いつつ人が関与することによって複雑な様相を示すのが震災である。

2　地震という自然現象が社会問題としての震災に置き換わることで、それぞれの立場の違いがより一層際立ち、人々の被害状況に大きな不公平が生じてしまった。
3　自然現象としての地震がもたらした震災の傷あとは、時が経つにつれて社会に大きな影響を及ぼすようになり、むしろ人々の認識や行動を一定の型に嵌《は》めてしまった。
4　本来であれば行政が主導して大地震への対策を施していなければならなかったはずなのに、緊急事態に直面するまで対策を検討していなかったことに大きな責任がある。
5　未曽有の自然災害によって見えない力にかき回されることになった人々が発したさまざまな声が、マスコミを通じて拡大され新たな人災をもたらすことになった。

(D)　――線部(3)について。「後者」を説明するものとして最も適当なものを、次のうちから一つ選び、番号で答えよ。
1　自然災害である地震に対して、人災の性質が加わった震災のこと。
2　震災に際して美術館が優先すべき事柄についてのマスコミの発言のこと。
3　市立博物館が震災の災害対策に従事したために本務遂行が遅れたこと。
4　大災害時に災害対策よりも美術を優先することを批判する様々な声のこと。
5　非常事態下に、社会が行動を共にすべきだとする世論に美術館も応じること。

(E)　空欄 [　　] にはどのような言葉を補ったらよいか。最も適当なものを、次のうちから一つ選び、番号で答えよ。

1　虚を衝かれた　2　呆気にとられた　3　固唾《ず》をのんだ　4　胸を打たれた　5　宙をにらんだ

(F)　――線部(4)について。その説明として最も適当なものを、次のうちから一つ選び、番号で答えよ。

1　美術館が美的特質と資産価値が高い美術作品を多く所蔵し、豊かなさまをたとえた。
2　美術館が美術作品にあたかも仕えるような専門職によって運営されているさまをたとえた。
3　美術館の内部では、社会一般とは無縁の特権的な芸術の原理が支配することをたとえた。
4　美術館が創造力によって生み出された美術作品を所蔵するために、理念的に永続性を帯びるさまをたとえた。
5　汚れひとつない展示室などで構成される、目を惹《ひ》くようなデザイン性豊かな美術館の建物の外観をたとえた。

(G)　次の各項について、本文の内容と合致するものを1、合致しないものを2として、それぞれ番号で答えよ。

イ　非常事態下では、美術館も災害対策優先の活動に当たるべきである。
ロ　マスコミの報道の影響力は、平常時よりも震災時に増大する。
ハ　筆者は、台座と美術館は象徴的に同じものだと解釈している。
ニ　震災は、筆者に社会と美術館や美術との関係の再考を促した。
ホ　筆者は、震災直後に作品保全に専念できたことに満足している。

三　左の文章を読んで後の設問に答えよ。（**解答**はすべて**解答用紙**に書くこと）

山部(注1)の赤人の、

わかの浦に汐《しほ》満ちくれば(1)潟《かた》を無み(注2)芦《あし》べをさして鶴《たづ》鳴きわたる

といふ歌は、人丸《ひとまろ》(注3)の「ほのぼのとあかしの浦の朝霧」にならべて、歌のちち母のやうにいひつたへたりけり。この時の帝は、聖武天皇にておはしませしが、筑紫《つくし》に広嗣《ひろつぐ》(注4)が反逆せ(a)しかば、都に内応の者あらんかとて恐れたまひ、巡幸と呼ばせて、伊賀、伊勢、志摩の国、尾張、三河の国々に行きめぐら(b)せたまふ時に、伊勢(注5)の三重郡阿虞《あご》の浦にてよませしおほん、

妹に恋ふあごの松原見わたせば汐干の潟に鶴鳴きわたる

また、この巡幸に遠く備へありて、(2)とねりあまたみさきに立ちて見巡る中に、高市《たけち》(注6)の黒人《くろひと》が尾張(注7)の愛智《あゆち》郡の浦べに立ちてよみける、

桜田へ鶴鳴きわたるあゆちがた汐干の潟に鶴鳴きわたる

是等は、同じ帝につかうまつりて、(3)おほんを犯すべきにあらず。むかしの人は、ただ打ち見るままをよみ出だせしが、(4)さきの人のしかよみしともしらでいひしものなり。赤人の歌は、紀の国に行幸の御供つかうまつりてよみしなる(c)べし。さるは、同じ事いひしとて(5)とがむる人もあらず、浦山のたたずまひ、花鳥の見るまさめ(注8)によみし、そのけしき絵に写し得がたしとて、めでてはよみしなり。また、同じ万葉集に、よみ人しられ(d)ぬ歌、

難波潟汐干にたちてみわたせば淡路の島へ鶴鳴きわたる

これまた(6)同じ心なり。[①]のこころ直《なほ》くて、人のうた犯すといふ事なく、思ひは述べたるものなり。歌よむはおのが心のままに、また浦山のたたずまひ、(7)花鳥のいろねいつたがふべきにあらず。ただただ[②]と思ふ事は、[③]よみたる。これをなんまことの道とは、歌をいふべかりける。

（『春雨物語』による）

（注）1　山部の赤人――山部赤人。『万葉集』の代表的歌人。

2　潟――干潟《ひがた》。遠浅の海岸で、潮の満干によって隠れたり現れたりするところ。

3　人丸――柿本人麻呂。『万葉集』の代表的歌人。「ほのぼのとあかしの浦の朝霧に島隠れゆく舟をしぞ思ふ」（『古今和歌集』）は詠み人知らずの歌であるが、柿本人麻呂の詠としてよく知られた。

4　広嗣――藤原広嗣。天平十二年（七四〇）九月、北九州で兵を起こしたが敗れ、同十一月処刑された。

5　伊勢の三重郡阿虞の浦――現在の三重県英虞《あご》湾付近あるいは鳥羽市付近等の諸説がある。

6　高市の黒人――『万葉集』の歌人。伝未詳。

7　尾張の愛智郡――現在の愛知県名古屋市南区のあたり。

8　まさめ――正目。直接見たままに。

問

(A)　――線部(1)の現代語訳を十字以内で記せ。ただし、句読点は含まない。

(B)　――線部(2)を漢字に改めよ。(ただし、楷書《かいしょ》で記すこと)

(C)　――線部(3)の解釈として最も適当なものを、次のうちから一つ選び、番号で答えよ。

1　帝の歌を盗むはずがない
2　帝の歌を軽んじてはならない
3　手本の歌を批判するはずがない
4　手本の歌を無視してはならない
5　手本の歌を変更してはならない

(D)　――線部(4)の説明として最も適当なものを、次のうちから一つ選び、番号で答えよ。

1　ほかの人の歌を知っていて、それに似た優れた歌を詠んだ。
2　ほかの人の歌を知らないので、優劣をつけがたい歌を詠んだ。
3　ほかの人の歌を知らないまま、下手な歌を詠んだ。
4　ほかの人の歌を気にせずに、優れた歌を詠んだ。
5　ほかの人の歌に気を取られ、下手な歌を詠んだ。

(E)　――線部(5)について。「とがむる人もあらず」の理由として最も適当なものを、次のうちから一つ選び、番号で答えよ。

1　他の優れた歌から学ぶのはよいことだから。
2　自分の感じた興趣を心のままに詠んだ歌だから。
3　帝のお供をしたときに詠んだ歌だから。
4　異なる帝のもとで詠んだ歌だから。
5　帝の命令によって歌を詠んだから。

(F)　――線部(6)について。「同じ心」とはどういうことか。その説明として最も適当なものを、次のうちから一つ選び、番号で答えよ。

1　同じ趣旨・表現の歌を詠んだということ。
2　他人の歌に配慮して同じく歌を詠んだということ。
3　帝と同じ趣向の歌を詠んだということ。
4　同じ条件のもとで歌を詠んだということ。
5　同じ景色を見て歌を詠んだということ。

(G)　空欄 ① に入る言葉として最も適当なものを、次のうちから一つ選び、番号で答えよ。

1　いまの人　2　いにしへの人　3　帝　4　帝につかうまつる人　5　淡路の島人

(H)　――線部(7)の解釈として最も適当なものを、次のうちから一つ選び、番号で答えよ。

1　花の色や鳥の声がいつ変化するかは誰にもわからない。
2　花の色や鳥の声を実際と違うように歌に詠んではならない。
3　花の色や鳥の声はいつ、誰に対しても変わるはずがない。
4　花の色や鳥の声は個別に違いがあるはずである。
5　花の色や鳥の声の折々の変化を感じ取って歌を詠まねばならない。

(I)　空欄 ② ・ ③ に入る言葉の組み合わせとして最も適当なものを、次のうちから一つ選び、番号で答えよ。

1　②　めでたし　　③　おもしろく
2　②　をかし　　③　あはれに
3　②　ゆかし　　③　をかしく
4　②　かなし　　③　ゆかしく
5　②　あはれ　　③　すなほに

(J)　==線部(a)〜(d)の文法上の意味として最も適当なものを、次のうちから一つずつ選び、それぞれ番号で答えよ。ただし、同じ番号を何度用いてもよい。

1　推量　2　意志　3　可能　4　過去　5　使役　6　尊敬　7　打消　8　完了

(K)　次の各項について、本文の内容と合致するものを1、合致しないものを2として、それぞれ番号で答えよ。

イ　聖武天皇は広嗣の反乱を聞いて急ぎ都を逃れたため、警護は手薄だった。
ロ　聖武天皇は山部赤人の歌をよく知っていた。
ハ　万葉集にはよく似た歌があるが、とがめるべきではない。
ニ　昔の人は他人の歌に十分に配慮して自らの歌を詠んだ。
ホ　今の歌人が昔の人の歌をまねても意味がない。

二月十三日実施分

解答

一

出典 吉田健一『文学の楽しみ』〈詩と散文〉(河出書房新社)

解答

(A) (イ)―3 (ロ)―2 (ハ)―1

(B) 3

(C) 5

(D) 2

(E) 5

(F) 3

(G) (読者は)詩の言葉によって人間の世界とその歴史を体験するということ。(二十字以上三十字以内)

◆要　旨◆

文学の中心をなす詩は一定の言葉数で我々に最も大きな楽しみをもたらすものである。凡ての言葉には、その響き、歴史、それを使ってきた何代もの人間の送った生活や世界の跡があり、人を動かす働きがあり、言葉のこうした性質が作者の創作の動機となる。その作者の精神を、一冊の本という物質を通して読む我々の肉体は、飽きることなく自由に楽しむ精神に負担を課され、詩の先を読み続けることが出来なくなることがある。我々は詩に描かれた現実や生のままの精神を、字面の上で拾うだけではなく、現実以上の現実として自ら体験しているといえるのである。

(B)　「非常に楽しい一日」を「生涯で最上の日」と考えることが「みみっちい」理由を説明する問題である。傍線部を含む文を確認すると「非常に楽しい一日」は「一日だけのものを長い生涯を通して得る」ことであるが、「楽しい一日に又楽しい一日が重なり、それがそういう日々に」なることとは「格段の差」があると述べられている。そして、この次々重なる「楽しい一日」は、傍線部の二行前にあるように「一定の言葉数で我々に最も大きな楽しみを与えてくれる」ものとしての「詩」によってもたらされるものである。よって、正解は3である。

(C)　文学をたしなむ者にとって言葉が意味をなくす状態に達するということを言い換える問題である。傍線部の直前に「そのように」とあるので、その前を確認すると、「肉体が疲れ、体力が減じて、詩の先を読み続けることが出来なくなる」状態である。第二段落に「疲れるというのは肉体の問題」であり「精神は疲れない」とあるが、「肉体」と「精神」との関係について、傍線部を含む段落に、我々は「歌を作った人間の精神」が変じた「一冊の本という物質」を「物質と読むものの精神の媒介をする肉体」をこき使って読むのであり、〈精神は自由に運動して肉体に負担を課す〉とある。よって、正解は5である。

(D)　言葉は一つだけでも人を動かすということを言い換える問題である。これについて、傍線部を含む段落に「地名」と「墓碑銘」の例が挙げられている。かつて日本の戦艦にその名を冠した「地名」の数々には「その響き、歴史、又それを使って来た何代もの人間が送った生活」の「跡」があり、ギリシャなどの「墓碑銘」に散見される「生きたという一言」も同様である。「地名」は「単に或る場所を指す符牒」ではなく、「文学」も「符牒である言葉を材料に使った寄せ木細工」ではなく、「どのことばも文学であり、人を動かす働きをする」とある。よって、正解は2である。

(E)　詩人が詩を書く動機を説明する問題である。傍線部を含む文を確認すると「言葉のこうした性質」つまり、第四段落で述べられた「どのことばも文学であり、人を動かす働きをする」という性質である。これについて第六・七段落でさらに詳しく述べている。「刻々にその姿を変じ」ながら「怒りや悲しみなどの精神」と「物質の世界での出来事」

が絡み合う「現実」を「描くには言葉しかない」のであり、我々に何ごとか問い掛ける「現実」に「答えるもの」が「詩」なのである。よって、正解は5である。

(F) 文中で「秋」という語と同じ使われ方をしている語を答える問題である。傍線部を含む文を確認すると「秋」は「凡ての詩人が用いたその言葉、又、人間が通って来た凡ての秋とそれを表す言葉」に繋がるとある。これと同様の表現が、第四段落にある「凡ての言葉をその一つ一つの言葉にしている」という表現で、これは〈かつて日本の戦艦にその名を冠した「地名」の数々〉を表すものである。よって、正解は3である。なお、第六段落で「秋」とともに列挙される「怒り」は、読者が詩から感じるであろう感情の例であり、言葉として実際に何かに表現されたものではないため、4は誤答である。

(G) 傍線部に含まれる「迎える」という言葉の意味を説明する問題である。傍線部を読むと「我々はそれを眺め、それを我々の精神のうちに迎える」とあり、「それ」とは、傍線部直前にある「言葉」の中にある「人間の世界とその歴史」である。そして、同じ段落の初めにあるように「それ」は「我々」読者の「精神の領域に入って来」るという。たとえば「修羅街輓歌」を読むことで読者は「秋に雨に会い、空しさを感じ、拳を握り締めて」いわば「現実以上の現実」を見るのである。

二

出典 木下直之『世の途中から隠されていること—近代日本の記憶』〈壊れた台座〉(晶文社)

解答

(A) (イ)甚大 (ロ)髄

(B) 3

(C) 1

(D) 5

(E)　1

(F)　3

(G)　イ―2　ロ―2　ハ―1　ニ―1　ホ―2

◆要　　旨◆

瞬時に終わる地震の直後に始まり、終わりの見えない不公平な震災は、美術館をもその渦中に巻き込んだ。美術館学芸員の筆者は、被害状況を明らかにし、今後の地震対策を議論し、震災に際した美術館の活動を考える必要に迫られた。彼は、転倒対策を講じるために必要な彫刻作品の重さを答えられず、美術館を遺体安置所にという警察からの要請をあとから知った際に、美術研究の常套手段と美術館という場所の特権性を盲信していた自分に気づかされる。この発見は、生活から切り離され、社会に根を下ろさない日本の美術館の在り方を、作品保全の課題を超えて考えることにつながるはずだと筆者は考えている。

▲解　　説▼

(B)　「外部から見えるもの」は「全体像という名の幻想」だと筆者が表現する理由を説明する問題である。傍線部を含む文の直後の文に「全体像とは、本屋に行くと堆く積まれているあの写真集の中にある」とある。また、第六段落にも「大震災という幻想」という表現があるが、直前に〈当事者の記憶は当てにならない〉とある。これについて、第五段落で筆者の勤務する「兵庫県立近代美術館」の例が挙げられているが、〈当てにならない当事者の感覚〉を報じるのが「マスコミ」であり、そのようにして「全体像という名の幻想」は作り上げられていくのである。よって、正解は3である。

(C)　「震災という人事」という表現に込められた筆者の思いを説明する問題である。筆者は第一段落で、「地震」と「震災」を以下のように定義している。〈瞬時に終わり、大地の上のものを公平に揺さぶり、人間が何も関与できないもの〉が「地震」であり、〈地震の直後に始まり、いつまで続くのか誰にもわからない、不公平な天災と人災〉が「震災」である。そして「震災」の「人事」的側面については、傍線部を含む段落にあるように、〈博物館・美術館の設立元の違いによって生じた対応速度の差〉がその例である。よって、正解は1である。なお、2については、「震災」を「人災」とする前に「社会問題」と捉えている点に論理の飛躍が見られるため、誤りである。

(D)　「後者」の指す内容を説明する問題である。傍線部の直前の文に「先のふたつの進路」という表現があり、傍線部を含む文の「前者」と「後者」とはそれら二つを指していることがわかる。この「ふたつの進路」とは、第四段落で述べられるところの〈美術館に与えられたふたつの方向〉である。「被害状況を明らかにして、今後の美術館における地震対策へと議論をつなげる方向」が「前者」であり、「大震災に際して美術館がやるべきことはないのかと尻を叩かれて進む方向」が「後者」である。つまり「後者」は〈震災直後に社会からの要請によってとるべき美術館の行動〉であり、正解は5である。

(E)　文脈から空欄に適切な語句を補う問題である。空欄を含む文を確認すると、空欄には〈美術館を遺体安置所として使用したいという警察の要請〉をあとから知った時の筆者の心情表現が入り、それは「彫刻の重さを問われた時」と類似したものだとわかる。第十一段落から最終段落にかけて回想される二つのエピソードによって、筆者は自身の信じる「美術研究」の常識と、美術館は「何もない清潔な四角い空間」で「王国」のような「特別な場所」なのだという思い込みとに慣れきり、想定外の質問や要請に対応できない自分に気づかされている。よって、正解は〝すきを襲われる〟という意の1である。

(F)　筆者の中に刻み込まれた「美術館は王国だ」という思考を具体的に言い換える問題である。この思考は(E)の〔解説〕にも記したように、第十一段落から最終段落にかけて回想される二つのエピソードによって筆者自身が気づかされたものである。美術作品を記述すべき内容に「重さ」が含まれないために「美術館の人間」にはそれがわからず、「芸術ですからさあ見てください」と「深くは考えずにやってきた」場所を「王国」だと揶揄する筆者は、美術館を「何もない清潔な四角い空間」で「生活から切り離されて」いて「日本の社会に根を下ろしていない」場所だと考えている。よって、正解は3である。

(G) 内容真偽の問題である。まず合致するものについて、ハとニは、(E)と(F)の〔解説〕にも記したように、第十一段落から最終段落にかけて回想される二つのエピソードから筆者が気づかされた内容と合致している。次に合致しないものだが、イの〈非常事態下での美術館の災害対策優先の活動〉について、筆者は第四段落で「尻を叩かれて進む方向」とし、第八段落では「震災を笑い飛ばす方法もあってよいのである」としているため、合致しない。また、ロのマスコミの報道の影響力については、本文中で〈平常時と震災時〉を比較する記述はないため、合致しない。ホについては、第七段落において作品保全に専念できたことを「幸か不幸か」と表現しているため、合致しない。

三

出典　上田秋成『春雨物語』

解答

(A) 干潟がないので（十字以内）

(B) 舎人

(C) 1

(D) 4

(E) 2

(F) 1

(G) 2

(H) 3

(I) 5

(J) (a)—4　(b)—6　(c)—1　(d)—7

(K)　イ―2　ロ―2　ハ―1　ニ―2　ホ―2

◆全　　訳◆

山部赤人の、

わかの浦に潮が満ちてくると干潟がないので、芦の生えている岸辺を目指して鶴が鳴きながら渡っていく。

という歌は、柿本人麻呂の「ほのぼのと明け始めた明石の浦の朝霧の中を（島隠れに遠ざかっていく舟の姿をしみじみとした思いで眺めることだ）」（という歌）と並んで、歌の父や母のように（優れた歌として）言い伝えてきた。この時の帝は、聖武天皇でいらっしゃったが、筑紫（＝九州）で（藤原）広嗣が謀反を起こしたので、都に内通（して兵を起こす）者がいるのではないだろうかと（帝は）恐れなさり、巡幸と称させて、伊賀、伊勢、志摩の国、尾張、三河などの国々を行き巡りなさった時に、伊勢の三重郡阿虞の浦でお詠みになった御製（＝天皇の作る和歌）に、

あなたのことを恋しく思ってあごの松原を見渡すと、干潟に向かって鶴が鳴きながら渡っていく。

（という歌がある。）また、この巡幸に際しては遠くまで警固を固めて、舎人が大勢（帝の）先導に立って巡視する中に、高市黒人が尾張の愛智郡の入り江に立って詠んだ（歌に）、

桜田の方へ鶴が鳴きながら渡っていく。あゆちがたの干潟に向かって鶴が鳴きながら渡っていく。

（という歌がある。）これら（の赤人や黒人）は、同じ帝にお仕え申し上げて、（その自分がお仕えする）帝の歌を盗むはずがない。昔の人は、ただ見たそのままを歌に詠み出したのだが、（自分より）先に誰かほかの人がそのように詠んだとも知らないで詠んだものなのである。赤人の歌は、紀伊国への行幸のお供をいたして（その時に）詠んだものなのであろう。それというのは、同じ内容を詠んだと言って非難する人もおらず、海辺や山の様子、花や鳥を直接見たままに詠んだ（ものであり）、その情景を絵に写しとることができないと思って、心が引きつけられて（歌に）詠んだということである。また、同じ万葉集に、よみ人知らずの歌として、

難波潟の干潟に立って見渡すと、淡路島へ向かって鶴が鳴きながら渡っていく。

（という歌がある。）これもまた同じ趣旨・表現を詠んだ歌である。昔の人の心は素直で、他人の歌を盗むということなどなく、思いは（そのまま）述べたものである。歌を詠むというのは自分の心のままに（表現するものであり）、また（その対象となる）海辺や山の様子、花の色や鳥の鳴き声はいつ（誰に対しても）変わるはずがない。ただただ「ああ（感動した）」と思うことを、素直に詠んだのである。これをこそまことの道と、歌についてはいうべきであるよ。

▲解　説▼

(A)「無み」は形容詞「無し」の語幹に接尾語「み」がついたもの。「～を…み」の形で〝～が…ので〟という意味になる。〝潮が満ちてくると〟に続くので「無み」は〝なくなったので〟と訳してもよい。

(B)「舎人」とは、天皇や皇族のそば近く仕え、雑務や警護の役目を担った下級官人。

(C)「妹に恋ふ…」の歌の前にも「おほん」とあるが、いずれも〝天皇のお詠みになった御歌〟の意。「大御歌《おほみうた》」の「歌」が省略されて接頭語「おほみ」が名詞化し、撥音便になったもの。「手本の歌」となる歌を誰かが詠んだという描写はどこにもないので３・４・５は不適。本文は、万葉の時代には他の人と歌の内容や表現の重なることが度々あったということを述べている。「妹に恋ふ…」の歌は聖武天皇、「わかの浦…」の歌は赤人、「桜田へ…」の歌は黒人の歌だが、いずれも「鶴鳴きわたる」という表現を用いている。それを受けて、「是等（＝赤人と黒人）」はどちらも天皇に仕えていて、自分の主の歌を盗作するはずがないと言っているのである。２の「軽んじてはならない」では文脈に合わない。

(D)傍線部の「しか」は〝そのように〟、「しらで」は〝知らないで〟の意。「で」は接続助詞で〝～ないで〟と訳す。〝誰かが自分より先にそのように（自分と同じように）詠んだということも知らないで歌を詠んだ〟ということ。これは、赤人や黒人の歌が聖武天皇の歌と同じ表現、情趣を詠んだということを受けて言っている。第一段落にあるように赤人は「歌のちち母のやうに」言われているほどの歌人なので、３・５の「下手な歌を詠んだ」は不適。１の「知っていて」は「しらで」が正しく訳されていないので不適。２は「優劣をつけがたい」の部分が不適。歌を比べてはいない。また、「ほかの人の歌を知らない」ことが「歌を詠んだ」理由になっているのも文脈的におかしい。

(E) 傍線部の二行前に「ただ打ち見るままをよみ出だせし」とあり、「難波潟…」の歌のあとにも「こころ直くて、人のうた犯すといふ事なく、思ひは述べたるものなり」とあることから考える。

(F) 傍線部の直前に「これまた」とあることに着目する。「よみ人しられぬ歌」もまた、聖武天皇や赤人、黒人の歌と同じように、〝干潟を目指して鶴が鳴きながら渡っていく情景〟を詠んだ歌である。すべての歌に「鶴鳴きわたる」とある。

(G) 傍線部(3)のあとに「むかしの人は、ただ打ち見るままをよみ出だせし」とあるが、これを言い換えたのが「①のこころ直くて、……思ひは述べたる」の部分。よって、空欄には「むかしの人」と同じ意味の言葉が入る。

(H) 傍線部(7)を単語に区切ると「花鳥／の／いろね（色音）／いつ／たがふ（違ふ）／べき／に／あら／ず」となる。端的にいえば〝花の色や鳥の鳴き声はいつも違わない〟ということ。

(I) 先に③を考えたほうがわかりやすい。傍線部(3)のあとに「ただ打ち見るままをよみ出だせし」、傍線部(6)のあとに「こころ直くて」、さらにそのあとに「おのが心のままに」とあることから、空欄③には5の「すなほに」が最適と判断できる。空欄②に入る「あはれ」は感動詞で、物事に深く感動したときに発する言葉。

(J) (a)「しか」は過去の助動詞「き」の已然形。
(b)「せ」は尊敬の助動詞「す」の連用形。助動詞「す」には使役の意味もあるが、ここは下に尊敬の補助動詞「たまふ」が接続しており、伊賀や伊勢などの国々を「行きめぐ」ったのは聖武天皇自身なので「せたまふ」で最高敬語と考える。
(c)「べし」は推量の助動詞「べし」の終止形。赤人の歌がどのような状況で詠まれたのかを筆者が推測している。「べし」の意味としてほかに、2の「意志」、3の「可能」もあるが、いずれも文脈に合わない。
(d)「ぬ」は打消の助動詞「ず」の連体形。下に名詞「歌」が接続していることで判断できる。

(K)

イ、「妹に…」の歌のあとの「この巡幸に遠く備へありて、とねりあまたみさきに立ちて見巡る」と合致しない。

ロ、傍線部(3)「おほんを犯すべきにあらず」から、赤人の歌よりも聖武天皇の歌のほうが先であるとされている。

ハ、「難波潟…」の歌の前に「また、同じ万葉集に」とあることからもわかるとおり、赤人も黒人も万葉歌人である。その赤人や黒人やよみ人知らずの歌のように万葉集にはよく似た歌があるが、このことに対して「同じ事いひしとてとがむる人もあらず」とある。筆者も同じく、よく似た歌があってしかるべきと考えている。その理由として「むかしの人は、ただ打ち見るままをよみ出だせし」と述べ、さらに、このように歌を詠むことを「まことの道」とまで言っている。

ニ、傍線部(4)「さきの人のしかよみしともしらでいひしものなり」とあることと合致しない。

ホ、「今の歌人」はどうすべきか、といった内容は本文にない。

❖講　評

一の評論は、西洋で文学の中心をなす詩について、詩を読む者の精神と肉体に及ぼす作用や言葉の人を動かす性質などから考証する文芸論からの出題。抽象度の高い文章ではあるが、イメージをつかみながら読解すれば理解できる内容である。設問も特別難解なものはなく、丁寧に読解すれば解ける問題である。ただし、記述問題の字数制限が厳しく、必要な情報をすばやく取捨選択する力が求められる。

二の評論は、阪神淡路大震災を体験した美術館学芸員の筆者の視点から、作品保全の課題を超えた日本の美術館の在り方を考える芸術論からの出題。一の評論と比べると、現実に起きた出来事を中心に書かれた文章であるため、イメージは湧きやすく、設問も特別難解なものはない。漢字の書き取りを除けば記述問題もないため、丁寧に読解すれば無理なく解ける問題である。ただし、すべての選択肢の適否を判定させる内容真偽の問題があるため、時間配分に注意が必要である。

三の古文は、江戸時代後期の読本『春雨物語』の一節。史実や古典から材料を得た、上田秋成の晩年の短編集である。本文は、「鶴鳴きわたる」と詠み込んだ『万葉集』所収の和歌四首を例に、万葉の時代には同じ趣旨・表現の歌が多く詠まれていた事実を取り上げる。そしてそのわけを、昔の人の心が素直で自分の見たままをそのまま歌に詠んだからと分析し、それこそが歌の「まことの道」であると評価する。四首に「鶴鳴きわたる」という表現が共通していることに気づけば本文のテーマは比較的容易につかめるが、そのテーマについての筆者の見解を的確に捉えているかが問われる。設問は、単語の意味、文法、解釈、内容把握とさまざまだが、基礎的な知識があり、テーマと筆者の見解がつかめていればさほど迷うことなく正解は得られる。最後の内容真偽の問題は、それぞれが本文のどの部分に相当するかを捉え、本文の内容と細部まで照らし合わせる必要がある。

/////////////////// ・memo・ ///////////////////

2022年度

問題と解答

二月九日実施分

問　題

（七五分）

一　左の文章を読んで後の設問に答えよ。（**解答**はすべて**解答用紙**に書くこと）

　わたしは店に入るのが苦手だ。とりわけ本屋に入るのは苦手だ。本屋へ行くのがおっくうで、読みたい本が手元になくなってしまうと、同じ本を繰り返して読んでしまうくらいである。だから二、三日前に本屋へ行ったのも、横断歩道を渡ったとたん、目の前にクーラーの効いていそうな広い店がガラス越しに見えたからに過ぎない。外はあまりに暑かった。それに比べて店の中はいかにも涼しそうだった。わたしは意を決して自動ドアをくぐった。一瞬のうちに汗が引く快感があった。だがその快感と共に、いつも日本の本屋に入る度に覚える、何だかやりきれない気持ちがわたしを襲って来た。その何だかやりきれない気持ちと、なぜわたしが『續明暗《ぞくめいあん》』（注）という本を書くようになったかとは直接結びついているのである。

　たとえばわたしはデパートの地下の食料品街へ行っても必ずめまいのようなものを覚える。あの物の豊富さは、繁華街での買い物が日常的になっていない人間には刺激が多すぎるのである。だがわたしが日本の本屋で感じるものはそれだけでは片づかない。

「わたしはなぜここに居るのだろう」

まるで本の背表紙がスクラムを組んでわたしに背を向けているような気がするのである。一体これらの本とわたしとはどう関係があるのだろう。わたしはあまりの(1)疎外感に呆然とする。そして必死で日本人であろうとして来た長年の自分の愚かしさに、暗澹《たん》たる思いに陥らざるを得ないのである。

わたしは十二歳の時父親の仕事の関係で家族とともにアメリカに渡った。以来大学院を出るまでアメリカで教育を受けて来た。当然のことながら『續明暗』を書くまでは、手紙をのぞけば日本語でものを書いたことは数えるほどしかない。だがそれではわたしの母国語は英語かというと、そんなことはまったくないのである。

わたしの両親は、多くの日本人の例に漏れず、早くアメリカ人になってやろうという移民精神とは無縁であった。それでいてアメリカの生活が居心地がよいのでだらだらとアメリカに残ってしまったのである。むろんその間自分たちが日本人であることに何の疑問を持つこともなかった。両親のそのようなありかたは、わたしと言語とのかかわり合いにそのまま反映した。つまりわたしにとっても自分が日本人であること――自分の母国語が日本語であることは、日が東から昇るように当たり前のことのように思えたのである。しかしすべての子供をアメリカ人にしようとするアメリカに育ちながら、その当たり前のことを実際に当たり前にするにはかなりのエネルギーが要ったのであった。

今思えばわたしは十二歳からの年月をすべて、自分がアメリカ人にならないということだけを目的に生きて来てしまったような気がする。わたしはアメリカに目をつむり、ひたすら日本に目を向けた。(2)アメリカの男の代わりに日本の文学とばかり付き合った。むろんありがたいことにそれなりの成果はあった。数年前初めて日本の雑誌に書く機会があったが、わたしの日本語はあまりに当たり前の日本語だったため、わたしが日本人であり続けたことを誰ひとり褒めてくれる人もいなかったのである。

その頃からである。わたしはもうひとりの、こうでありえたかもしれない、英語でものを書いている自分の影に常につきまとわれ始めたのだった。それは、わたしと日本語の関係が急に［　　］なものに見えてきたということにほかならなかった。十二歳という年齢から英語を使い続けてもそれが母国語になることはむずかしかったかもしれないが、一番自由に操れる第一言語になった可能性は大いにある。そして、もの書きが使う言葉は母国語はおろか第一言語である必然性すらないのである。国際語である英語においてはとりわけその必然性が乏しい。なにしろ英語圏でやらねばならぬという決断をもっと早くに下してさえいれば、わたしは今頃英語で書いていたかもしれないのであった。もし超越的な立場から言語を選べるとしたら、今世界で英語で書くことの有利は誰の目にもあきらかだろう。

日本の本屋に入った時に感じる困惑は日本語を選びとってしまったことに対する困惑である。目の前に燦《さん》然と広がるのは、日本の「今」と「ここ」の中にあまりに閉ざされた言語空間である。わたしは海の向こうで健気《けなげ》にも日本人であり続けるためにだけ生きて来たというのに、こうして戻って来れば何がおこっているのだかさっぱり解らない。何がおもしろいのだかもさっぱり解らない。なぜわたしはこのように自分と隔った精神と関係しようと思っていたのだろうか。ここでこうして日本語を操っている人とわたしとどういう関係があるのだろう。大体こうして日本語を操っている人と外の世界とどういう関係があるのだろう。わたしは日本語を選びとってしまったことによって、世界そのものと切れてしまったような心細い気持ちに襲われる。今までの自分の人生が(3)無意味な試みに明け暮れていたようで、はかなくなる。——そんな時、わたしと世界との関係を復活させてくれ、わたしを力づけてくれるものに漱石のテクストがあるのだった。漱石のテクストだけではなく、超然とした精神を宿すいくつかの日本語のテクストがあるのだった。

漱石が『明暗』を執筆している最中に書いた手紙に次のようなものがある。

「牛になる事はどうしても必要です。……根気づくでおいでなさい。世の中は根気の前に頭を下げることを知つてゐますが、火花の前には一瞬の記憶しか与へてくれません。うんうん死ぬまで押すのです。それだけです。相手はいくらでも後から後から出て来ます。さうして吾々を悩ませます。牛は超然として押して行くのです。何を押すかと聞くなら申します。人間を押すのです。文士を押すのではありません」

ここで漱石のいっている「人間」とは大衆を意味するものではない。「文士」とは知識人を意味するものではない。「人間」とは誰だか解らないがいつかどこかで自分の本を読み得る人たちを指すのである。それは昨日電車で隣り合わせた人かも知れないし、五十年後、見たこともない国に生まれる人かも知れない。(4)誰だか解らない故《ゆえ》に畏《おそ》れねばならない人たちである。「文士」とはその反対に畏れるに足りない人たちである。そしてそれは彼ら自身が畏れを知らない人たちだからにほかならない。彼らにとっては「今ここ」で彼らが操るしゃべる言葉がすべてである。彼らはその言葉が、「今ここ」にない目の前に曝《さら》された時、どれほどよって立つところのない言葉であるかには気がつかない。

わたしは日本の「今」と「ここ」を生きて来ることのできなかった人間である。漱石の「言葉」がそのような人間にもまっすぐ語りかけてくれるとしたら、それは当時漱石が、当時の日本の「今ここ」にある言説空間に向かって書かなかった故にほかならない。このような作家の書く言葉はしばしば簡単には翻訳され得ない。だがそういう作家だけが時間の流れにも空間の広がりにも耐え、世界性をもちうるのである。

ユダヤ教が世界宗教のキリスト教となる契機は、パリサイ人批判にあった。パリサイ人とは一般的に偽善者と呼ばれるものである。だが彼らは実は「文士」なのである。安息日に何をすべきで何をすべきでないかを論じ合う彼らは、外部の人間には意味をなさないルール内でのゲームにうち興じる人たちにほかならない。キリストは「文士」たちのルールの恣意《しい》性を指摘することによって、ユダヤ人以外の「人間」にユダヤ教の門を開いた。ところで、キリストにこのような「文士」批判を可能にさせたのは神ではない。それは旧約聖書に書かれている「言葉」なのである。パリサイ人は始終イエスに難問をふっかけて来るが、イエスの答は決まっている。かれは聖書の「言葉」を引用して、「あなたがたはこう書かれているのを読んだことがないのか」と言うのである。すなわち、(5)キリストの世界性とは「読むこと」の結果なのだ。それは「今」と「ここ」から離れた所にある「言葉」との交流から生まれたものである。

（水村美苗『日本語で読むということ』による）

（注）『續明暗』――一九九〇年刊行の長編小説。夏目漱石『明暗』の続編という体裁をとる。

問

(A)　――線部(1)について。このような感情の生じる理由は何か。最も適当なものを、次のうちから一つ選び、番号で答えよ。

1　十代の頃からアメリカで教育を受けた著者は、日本語で文章を書いたことがほとんどなかったから。
2　本の背表紙が、著者にめまいを覚えさせるほど強い無言の圧力を加えてくるから。
3　日本語の書物は、国際語である英語のような普遍性をもつことが難しいから。
4　外国で日本人であり続けようとした著者には、今の日本の書物に精神的な親密さを感じられないから。
5　大量の本は著者の長年の愚かしさを自覚させ、著者を暗い思いへと導くから。

(B)　――線部(2)について。著者は何のためにこのような行動に出たのか。句読点とも四十字以内で説明せよ。

(C) 空欄 [　] にはどのような言葉を補ったらよいか。最も適当なものを、次のうちから一つ選び、番号で答えよ。

1 恣意的　2 暗示的　3 刹那《せつな》的　4 強制的　5 変則的

(D) ――線部(3)について。なぜ著者は「無意味」と感じるのか。最も適当なものを、次のうちから一つ選び、番号で答えよ。

1 「閉ざされた言語空間」から抜け出そうとしても、その意義を理解する日本人は少ないから。
2 英語で書くほうが商業的に有利なのに、日本語をわざわざ選びとってしまったから。
3 日本語で書くにはアメリカに目をつむるぐらいの覚悟が要るのに、日本の言説空間にはそれがないから。
4 今の荒廃した日本語では、もはや漱石のような超然とした精神を身につけられないから。
5 日本語で書くことを試みたところで、その日本語は外の世界とすでに関連しなくなりつつあるから。

(E) ――線部(4)について。その説明として最も適当なものを、次のうちから一つ選び、番号で答えよ。

1 「文士」など畏れるに足りないことが分かっている人たち
2 漱石のように「人間」を根気よく押す「牛」になれる人たち
3 作家にとって完全には見通せない他者にあたる人たち
4 「今ここ」から離れた所にある言葉と交流できる人たち
5 よって立つところのない言葉を自己批評できる人たち

(F)　――線部(5)について。そのように言える理由は何か。最も適当なものを、次のうちから一つ選び、番号で答えよ。

1　聖書の言葉を「読むこと」ができたのは、世界宗教を開いたイエスだけだから。
2　イエスはいつも同じ返答をすることによって、パリサイ人の世界性を覆《くつがえ》したから。
3　聖書を「読むこと」は、時間の流れにも空間の広がりにも耐える世界性の獲得によって可能となるから。
4　イエスは神の名のもとで聖書を読み解くことで、「文士」のサークルを超えた世界性に到達したから。
5　「今ここ」の言説空間から離れた言葉との交流が、イエスを内輪のルールの外部に導いたから。

(G)　次の各項について、本文の内容に合致するものを1、合致しないものを2として、それぞれ番号で答えよ。

イ　日本の「閉ざされた言語空間」で流通する言葉は、簡単には翻訳することができない。
ロ　移民精神をもたない両親のおかげで、著者は母国語としての日本語を労せずして身につけられた。
ハ　著者が日本語を使ってものを書くのは、決して必然ではない。
ニ　旧約聖書を読んだことのなかったパリサイ人に、イエスは聖書の言葉を教えた。
ホ　漱石が文学によって動かそうとした相手は、大衆でも知識人でもない。

二　左の文章を読んで後の設問に答えよ。（**解答**はすべて**解答用紙**に書くこと）

そもそも人間は技術を支配している（使っている）のだろうか。それとも技術に支配されている（使われている）のであろうか。通常、われわれは、人間が技術を「支配」している、つまり、便利な道具として使用していると思っている。技術は本質的に道具として使用するものだ、という理解がずっとある。だがしかしまた、われわれは今日、高度な技術がなければ生活できなくなっているのも事実であろう。電気にせよ様々な生活上の器具にせよ、もはや技術がなければ日常生活さえ成り立たない。その意味では、われわれの生活は完全に技術に依存しているといえよう。さらにいえば、核抑止や軍事技術に、われわれの「平和」も委ねられ、また文明の「破壊」も委ねられている。とするなら、われわれの生は、ほぼ全般的にこれらの技術次第だということになるであろう。われわれの生の技術への依存は、決してＡＩに始まったことではない。

支配されるとは、自分自身ではない何ものかに従属することである。自らの決定権を失うことである。自律的な決定可能性を自由というならば、自由を失うことである。その意味で、依存とは自由の喪失である。かくて技術の展開には二つの面が張り合わされていることになろう。

ひとつは、技術は、自然がもたらす偶然性からの人間解放を意味し、自然に従属した生の不安定性を解消する手段であった。それは人間理性の展開であり自由の拡大である。農耕革命から始まり、科学革命、産業革命と続く人類の文明化の歴史とは、技術革新による活動範囲や幸福可能性の拡大であった。

しかしまた逆に、その道具を生み出す理性の展開が、人間を技術に依存させ、逆に自由を奪ってゆく。人間は技術がもたらす生産システムに(イ)シバられ、技術の産物に生を委ねる。いつの間にか技術がなければ生きていけなくなる。これは、人間の生の命綱を技術の展開に預けようとする近代社会の特徴的な逆説にほかならず、『啓蒙の弁証法』においてアドルノ(注1)とホルクハイマー(注2)が強く主張したことであった。

こうして、(1)技術についての楽観主義と悲観主義が存在するのだが、そのどちらに立とうが、ここで、すでにひとつの見方が前提とされていることに注意しておきたい。それは、まずもって技術を自然の制約からの解放の手段と見る、ということだ。技術が逆説的に人間をシバり付けるようになるとしても、それは予期せぬ結果であって、まずは自然的条件からの人間解放こそが文明化であり、そこに技術の本質があるというのだ。

だがそういった時に、ここにひとつの前提が隠されていることになる。それは、自然は人間の生を拘束するものであり、技術は、人間の生を解放するべく自然と対立するというのである。人間は技術を介して自然と対立するということだ。

(2)だが、本当にわれわれは技術をそのように理解してよいのだろうか。技術を、自然の制約からの解放の手段とし、富や豊かさを生み出す道具として見てよいのだろうか。そのような見方そのものが、実は「現代」の立場に立った歴史の(ロ)ソキュウに過ぎないのではなかろうか。それは、今日のこの時代の技術の理解の仕方をさかのぼってその原初に当てはめているだけではないのだろうか。これでは、真に重要なことが隠されてしまうのではなかろうか。

技術を人間の能力を高める道具と見る見方は、ハラリ（注3）が、今日の新技術について次のように述べる場合にも当てはまる。

彼はいう。神を追放した近代社会は、人間を世界の中心に据えた。人間は、高度な理性と想像力を駆使して自らの環境を自らの幸福のために造り変えてきた。だが、この「人間至上主義」は、ついに最後の領域にまで手を染めるに至った。生活を便利にし、自由を拡大し、富を蓄積してきた人間に最後に残された領域が、寿命や生命そのもの、それに知的な能力に関わるもの、つまり、「人間そのものの高度化」であった。

そこで、生命技術によって死を克服し、知能を最大限に高め、人工知能（ＡＩ）を人間の代理として人間のなしえなかった事柄を実現しようとしている。つまり、人間は自らが生み出した技術という道具を最大限に活用して人間の「完全性」へ向けて飛躍しようとしている。(3)自らが神になろうとしている。こういうのである。

人間が人間を超えようとする。これは一種のパラドックスであるともいえるし、人間の根源的な欲望への回帰ともいえるだろう。ニーチェ（注4）が洞察したように、「神を殺した」人間の無意識の欲動が、神の完全性に対する人間の深いルサンチマン（注5）にあったとすれば、神の殺害動機は、神になりたい、という人間の(ハ)ジョウキを逸した願望に発するとしても不思議ではない。

そして、自らを「神」の位置につけることを企む人間は、何とも皮肉なことに、人間自身を脳内の情報処理と情報伝達系へと縮減し、最終的には、自らをあらゆるデータの中に溶かし込んでしまうのだ。神に近づこうとする人間は、実は人間からそのもっとも「神的なもの」つまり「精神」を奪い取ることになる。(4)ハラリはそれを「データ教」という。「精神」は「データ」に置き代えられる。確かに、偶然的なもの、偶発的なものを排除して「完全性」を求めれば、確実なものは、ただただ蓄積されたビッグデータだけ、ということにもなろう。

これでは人間はほとんど脳科学やＡＩ技術、コンピュータの奴隷ではないか、といいたくもなるが、それにもかかわらず、人間の合理的能力の信奉者は、世界の主体はあくまで人間である、という考えを手放そうとはしない。神のごとき完全性を手に入れることは、絶対的な自由を手にすることであり、技術こそがその自由を現実化する手段だという。

そうだとすれば、仮に人間の生み出した技術が何か大きな問題をもたらすとしても、この同じ「人間至上主義」によって、われわれは、それを解決できるだろう。なぜなら技術の「主人」はあくまで人間だからだ。技術を適切に使うことで技術のもたらす隘路《あい》からも脱出できるだろう、と楽観主義者はいう。人間の理性とさらなる高度な技術が問題を解決するだろう。彼らはこういう。

しかし、われわれは誰もが、事態はそれほど容易ではないことを知っている。理由は簡単だ。もともとこの世界において、「人間」だけが世界の外に立って平然と超越的な立場におれるはずなどないからである。まさに「人間」は、「世界の内にある存在」であって、常に環境との相互作用の中で生きている。環境に働きかけるために人間が生み出した装置が技術であるとすれば、それが意味するのは、人間と技術は切っても切れない相互作用の関係にある、ということであろう。この単純な一事をとってみても、人間が技術を生み出すと同時に、人間は技術に規定されるほかないことがわかる。したがって、技術が環境に作用する度合いが高くなればなるほど、人間はそれだけ多く技術に規定されることにもなる。まさしくそういう矛盾した両義性を人間に強いるのが近代社会なのである。

(佐伯啓思『近代の虚妄　現代文明論序説』による)

(注) 1 アドルノ――テオドール・アドルノ。ドイツの哲学者、社会学者(一九〇三~一九六九)。
2 ホルクハイマー――マックス・ホルクハイマー。ドイツの哲学者、社会学者(一八九五~一九七三)。
3 ハラリ――ユヴァル・ノア・ハラリ。イスラエルの歴史学者(一九七六~)。
4 ニーチェ――フリードリヒ・ニーチェ。ドイツ出身の哲学者(一八四四~一九〇〇)。
5 ルサンチマン――弱者が強者に対して抱く恨みや嫉妬心のこと。

問

(A) ══線部(イ)~(ハ)を漢字に改めよ。(ただし、楷書《かいしょ》で記すこと)

(B) 〰〰線部の意味として最も適当なものを、次のうちから一つ選び、番号で答えよ。

1 袋小路　2 分かれ道　3 狭い道　4 迷路　5 落とし穴

(C)　――線部(1)について。その説明として適当でないものを、次のうちから一つ選び、番号で答えよ。

1　技術はわれわれの生を安定化する手段であると同時に、われわれの自律的な決定可能性を奪ってゆくものでもある。

2　技術は人間の幸福可能性を拡大すると同時に、個々人の生だけでなく文明の帰趨を握るようにもなってしまっている。

3　技術は人間が環境を自らの幸福のために造り変える道具であると同時に、人間から決定権を奪ってゆくものでもある。

4　技術によって人間が自然の制約から解放されると同時に、生産システムが人間や技術を拘束してしまっている。

5　技術によってわれわれの生活が便利になると同時に、われわれの日常生活が技術に完全に依存してしまっている。

(D)　――線部(2)について。具体的にはどのように理解することか。その説明として最も適当なものを、次のうちから一つ選び、番号で答えよ。

1　技術が自然的条件から人間を解放するのは、人間が技術を支配すると同時に技術が人間を支配する関係にあるからだと理解すること。

2　技術が人間を支配するようになるのは、自然的条件からの人間解放が文明化であり、そこに技術の本質があるからだと理解すること。
3　技術は自然がもたらす偶然性から人間の生を解放するものの、同時に自然と対立して破壊してしまうものだと理解すること。
4　技術は人間と自然との対立を媒介するものであり、自然によって拘束されてきた人間の生を解放するものだと理解すること。
5　技術は自然への従属から人間を解放する反面、人間を技術に依存させ、逆に自由を奪ってゆくものでもあると理解すること。

(E)　――線部(3)について。その説明として最も適当なものを、次のうちから一つ選び、番号で答えよ。
1　人間は生命技術やＡＩを用いて、不老不死や全知全能を追求し、いかなる制約も受けない絶対的な自由を獲得しようとしている。
2　人間は生命技術やＡＩを駆使して、自らの幸福のために環境を自由自在に造り変えることができる存在になろうとしている。
3　人間は神の完全性に対する深いルサンチマンから、生命技術やＡＩを用いて、神を殺害して自らがその地位に就こうとしている。
4　人間はデータ世界における神のような存在になるために、生命技術やＡＩを用いて、自らをデータに溶かし込もうとしている。

5　人間は技術に対する支配を維持し続けるために、生命技術やＡＩを用いて、死を克服し、知能を最大限に高めようとしている。

(F)　――線部(4)について。ここでハラリが「データ教」と表現している理由として適当でないものを、次のうちから一つ選び、番号で答えよ。

1　これまで「神的なもの」の位置にあった人間の精神が、新技術によってデータに置き代えられようとしているから。

2　自身を脳内の情報処理と情報伝達系に縮減しようとする思想に、神に近づこうとする宗教と同様の構造が見られるから。

3　人間の合理的能力の信奉者は、偶然的なものや偶発的なものが排されたデータに神的なものを見いだしていると考えられるから。

4　ＡＩを利用する人間は、ビッグデータの蓄積によって自らの完全性を目指すことに、宗教的な崇高性を認めているとみられるから。

5　近代の人間は、精神をデータに置き代えて自らの不完全性を克服し、それによって神に救済されると信じているように思われるから。

(G)　次の各項について、本文の内容と合致するものを1、合致しないものを2として、それぞれ番号で答えよ。

イ　今日われわれはコンピュータを用いて幸福可能性を拡大させているが、また逆にコンピュータに依存しているともいえる。

ロ　技術は自然の制約から人間を解放する手段であるという理解は、現代のものの見方を過去に当てはめているだけである。

ハ　人間と環境は相互作用の関係にあり、技術が環境に作用する大きさに比例して、人間が技術に規定される度合いも大きくなる。

ニ　AI技術は、完全性を求めて人間の精神をデータに置き代えようとしているが、世界の主体はあくまで人間であり続ける。

ホ　AI技術は、人間に残された最後の領域に手をつけるものであるが、それが人間を解放して自由にするような単純な話ではない。

三　左の文章は『飛騨匠物語《ひだのたくみものがたり》』の一節で、名工である猪名部墨縄《いなべのすみなわ》の鼻を明かそうとする郡司二人が檜前松光《ひのくまのまつみつ》という名工を連れて墨縄の家を訪れる場面である。これを読んで後の設問に答えよ。（解答はすべて解答用紙に書くこと）

松光がいはく、「おのれも小刀の細工は(1)人に負くべしともおぼえ候はず。今日ここに参りて候ふは、そこと匠《たくみ》の道をくらべて負けたらん方はこの後弟子となりて、仕うまつるべく存じて候ふ。いかに試みてみ給はんや(a)」と言へば、墨縄がいはく、「人ときしろひ争はんはおのれが好む所に候はず。(2)この儀においてはゆるし給はるべし」と言ふ。松光心に思ひけるは、(3)さてはきやつおのれにおよばざるをはかり知りて、謙退にかこつけて勝負をのがれんとするなりと思ひて、また言ひけるは、「かつは稽古のためにも候へば、ひたすら互ひに手なみの程をくらべたく候ふ」と言ふ。二人の郡司(4)もともどももよほせば、墨縄(5)せんかたなくて、「さらば仰せにまかせてん(b)。何事をなして勝負を定むべき」と言へば、松光ふところより木もてつくれる蟹《かに》を取り出して言ひけるは、「これはおのれ多年思ひをつみてこしらへつくれる物なり」と言ひさま蟹の腹なるつまみのごとき物をよくねぢて畳の上に置けば、この蟹足を動かして走ることさながら生きたる物のごとし。郡司ら興に入りてほむれば、松光したり顔して、「この蟹にくらぶべき物つくり給はば見せ給へ」と言ふ。墨縄「われも都人の所望によりて蟹をつくりて候ふ。見せ参らせん」とて、箱ひとつとり出して松光が前に置きつ。松光蓋《ふた》をとれば、蟹おのれと踊り出て走る。人々目をつけて見れば、この蟹壁をはひのぼりて泡を吹きはさみをあげつつ天井をさかさまに這《は》ひてつたひゆく。しばしありてまた壁をつたひ下りて畳の上を走る。墨縄箱を取つて蟹の前にさしつくれば、踊りて箱の内へ飛び入りつ。さて蓋をおほひてとりをさめければ、二人の郡司ら(6)あさみおどろくこと大方ならず。松光まづ初めのたびに負けぬれば(7)少し赤面したりけるが、へらぬ体にて言ひけるは、「機関《からくり》は小児の玩具《もてあそび》なればたくみなるも世に用なし。これを見給へ」とて、きぬに包みたる物を取り出でてうち開けば、舞楽の蘭陵王《らんりょうわう》(注1)の面なり。見るよりおそろしく身の毛よだちて郡司らふたたび面をむけず。墨縄うち見て、「まことによくつくられたり。おのれも戯れに前につくりおきたる物候ふ」とて、これもきぬに包みたる物をとり出でて、紐《ひも》ときて打ち開けたれば、ただ今斬りたら(c)んとおぼゆる歳《とし》五十ばかりと見ゆる女の頭なり。(8)何とやらん血臭き心地さへすれば、郡司らは見だにやらず。あなたをむきて居り。松光手にとりあげ見て、「これはつくれる物とは覚え候はず。まさしく女の頭に候はん。いづれよりとり出で給ひし。あな忌々し」と言ひてさし置きければ、墨縄がいはく、「もとより真の頭にては候はず。おのれがつくれる所なり。内は［　　］にて、鈴を入れおきたれば、ふりて見給へ」と言ふに、とりあげて打ちふり見れば、鈴の音ころころとなりければ、はじめてつくれる物とはしりぬ。松光さばかり(注2)張りだましひなる男なれども、この細工におどろきて、(9)とてもわれこの者の上に立ちがたしと思ひけり。

（注）1　蘭陵王――舞楽の一つ。美貌を隠すために恐ろしげな面を付けて戦ったという伝説に基づく。

2　張りだましひ――負けず嫌い。

問

(A)　――線部(1)の現代語訳として最も適当なものを、次のうちから一つ選び、番号で答えよ。

1　人に負けても構わないと思ったことはありません
2　人より劣った方が良いとも思っておりません
3　人より劣るだろうとも思っておりません
4　人に負けたであろうことも覚えておりません
5　人に負けるだろうと言われた記憶はありません

(B)　――線部(2)の表す内容として最も適当なものを、次のうちから一つ選び、番号で答えよ。

1　郡司に判定されること　　2　争いが嫌いなこと　　3　負けた方が弟子となること
4　今すぐに争うこと　　5　腕くらべをすること

(C)　――線部(3)の解釈として最も適当なものを、次のうちから一つ選び、番号で答えよ。

1　墨縄は、私の実力にはかなわないことを察知して
2　墨縄は、私がこれ以上勝負を要求しないと高をくくって
3　墨縄は、自分自身の名声には関係ないことだと安心して
4　墨縄は、自分自身に危害が加えられることはないと予想して
5　墨縄は、自分自身の力が以前より衰えていることを自覚して

(D)　――線部(4)の現代語訳を六字以内で終止形で記せ。ただし、句読点は含まない。

(E)　――線部(5)の現代語訳として最も適当なものを、次のうちから一つ選び、番号で答えよ。

1　迷いが消えて　2　どうしようもなくて　3　怒りを抑えられなくて
4　待ちきれなくて　5　味方もいなくなって

(F)　――線部(6)について。二人の郡司はどのようなことに驚いたのか。その説明として最も適当なものを、次のうちから一つ選び、番号で答えよ。

1　都人が所望したはずの蟹を、墨縄が手元に置いていたこと
2　自分たちの予想とは異なり、蟹がまったく逆の方向に動いたこと
3　作り物の蟹が泡を吹き、自ら複雑に動き回ったこと
4　墨縄が許可を得ないで、蟹を箱にしまってしまったこと
5　松光が蟹を題材とすることを、墨縄が事前に察知していたこと

(G)　――線部(7)について。松光はなぜこのような状態になったのか。その理由の説明として最も適当なものを、次のうちから一つ選び、番号で答えよ。

1　墨縄が何を披露するのか確かめた後で、より優位になるものを出せばよかったと後悔したから
2　実は墨縄が入念に準備しており、もったいつけて蟹を箱から取り出したことに怒りを覚えたから
3　作り物の蟹だと分かっているのに、思わずびっくりして逃げ回ってしまったことが照れ臭かったから

4　大口を叩いたにもかかわらず、いきなり墨縄に格の違いを見せつけられてきまりが悪くなったから
5　勝つことを期待する二人の郡司がいる前で、生まれて初めての敗北を喫して恥ずかしくなったから

(H)　——線部(8)の現代語訳として最も適当なものを、次のうちから一つ選び、番号で答えよ。
1　なんとなく血生臭い気もしてきたので、郡司達は顔をそむけようとするも目を離すことができない
2　なんとかして血生臭さだけでも感じさせれば、郡司達はこれ以上見るのをやめるのだが
3　どのようにして血生臭さまで感じさせたのか、郡司達は見当もつかない
4　どうしたわけか血生臭さまでも感じられるので、郡司達は目を向けることすらしない
5　どうしても血生臭さを感じてしまうので、郡司達はせめて見るのだけはやめようと思う

(I)　空欄 □ にはどんな言葉を補ったらよいか。最も適当なものを、次のうちから一つ選び、番号で答えよ。
1　うつろ　2　外　3　いつはり　4　血　5　秘伝

(J)　——線部(9)について。ここで松光が思った内容を表す言葉として最も適当なものを、次のうちから一つ選び、番号で答えよ。
1　悲観　2　屈服　3　自失　4　感動　5　発心

(K)　═══線部(a)〜(c)について。文法上の意味の組み合わせとして最も適当なものを、次のうちから一つ選び、番号で答えよ。
1　a　意志　b　推量　c　当然

2　a　意志　b　当然　c　勧誘
3　a　当然　b　意志　c　推量
4　a　勧誘　b　推量　c　意志
5　a　勧誘　b　意志　c　推量

(L)　次の各項について、本文の内容と合致するものを1、合致しないものを2として、それぞれ番号で答えよ。

イ　墨縄は、松光に勝つことが分かっていたので当初勝負する気にならなかった。
ロ　松光は、勝負は技芸を磨く修行にもなると主張して墨縄に勝負を迫った。
ハ　墨縄の作った蟹に目を取り付けると、壁を登って泡を吹き出し始めた。
ニ　墨縄は、松光が作った蟹と面をそれぞれ褒めた上で自分の作品を示した。
ホ　松光は、墨縄の披露した頭部を本物だと思い込んだ。

二月九日実施分

解答

一

出典　水村美苗『日本語で読むということ』〈『續明暗』のあとに〉（筑摩書房）

解答

(A)　4

(B)　十二歳で渡米後もアメリカ人にならず、日本語を母国語に持つ日本人として生きるため。（四十字以内）

(C)　1

(D)　5

(E)　3

(F)　5

(G)　イ―2　ロ―2　ハ―1　ニ―2　ホ―1

◆要　旨◆

十二歳から大学院を出るまでアメリカで教育を受けてきた著者は、当然のように日本語を母国語とする日本人であろうとし、ひたすら日本に目を向けてきた。しかし日本の雑誌に書く機会を得た頃から、英語でものを書く自分を想起し、日本の本屋に入る度に「今ここ」の閉ざされた言語空間しか持ち得ない日本語を選択したことに困惑を感じ、自分と世界との関係が断絶されたような心細さに襲われる。それを覆す力を持つものの一つに漱石のテクストがある。彼がいつかどこかで自分の本を読み得る「今ここ」にない人たちとの交流を目指して書いた言葉は、時間の流れにも空間の広がりにも耐えて世界性をもちうる。

▲解　説▼

(A)　著者が日本の本屋に入ったときに「疎外感」が生じる理由を説明する問題である。「疎外感」とは傍線部(1)と同じ段落にあるように「まるで本の背表紙がスクラムを組んでわたしに背を向けているような」気持ちであり、著者は「一体これらの本とわたしとはどう関係があるのだろう」と感じている。つまり著者は日本の書籍と自身との間に隔たりを感じているのである。よって正解は4である。なお、5も傍線部(1)の直後の文の内容と一致するが、これは「疎外感」を感じた後に生じる感情であり、「疎外感」が生じる理由にはならないため誤りである。

(B)　著者が「アメリカの男の代わりに日本の文学とばかり付き合った」目的を説明する問題である。傍線部(2)の直前の二文を見ると「十二歳からの年月をすべて、自分がアメリカ人にならないということだけを目的に」「アメリカに目をつむり、ひたすら日本に目を向けた」とある。また、傍線部(2)を含む段落の直前の段落を読むと「アメリカ人にならない」とは「自分が日本人であること」「自分の母国語が日本語であること」を「当たり前」のこととして生きることだとわかる。これらを指定字数でまとめるとよい。なお、傍線部(2)に「日本の文学」という表現があるため、〔解答〕では単に〈日本人として生きる〉とせず、〈日本語を母国語とする〉という内容も加味してまとめた。

(C)　空欄の前後を確認すると、空欄には「わたしと日本語の関係」を表す語句が入るとわかる。第六段落（わたしの両親は、…）を読むと、著者にとって日本語は「当たり前」に「母国語」であったことがわかる。それは「日本人であることに何の疑問を持つこともなかった」両親の影響によるもので、意図的な選択ではない。また、空欄を含む段落には「もの書きが使う言葉は母国語はおろか第一言語である必然性すらない」とあり、著者が日本語を使う必然性はない。それに気づいた著者は自身と日本語との関係を〈偶然的〉つまり「恣意的」な関係だと感じるのである。よって正解は1である。

(D)　著者が自身の人生を「無意味」だと感じた理由を説明する問題である。傍線部(3)を含む一文を確認すると、そう感じたことで「はかなくなる」とある。これはその直前の文にある「心細い気持ち」と一致する感情である。つまり著者は「日本語を選びとってしまったことによって、世界そのものと切れてしまったような」不安を感じているのである。よって正解は5である。

(E)「誰だか解らない故に畏れねばならない人たち」を言い換える必要がある。これは傍線部(4)を含む段落の直前に引用される「漱石が『明暗』を執筆している最中に書いた手紙」にある「人間」のことであり、傍線部(4)の直前に「誰だか解らないがいつかどこかで自分の本を読み得る人たち」で、「昨日電車で隣り合わせた」り、「五十年後、見たこともない国に生まれ」たりする人たちである。つまり時間的にも空間的にも作家から離れており、完全に見通せない人である。よって正解は3である。4も内容は近いが、作家についての言及がないため誤り。

(F)まず傍線部(5)「キリストの世界性とは『読むこと』の結果」をわかりやすく言い換えると〈キリストは聖書を読むことで世界性を獲得した〉となる。そして傍線部(5)の直後の文を読むと「聖書」とは「『今』と『ここ』から離れた所にある『言葉』」だとある。また傍線部(5)を含む段落の直前の段落に「当時の日本の『今ここ』にある言説空間に向かって書かなかった」漱石の言葉は「時間の流れにも空間の広がりにも耐え、世界性をもちうる」とある。つまり漱石の言葉と聖書の言葉はともに、読み手に時空を超越させて「世界性」を与えるものなのである。よって正解は5である。

(G)まず合致しないものについて、イは「日本の『閉ざされた言語空間』で流通する言葉」が誤り。正しくは第十二段落〈わたしは日本の…〉にあるように「『今ここ』にある言説空間に向かって書か」れなかった言葉である。ロは「労せずして」が誤り。第六段落にあるように、著者は日本語を母国語とすることに「かなりのエネルギー」が必要だったと回想している。ニは最終段落の内容だが、「パリサイ人」が旧約聖書を読んだことがなかったかどうかは本文から判別できないため誤り。残る二つの選択肢については、ハは第八段落、ホは第十一段落の内容とそれぞれ合致する。

二

出典　佐伯啓思『近代の虚妄――現代文明論序説』〈第6章　科学技術に翻弄される現代文明〉（東洋経済新報社）

解答

(A)　(イ)縛　(ロ)遡及　(ハ)常軌

(B)　3

(C)　4

(D)　4

(E)　1

(F)　5

(G)　イ―1　ロ―1　ハ―1　ニ―2　ホ―1

◆要　旨◆

人間は技術を支配しているのか、それとも技術に依存しているのか。技術には、自然の偶然性に従属した生の不安定性から人間を解放するという楽観主義的側面と、活動範囲や幸福可能性の拡大をもたらす道具を生み出して逆に人間から自由を奪うという悲観主義的側面とがあるが、どちらも人間は技術を介して自然と対立するという前提がある。そして近代社会の「人間至上主義」は人間に絶対的な自由である神のごとき完全性の獲得を欲望させる。しかし「世界の内にある存在」である人間は環境との相互作用の中に生きており、技術が環境に作用すればするほど、人間は技術に規定されることにもなる。

▲解　説▼

(B)　「隘路」とは〝狭く険しい道・難関・ボトルネック〟の意であり、正解は3である。

(C)　技術についての「楽観主義」と「悲観主義」についてはそれぞれ第三段落、第四段落に述べられている。楽観主義は〈技術が自然の偶然性と自然に従属した生の不安定性から人間を解放する〉という考え方であり、悲観主義は〈技術が活動範囲や幸福可能性の拡大をもたらす道具を生み出す故に人間を依存させて自由を奪う〉という考え方である。4は「生産システムが人間や技術を拘束してしまっている」とあるが、生産システム自体が技術に内包されるものであり、それが拘束するのは人間だけである。よって正解は4である。

(D) 傍線部(2)の問題提起にある指示語「そのように」の内容を具体的に言い換える内容説明の問題である。指示内容は傍線部(2)を含む段落の直前の第五・第六段落に書かれている。「技術を自然の制約からの解放の手段と見る」「人間は技術を介して自然と対立する」というように技術を理解する、ということである。その内容に合致するのは4である。

(E) 人間が「神になろう」とするという内容は、第八段落以降に書かれるイスラエルの歴史学者ハラリの見解に基づくものであり、これ以降の段落を確認する。第九段落、第十段落によると〈神になる〉とは「寿命や生命そのもの」や「知的な能力」のような「人間そのものの高度化」を図ること、つまり「死を克服し、知能を最大限に高め」た「完全性」を獲得することである。また第十三段落に「神のごとき完全性」とは「絶対的な自由を手にすること」だとある。よって正解は1である。3も内容的には間違いではないが、神とはどんな存在かの説明にはなっていないため誤り。

(F) まず傍線部(4)にある指示語「それ」の内容だが、同じ段落の傍線部(4)の前に述べられる〈自らを「神」の位置につけることを企む人間が、自身を脳内の情報処理と情報伝達系へと縮減してデータの中に溶かし込み、人間のもっとも「神的なもの」である「精神」を奪い取ること〉である。これを「データ教」と表現する理由を考える。そもそも宗教とは〈人間の力を超える絶対的な存在を信仰すること〉であり、「データ教」の場合は「データ」が〈信仰の対象たる絶対的な存在〉となる。5は〈神の救済を信じる〉とあるが、「データ教」に神は不在のため、正解は5である。

(G) イは第一～四段落、ロは第七段落、ハは最終段落、ホは第九段落から最終段落にかけての内容と合致する。ニの「世界の主体はあくまで人間であり続ける」というのは、第十三段落にあるように「人間の合理的能力の信奉者」の見解であり、筆者はそれに否定的であるため、合致しない。

三

出典　石川雅望『飛騨匠物語』

解答

(A)　3

(B)　5

(C)　1

(D)　せきたてる（六字以内）

(E)　2

(F)　3

(G)　4

(H)　4

(I)　1

(J)　2

(K)　5

(L)　イ—2　ロ—1　ハ—2　ニ—2　ホ—1

◆全　訳◆

松光が言うことには、「私も小刀の細工は人より劣るだろうとも思っておりません。今日ここに参っておりますのは、あなたと匠の道を比べて負けたほうはこの後（勝ったほうの）弟子となって、お仕えするのがよいと存じております。さて試みてごらんになりませんか」と言うと、墨縄が言うことには、「人と競い争うようなことは私の好むところではございません。この件に関してはお許しをいただきたい」と言う。松光が心の中で思ったことは、さてはこいつは私にかなわないのを察知して、謙遜にかこつけて勝負をのがれようとするのだと思って、また（松光が）言ったことは、「一方では稽古のためでもございますので、ぜひ互いに手並みの程度を比べたいのでございます」と言う。二人の郡司もそろって（勝負を）せきたてるので、墨縄はどうしようもなくて、「それならばお言葉にまかせましょう。どのようなことをして勝負を決めましょうか」と言うと、松光はふところから木で作った蟹を取り出して言ったことは、「これは私が長年心を入れてこしらえ作った物です」と言うやいなや蟹の腹にあるつまみのような物をしっかりとねじって畳の上に置くと、この蟹は足を動かして走ることはまるで生きている物のようである。郡司たちはおもしろがって褒めると、松光は得意顔をして、「この蟹と比べ物になる物をお作りになるならばお見せください」と言う。墨縄は「私も都の人の望みによって蟹を作ってございます。お見せいたしましょう」と言って、箱を一つ取り出して松光の前に置いた。松光がふたを取ると、蟹がひとりでに踊り出て走る。人々が注目して見ていると、この蟹は壁を這い登って泡を吹きはさみを上げながら天井を逆さまに這ってつたっていく。しばらくして（蟹は）また壁をつたい下りて畳の上を走る。墨縄が箱を取って蟹の前に差し出すと、（蟹は）踊るように箱の中へ飛んで入った。そうしてふたを覆って（蟹を中に）収めたところ、二人の郡司たちが驚きあきれることは並み一通りではない。松光はなんといっても初めの勝負から負けてしまったので少し赤面していたが、気後れしない様子で言ったことは、「（しょせん）からくりは子どものおもちゃなので優れていても世の中では役に立たない。これをご覧なさい」と言って、絹布に包んである物を取り出して開けると、舞楽の蘭陵王の面である。見るからにおそろしく身の毛がよだって郡司たちは二度と顔を向けない。墨縄は（その面を）ちらっと見て、「ほんとうによくお作りになった。私も戯れに以前作っておいた物がございます」と言って、これも絹布に包んである物を取り出して、紐を解いて開いたところ、たった今斬ったのだろうと思われる歳が五十くらいと見える女の頭である。どうしたわけか血生臭さまでも感じられるので、郡司たちは目を向けることすらしない。あちらを向いて座っている。松光は（女の頭を）手に取り上げて見て、「これは作り物とは思われません。まさしく（本物の）女の頭でございましょう。どこから取り出しなさったのか。ああいまわしい」と言って（畳の上に）置いたところ、墨縄が言うことには、「もちろん本物の頭ではございません。私が作った物です。中は空洞であって、鈴を入れておいたので、振ってごらんなさい」と言うので、（松光が女の頭を）取り上げて振ってみると、鈴の音がコロコロと鳴ったので、（そこで）初めて作り物だとわかった。松光はそれくらい負けず嫌いの男であるが、この細工に驚いて、とうてい自分はこの者の上に立つことはできないと思った。

▲解　説▼

(A) 松光が墨縄に勝負を挑んで言った言葉である。自分は小刀の細工に関しては人に負けるだろうとは思っていないということを言っている。〈人に負ける〉は〈人より劣る〉と言い換え可能。「べし」は推量の意。２・４は文脈に合わない。１は「…ても構わない」が「べし」の意味に合わない。５は「人に…言われた」と受身の意味になる語句は含まれていない。

(B) 「儀」とは〝ことがら〟の意。松光が墨縄にもちかけた「匠の道をくらべ」ることを指す。墨縄は「人ときしろひ争はん」こと、すなわち人と競い争うことが好きではないという理由で、「この儀」をお許しいただきたいと請うのである。ここでの「ゆるす」は〝免除する〟の意。

(C) 「きやつ」は「かやつ（彼奴）」の転で〝あいつ・やつ〟の意。ここでは墨縄を指す。「おのれ（己）」は〝自分〟の意で、ここでは松光自身。「およばざる」は〝及ばない・かなわない〟、「はかり知る」は〝おしはかる〟の意。松光は、墨縄が自分に自信がないがために勝負をのがれようとしているのだと考えたのである。

(D) 「もよほせ」は「もよほす（催す）」の已然形で、現代では〝開催する〟〝そのような状態が起こる〟などの意味で用いられるが、この文脈にはそぐわない。リード文に「墨縄の鼻を明かそうとする郡司二人」とある。つまり、この二人はどうしても墨縄に松光との勝負をさせなければならない。墨縄が松光の挑戦を受けざるを得ない状況にもっていこうとしたのだから、ここの「もよほす」は〝せきたてる・催促する・うながす〟などと訳せばよい。終止形で記すことに注意。

(E) 「せんかたなくて」は形容詞「せんかたなし」の連用形に接続助詞「て」が接続したもの。「せんかたなし」はもともと、サ変動詞「す」＋婉曲の助動詞「ん（む）」の連体形＋名詞「かた（方）」＋形容詞「なし」が一語化したもので、

〝する方法がない〟、つまり〝どうしようもない〟と訳す。

(F) 直前に墨縄作の蟹の動き方が詳細に説明してある。箱のふたを開けると、蟹がひとりでに外に飛び出し、壁を這い登り、泡を吹き、はさみを上げながら天井を逆さまになって這って歩く。するとまた壁をつたって下りてきて畳の上を走り、自分で箱の中に飛び込んで収まる。この様子を見て郡司たちは驚いたのである。１・４・５は郡司が驚く内容として不自然。２は、蟹の動きに対する郡司の予想は書かれていないので不適。

(G) 直前に「初めのたびに負けぬれば」と「赤面」した理由が書かれている。「たび」は「度」。「初めのたび」で〝初回〟。墨縄に負けるとは思っていなかった松光は、最初の勝負で負けたので、「赤面」つまり恥ずかしくなったのである。

(H) 後半の「見だにやらず」の「だに」は、ここでは程度の類推を表し、〝～さえも〟の意。「見やる（見る＋やる）」という複合動詞の間に「だに」が割り込んでいる形である。「見やる」は〝視線をやる・目を向ける〟の意。つまり、「見だにやらず」で〝そちらの方に目を向けることもしない〟と訳す。目を向ける対象は、たった今斬ったと思われる生々しい女の頭（実は墨縄が作ったもの）である。１・２は見ているという意味になるので不適。３は的外れ。５は自分の意志で見るのをやめたという意味なので不適。「心地さへ」の「さへ」は副助詞で、古文では〝～までも〟と訳すということも選択肢吟味のポイントになる。

(I) 直後に「鈴を入れおきたれば」とあることに注目する。どこに入れておいたのかというと、作り物の女の頭の中である。ということは、女の頭の内部は空洞でなくてはならない。空洞の意味をもつ語は１の「うつろ（洞）」。

(J) 「この者」は墨縄。「立ちがたし（立ち難し）」は〝立つことができない〟。墨縄のとてつもない匠の技を目の当たりにして、とうてい自分はこの者に勝てないと思ったのである。つまり、墨縄に「屈服」したということ。

(K) (a)は、松光が腕比べをしようと墨縄を誘う文脈で用いられているので勧誘の意味。(b)は、墨縄が松光の誘いを受け、言う通りにしようと言っているので意志の意味。(c)は、女の頭の作り物に対して、そのリアルさをたった今斬ったのだろうと思われると表現している文脈で用いられているので推量の意味。

(L)

イ、墨縄が勝負をする気にならなかったのは、人と競い争うことが好きではないからという理由である。

ロ、本文初めの部分で、勝負を辞退しようとする墨縄に対して、松光は「かつは稽古のためにも候へば」と言っていることと合致。

ハ、本文の中ほど、墨縄の作った蟹が箱から飛び出す場面で「人々目をつけて見れば」とあるが、ここでの「目をつく」は〝注目する・関心を寄せる〟の意。蟹に目を取り付けたわけではない。

ニ、松光が作った面を見て墨縄は「まことによくつくられたり」と言って褒めたが、松光作の蟹に対して墨縄が褒めたという描写はない。褒めたのは郡司ら。「郡司ら興に入りてほむれば」とある。

ホ、本文最後のほうに松光の言葉として「これはつくれる物とは覚え候はず。まさしく女の頭に候はん」とあることと合致する。

❖講　評

一の評論は、学生時代の多くをアメリカで過ごしながらも、母国語を日本語とする日本人として生きることを選択した著者の、「今ここ」の閉ざされた言語空間に困惑する思いを綴った言語論からの出題。随筆的な要素もあり、比較的読解しやすい内容である。設問についても奇をてらったものはなく、丁寧に読解すれば解答はさほど困難ではないだろう。ただし(B)の記述問題については字数制限が厳しいため、必要な情報を取捨選択しまとめる能力が必要であり、慣れていない受験生には難しく感じられる可能性がある。

二の評論は、人間と技術との関係性を楽観主義、悲観主義という二つの側面から考察し、神のごとき完全性を手に入れようとする人間が、結局は環境に作用する技術に規定されることを述べた文明論からの出題。哲学者の思想にも言及するなど、専門的な内容を含んでいるが、読解が困難な文章ではない。ただし設問については、特に読解問題の選択肢に誤答を誘発するものも含まれており、本文との照合を丁寧に行う必要がある。

三の古文は、江戸時代の読本『飛騨匠物語』からの出題。二人の郡司が檜前松光という名工を使って猪名部墨縄の鼻を明かそうとするのだが、墨縄の腕のほうが松光よりも数段上で勝負にならなかったという話。難解な語句も少なく、比較的文脈はつかみやすい。(D)の記述現代語訳が少々難しいが、どのような状況で用いられた語句かをつかめば見当がつくだろう。(L)の内容真偽は、それぞれが本文のどの部分に相当するかをとらえ、本文の内容と細部まで照らし合わせる必要がある。

二月十二日実施分

問題

（七五分）

一　左の文章を読んで後の設問に答えよ。（解答はすべて解答用紙に書くこと）

一八世紀に選び取られましたのが、「自分らしさ」なるものを見出すという道だったのであります。「自分らしさ」なるものをあいだに立て、家庭と職場と政治のあいだの折り合いをつける、つまり、⑴生活の「交通整理」をすることが期待されたのであります。これは、生活のなかでいくつかの要求が衝突したとき、たとえば、「明日の子どもの運動会のために弁当の下ごしらえをしなければ」ならないのに、同時に「今日は残業をして明日の納期に間に合わせなければ」ならないというようなとき、いずれを優先するかをそのつど判断する尺度として機能することが期待されていたことになります。

そして、この新しい「自分らしさ」を見つけ出すプロセスと、このプロセスの結果として見出されるはずの「自分らしさ」こそ、本来の意味で「教養」と呼ぶべきものに他なりません。

ただし、御注意いただきたいのですが、この「交通整理」の能力――つまり、これが教養であるわけなんですが——この能力は、道徳とは関係ございません。いや、場合によっては、世間で普通に理解されている道徳と鋭く対立するものであります。かぎりなく道徳的だけれども無教養な人、こういう人はいくらでもおります。みなさんのまわりにも、きっといるでございましょう。「正直だけが取り柄」「嘘は許さない」というようなことを自慢している人、何か気に入らないことがあると、「神様はそんなことをお許しになりませんよ」というキリスト教風の紋切型を振りかざして周囲を威嚇する人、「温かい人情」がコミュニケーションの武器であると勘違いして、他人の生活に土足で踏み込む人……、(2)道徳的に「優秀」なこれらの人々は、現実の問題解決に関しては無能である場合が少なくありません。

また、誰とは申しませんが、「クリーン」であり道徳的であることを売りものにする政治家の多くが無能であること、無能であるがゆえに、その言動によってしばしば国益を損ってきたこと、これも御存知のとおりであります。

それとともに、道徳的な感受性という点では致命的な欠陥があるけれども、問題解決の能力という点では際立っている、そんな人もおります。そして、このような人のことを「教養ある人間」と呼ぶことはなんら差し支えないと私は考えます。

一つ例を挙げます。ここに、自分の利益しか考えない人がいるとします。彼女は、すべてを「得か損か」というただ一つの尺度で判断します。もちろん、彼女は、教養に対する要求とは無縁であります。彼女には、生活に統一感がないことに由来する悩みなどないからであります。

「得か損か」という観点からすべてを判断する人は、普通には、「損得でしかものを考えられない人」「教養の欠けている人」「かわいそうな人」であると信じられております。軽蔑と同情の対象と相場が決っております。不当にも、「俗物」などと言われることすらあります。しかし、(3)本当は、これは逆なんじゃないでしょうか。このような人は、「損得以外には何も考えずに済む人」「すでに教養を十分すぎるぐらい具えている人」であり、「幸せな人」ですらあるかも知れません。むしろ、教養の必要を感じている人の方が、不幸な人、困難な問題を抱えている人であるように思われます。

すべてを「得か損か」というただ一つの尺度で判断するには、(4)積極的な能力が必要となってまいります。「利己主義に徹する」「損得以外は何も考慮しない」というのは、大変に難しいことだからであります。言うのは簡単ですが、誰もが実行できることではございません。これは、一種の「名人芸」であります。どれほど「計算高い人」「ずるい人」であっても、自分の利益以外は見向きもしないというほどに徹底することはできないのが普通だからであります。どうしても他人の利益に目配りをしてしまいます。

損得でしかものを考えない人は、他人の目に「計算高い」「ずるい」と映ることが自分にとって「損」であることをよくわかっています。彼女は、計算高い人、ずるい人であると思われないよう、細心の注意を払うでございましょう。彼女が自分の損得しか考えない人間であることは、誰にも気づかれてはならないことだからであります。

彼女は、周囲の人間に損害を与えることによって利益を手に入れることもまた、慎重に避けるはずです。と申しますのも、周囲の人間に与えた損害が、巡り巡って彼女自身に及ぶ危険があるからであります。「この人に損害を与えて、あとで自分の利益が損われるようなことはないか」、彼女はこの点を用心深く吟味し計算するでございましょう。ですから、彼女は、親切で思いやりのある人、みなのことをよく考える気のきく人として、誰からも歓迎される人気者となるに違いありません。「冷たい」損得勘定を徹底させること、これはすでに立派な「教養」となるはずであります。

打算的であることは、教養があることと対立するものではありません。中途半端に打算的な人間、これは化けそこなったタヌキのようなものでございまして、太い尻尾が残ってしまっております。素姓が外から見えてしまいます。同情と軽蔑の対象になるのは、このような中途半端な打算でございます。

これに反し、完全に打算的な人間は、もはや打算的に見えることはありません。むしろ、道徳的にすら見えてまいります。本当は偽善者にすぎないとしても、であります。しかし、(5)偽善も、完成すれば道徳と区別がつかなくなってまいります。「偽善者め！」などと罵られる人の偽善というのは、中途半端な偽善にすぎません。

完全に打算的な人間、自分の利益以外には何も考慮しない人間は、「教養ある人間」であること、少なくとも「教養ある人間」を代表する典型の一つであること、このように考えることは不自然ではないように思われます。

「功利主義」という考え方がございます。人間の行動は快楽や利益によって導かれるものである、いや、快楽や利益によって導かれるべきものであるという考え方であります。この功利主義が誕生しましたのは、一八世紀後半のことであります。教養とほぼ時期を同じくして、思想の世界に姿を現しました。功利主義の基本的な考え方は、イギリスの思想家ベンサム（一七四八―一八三二）の著作、『道徳および立法の諸原理序説』という書物にまとめられております。教養と功利主義、両者がいずれも一八世紀後半に姿を現したこと、これは偶然でも何でもございません。教養と功利主義の背後には、共通の時代的な要請があったと考える必要があると私は考えます。

（清水真木『これが「教養」だ』による）

問

(A) ――線部(1)について。その説明として最も適当なものを、次のうちから一つ選び、番号で答えよ。

1 日常生活において生じる利害の対立を、誰にも不満が残らないよう解決する。
2 生活を送る上で両立不可能な要請に接したとき、いったん冷静になって考える。
3 様々な生活利益に原理的な優劣関係はないと考え、どちらを取るかを直感で決める。
4 生きる上で自己の利害を背後に退かせ、何事に対しても中立的な態度を取る。
5 生活する上で、物事の優先順位を首尾一貫した尺度に基づき判断する。

(B) ――線部(2)について。その説明として最も適当なものを、次のうちから一つ選び、番号で答えよ。

1 新たな道徳観念を他者と共同して生み出そうとする意欲を持つ。
2 世間一般でいう道徳を備え、これを他者にも押し付けようとする。

3　教養と道徳という本来は両立困難な素養をともに有している。
4　他者の利益を慮《おもんぱか》るあまり、自己利益の追求が疎かになっている。
5　通常の道徳のみならず、筆者が言う意味の道徳をも備えている。

(C)　――線部(3)について。その具体的な説明として最も適当なものを、次のうちから一つ選び、番号で答えよ。

1　損得勘定のみで生きる人をかわいそうだと思う人こそ、むしろ問題解決能力が低いかわいそうな人である。
2　打算的な判断を貫徹できる人は、真の意味で教養を備えていたとしても、そのことを他者から認識されない。
3　実際には、不道徳であるとか俗物であると考えられている人ほど、真の教養を備えていることが多い。
4　自己利益のみを尺度にして物事を考える人は、様々な問題に一貫した解決を与えられる幸せな人である。
5　教養のないかわいそうな人だと周囲から思われることで、かえって人は自己利益の追求に走るようになる。

(D)　――線部(4)について。その理由として最も適当なものを、次のうちから一つ選び、番号で答えよ。

1　人は往々にして他者の利益にも配慮しがちであるとともに、露骨な自己利益の追求がかえって損であることも多いから。
2　人は無意識のうちに利益衝突状況を処理することが普通であり、精確な損得勘定を怠ってしまいがちであるから。
3　一見すると自己利益にかなう判断が、価値判断の尺度の変化により、むしろ損害をもたらすおそれもあるから。

4 他人から「ずるい」と思われることに耐えるためには、自己利益の追求が道徳的に正しいことを確信する必要があるから。

5 他人に損害を与えて自分が利益を手に入れることから生じがちな罪悪感は、それ自体が大きな損失となりかねないから。

(E) ——線部(5)について。その内容を句読点とも三十五字以内で具体的に説明せよ。

(F) 次の各項について、本文の内容と合致するものを1、合致しないものを2として、それぞれ番号で答えよ。

イ 本来の意味での「教養」を身につけて初めて、「自分らしさ」を探す旅が始まる。

ロ 世間では、「クリーン」な政治家は教養があるものと信じられている。

ハ 他者の利益を優先することが、結局は自己利益の最大化につながることもある。

ニ 自己利益の追求を一貫した行動の指針とできる人には教養がある。

ホ 功利主義は一八世紀後半においては、最も望ましい道徳原理だと考えられていた。

二　左の文章は、モンテーニュ『エセー（随想録）』の一部を引用し、筆者の解釈や解説を述べたものである。これを読んで、後の設問に答えよ。（**解答はすべて解答用紙に書くこと**）

われわれは、その宗教が通用している国に、たまたま居合わせて、その歴史の古さやそれを守ってきた人々の権威を尊重しているにすぎないし、不信心者への脅迫を恐れたり、あるいは、その宗教が掲げる約束に従っているにすぎない。このような考慮は、われわれの信仰にもなされてしかるべきではあるものの、それは付帯的でなくてはいけない。それらは人間の関係ということにすぎないのだ。別の地域に生まれ、別の証拠を示されて、似たような約束と脅迫とを突きつけられたなら、同様の筋道をたどって、正反対の信仰を心に刻みこむかもしれない。われわれがキリスト教徒であるのは、われわれがペリゴール人（注1）とかドイツ人であるのと同じなのである。

（「レーモン・スボンの弁護」）

モンテーニュが生きた一六世紀のヨーロッパは宗教改革の時代だった。そして世紀後半のフランスは宗教戦争という内乱の時代だった。キリスト教世界の内部で、カトリックとプロテスタントの両陣営が凄惨な闘いを繰りひろげたのだ。「三人のアンリの闘い」とも呼ばれる、フランス宗教戦争の最終局面では、まず「旧教同盟」のギーズ公アンリが暗殺され、次いで国王アンリ三世が暗殺された。そこでアンリ・ド・ナヴァールがアンリ四世として即位するが、やがて一六一〇年には、彼も暗殺されてしまう。

このような陰惨な時代を生きた、ペリゴール人のモンテーニュは、宗教における党派の差を相対的なものとして見ようとする。右の引用の「ペリゴール人」はカトリックを暗示し、「ドイツ人」はルター派を暗示するのだが、たまたま生まれた場所が異なれば、われわれは別の宗派を信じたかもしれないではないか。宗派の差異などは、(1)その程度のものとして考えたらどうだろうかというのである。

彼にすれば、そのような「差異」は甘受すべきもの、あるいは認めるべきものなのである。

「世間の人は、自分という存在にしたがって、他人に判断をくだすけれど、わたしはこうしたまちがいはしない。他人については、自分とは異なることがずいぶんあるんだなと思ってしまうのだ。自分が、ある型にがちっとはまっていると感じてはいても、だれもがそうするように、それを人々に押しつけることはなくて、異なる生き方がたくさん存在するのだと思って、そのように了解する。世間一般とは反対に、われわれのあいだの類似よりも、差異のほうをすんなり受け入れるのだ」(「小カトーについて」)。

自分の「型」を他者に押しつける、あるいは自分の「型」から他者を判断して、排除に向かうこと。モンテーニュは、人間にありがちなそうした所作をしりぞけて、「差異」を受け入れる。ここで、「人間はだれでも、人間としての存在の完全なかたちを備えている」(「後悔について」)というモンテーニュのことばを思い出してほしい。

各人が人間存在として十全なかたちを備えているということは、人間の条件について、その多様性を担保していることになる。人間はさまざまな文化や環境のもとに生を享《う》け、実人生を生きていくが、そのだれもが人間としての十分条件を備えているということだ。ハンディキャップを負っている人も、逆に「文化資本」(注2)に恵まれた人もいる。人さまざまなのである。

そうした多様な「個」が、普遍的な人間存在を支えている。そうであるならば、(2)そのような人間社会に寛容性があることは、当然の結果ということになるであろう。要するに、個の尊重が全体の尊重に、あるいは、モンテーニュ的にいうならば、「わたし」を重視することが、「あなた」を、つまり「他者」を尊重することと　a　となっているのである。

このような思考法は、モンテーニュなしでも、理性から導けるのかもしれないが、少なくともわたしは、『エセー』を読むことで、こうした認識を獲得することができたということはいえる。

とはいえ、「類似」にこだわって群れを作り、「壁」を作り、「差異」を排除するほうが、ある意味で楽なのかもしれない。差異のある人々や、彼らの生活習慣を受け入れて共生すべきだと、口でいうのは簡単だが、真に実行するのはむずかしい。でもモンテーニュは、自分とは異なる人々に「好意を抱いて」、「想像力で、すんなりと彼らの立場に入りこんでいく」。各人を、「彼自身という型に合わせて肉付け」してやるのだ。モンテーニュが願うのは、なによりも各人が「別々に判断される」ことなのだった。

「クセジュ」(注3)というモンテーニュの懐疑主義を、超然たる態度や無関心として、あるいは唯我独尊や独立独歩といったイメージで理解するのはまちがっている。その懐疑的な思考は、習慣や法の行使においても適用されて、彼を、多様性を尊重する多文化主義へ、文化相対主義的な方向へと導いている。［b］の思想ともいえる。

古典古代の英知を通じて、人間存在や社会を、神の視点からではなく、人間の視点から見つめ直すというのが「ユマニスム（人文主義）」であった。ピコ・デッラ・ミランドラ（注4）が『人間の尊厳について』（一四八六年）で、人間の可変性・可塑性・自由をカメレオンに喩《たと》えていたことを思い出す。そのユマニスムは、ラテン語という、当時の国際語・知識人言語を媒介としている。ユマニストとは、書籍を通して、古典古代の英知を旅するのみならず、「世界市民」たることを理想とする旅人でもあった。モンテーニュもその一人である。

人間の判断力とは、世間と交わることで、驚くべき明晰《めいせき》さを引き出せるものなのです。われわれはだれも、自分のなかに縮こまって、幾重にも積み重なっていて、せいぜい鼻先ぐらいまでの視野しか持ちあわせていません。ところがソクラテス（注5）は、どこの出身かと聞かれて、「アテナイだ」とは答えずに、「世界だ」と答えたのです。彼は、より充実した、広い想像力の持ち主でしたから、世界をわが町のように包みこんで考えて、自分の(イ)チキや、つきあいや、愛情を、人類全体にまで投企（注6）していたのです。自分の足元しか見ないわれわれとはちがうのです。

（「子供たちの教育について」）

ユマニスムのキーワードは「汝自身を知れ」だから、あちこちにソクラテスが出てくる。モンテーニュも、「ソクラテスが語ったからではなく、本当に自分の気持ちであるから」といって、「わたしは、人間すべてを同胞だと考えている。そして、ポーランド人も、フランス人と同じように抱擁するのであり、人類に共通の普遍的な結びつきを優先して、国民としての結びつきはそれより後に置く」(「空《むな》しさについて」)と明言している。

このソクラテスのエピソードはプルタルコス(注7)『モラリア』などから(ロ)ハイシャクしたわけだが、「同胞compatriotes」は「同国人」と訳してもいい。(3)ユマニスムとはコスモポリタニズムなのでもある。モンテーニュは「世界市民」を理想として、人々の共生を願っていたにちがいない。

(宮下志朗『モンテーニュ―人生を旅するための7章』による)

(注)
1 ペリゴール――現在のフランス南西部にある一地方の名前。
2 文化資本――蓄積することで、権力や高い社会的地位の獲得に有利となる文化的素養。学歴、本・絵画・楽器・骨とう品などの知識、正しい言葉遣い、美的嗜《し》好など。
3 クセジュ――フランス語で「私は何を知っているか」の意味。ここでは反語的に「私は何も知らない」という意味で用いている。
4 ピコ・デッラ・ミランドラ――イタリア、ルネサンス期の哲学者・人文学者(一四六三～一四九四)。
5 ソクラテス――古代ギリシア・アテネの哲学者(前四六九頃～前三九九頃)。
6 投企――自己の存在の、未来への可能性を追求する企て。
7 プルタルコス――ローマ帝国におけるギリシア人の伝記作家(四六頃～一二〇頃)。

問

(A)　＝＝部(イ)・(ロ)を漢字に改めよ。(ただし、楷書《かいしょ》で記すこと)

(B)　――線部(1)について。その説明として最も適当なものを、次のうちから一つ選び、番号で答えよ。

1　自分の信仰にしたがって、他者を判断すべきだ。

2　異なる信仰をもつ者のことを理解しようとしても、それには限界がある。

3　ペリゴール人やドイツ人は、自分たちと同じキリスト教徒である。

4　ある土地に入ったら、その土地の信仰を受け入れるべきだ。

5　自分の信仰は、自分の出生地と同様偶然に過ぎない。

(C)　――線部(2)について。なぜ「当然の結果」といえるのか。その理由として最も適当なものを、次のうちから一つ選び、番号で答えよ。

1　自分の「型」を他者に押しつけたり、自分の「型」にはまらない他者を排除したりすれば、報復として同じことをされ、社会に衝突が起きかねないから。

2　多様な「個」と共に生きるためには、「差異」にこだわらず、十全な人間であるということを認め、尊重し合うしかないから。

3　凄惨な宗教戦争で多くの犠牲が生じた事態を繰り返さないために、過去の歴史に学べば、個々の宗派の違いなど無視するしかないから。

4　他人が自分と異なるのは厳然たる事実であり、その違いがもとで深刻な対立に陥らないためには、お互いに妥協せざるをえないから。

5　初めから似た者同士で集まっておけば、「差異」が原因で対立して面倒なことが起きるのを避けられるので、お互い寛大な心で過ごせるから。

(D)　空欄 a ・ b にはそれぞれどのような言葉を補ったらよいか。最も適当なものを、次のうちから一つずつ選び、番号で答えよ。

a
1　不即不離
2　呉越同舟
3　表裏一体
4　渾然《こんぜん》一体
5　一心同体

b
1　自立
2　統合
3　共同体
4　寛容
5　同化

(E)　――線部(3)について。その説明として最も適当なものを、次のうちから一つ選び、番号で答えよ。

1　ユマニスムは自分の出生地を拠りどころに同胞愛を説くのではなく、人類としての共通性に着目することで、多様な背景をもった人々の共生という理想につながる。

2　ユマニスムは当時の国際語・知識人言語であるラテン語を用い、古典に親しみ旅をして見聞を広げることで、その記録を書物に著すことにつながる。

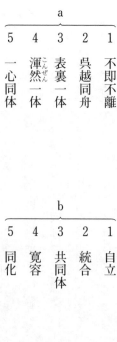

3　ユマニスムは「汝自身を知れ」と問いなおすことにより、自分の出身や宗教にこだわることで、結果的に互いの差異を尊重することにつながる。
4　ユマニスムは人間として可変的・可塑的・自由に生きようという目的を達成しようとすることで、世界を旅して見聞を広げることにつながる。
5　ユマニスムは自らの中にとどまって繰り返し「汝自身を知れ」と問い続けることで、世界を包み込むような広い想像力や判断力が身につくことにつながる。

(F)　次の各項について、本文の内容と合致するものを1、合致しないものを2として、それぞれ番号で答えよ。
イ　自分がどこに生まれ育ち、どんな信仰をもつようになったかは、宿命として受け入れるべきだ。
ロ　モンテーニュの立場に立てば、わたしを重視することは、他者一人一人を個別に判断することを意味する。
ハ　類似にこだわって群れを作ることは、自分と異なる「型」を持つ人を排除することにつながる。
ニ　モンテーニュは、人間存在を神の視点からではなく、人間の視点から見つめ直した一人である。
ホ　モンテーニュは、ソクラテスがコスモポリタニズムを志向していたので、それに賛同した。

三　左の文章を読んで後の設問に答えよ。（解答はすべて解答用紙に書くこと）

　しら雲のおりゐる山と見えつるは高嶺《たかね》に花やちりまがふらむ

　これは、忠岑《ただみね》(注1)に、「[あ]の歌たてまつれ」と宣旨ありけるに、つかうまつれる歌なり。【イ】躬恒《みつね》(注2)これを聞きて、「府生、(1)大きにあやまれり。いかでか、宣旨によりて奏する歌に、雲おりゐるとは詠まむ。みかどをば、雲の上と申す。位去らせ給ふをば、おりゐさせ給ふと申す。雲おりゐるといひて、末に、ちりまがふといへり。さやうの事、あやまつべきものにあらず。(2)これは、しかるべき事なり」とぞ申しけるに、あはせて、(3)世の中のかはりにけりとぞ、申し伝へ(a)たる。

　世の末なれど、堀河の院(注3)の御時に、殿上(注4)のをのこどもを召して、歌詠ませ給ひけるに、左大弁長忠《ながただ》に、題召しけるに、「夢の後の郭公《ほととぎす》」といへる題を、たてまつりたりけるを、おのおの、(4)みなつかうまつりて後、「この題、まことに(5)あやし。夢の後といへる事は、まがまがしき事なり。この世を、夢の世といへば、夢の後とは、後生をいふなり。いかでか、みかどの召さむ題に、かかる題をば参らせむ」。【ロ】世の人、申しあひたりしほどに、そのけに(注5)や、いくばくのほどもなくて、院、かくれおはしましにき。(6)それには、またくよるまじき事なれど、(7)世にいひあひたりしことよ。【ハ】

　おなじ御時、中宮(注6)の御方にて、花合《はなあわせ》といふ事ありしに、その宮の亮《すけ》にて、越前の守仲実《なかざね》が歌に、「たまのみどの」といへる事を詠みたりしを、(8)よにいまいましき事に、人の申ししが、「たまのみどの」は「たまどの」(注7)とて、昔は、亡《う》せたる人を、こむる所の名なり。されば、いまいましかりしな(b)　めり(c)。堀河の院(注8)の母后の御時に、庚申《かうしん》の夜、さぶらひども、宮司《みやつかさ》あつまりて、歌詠まむとしけるに、孝言《のりとき》(注9)がり、題を乞ひにやりたりければ、「月しばらく隠る」といへる題を、たてまつりたりけるを、おのおの詠みければ、「雲隠る」と、みな詠みあひたりければ、まことに、みないまいましかりける折にて、歌どもを、みなやきすててけるとぞ聞えし。①それも、ほどもなく、かくれおはしましにけりとかや。【ニ】また、郁芳門院《いうはうもんゐん》(注10)の御時に、根合《ねあはせ》といへる事ありしに、周防(注11)の内侍といひし歌よみ、「我が下もえの煙なるらむ」と詠めりしを、［い］歌など、世に申ししを、人の、「もゆるけぶりの、空にたなびかむは、よき事にはあらず」と申ししかば、②詠み人のためにぞ、いかがと承りしに、院、かくれおはしまして後にぞ、歌よみの内侍は、かくれにし。【ホ】

（『俊頼髄脳』による）

（注）
1　忠岑——壬生《みぶの》忠岑。『古今集』撰者《せんじゃ》の一人。このあと出てくる「府生」は忠岑を官名で呼んだもの。
2　躬恒——凡河内躬恒。『古今集』撰者の一人。
3　堀河の院——第七十三代天皇。白河天皇第二皇子。
4　殿上のをのこ——殿上人のこと。
5　け——原因・理由を表す。ため、ゆえ。

6　中宮――堀河天皇の中宮篤子《とくし》内親王。
7　たまのみどの――「玉の御殿」で、美しい御殿の意。以下、この音が、「霊殿《たまどの》」に通じることを話題とする。
8　堀河の院の母后――白河天皇の中宮賢子《けんし》。
9　孝言――惟宗《これむねの》孝言。儒者。
10　郁芳門院――白河天皇の皇女、媞子《ていし》。
11　周防の内侍――平安後期の歌人。

問

(A)　空欄 あ にはどのような言葉を補ったらよいか。最も適当なものを、次のうちから一つ選び、番号で答えよ。

1 春　2 夏　3 秋　4 冬　5 恋

(B)　――線部(1)について。躬恒はなぜこのように考えたのか。その理由として最も適当なものを、次のうちから一つ選び、番号で答えよ。

1　忠岑の和歌を奏上するふるまいが、帝に対して失礼なものであったから。
2　忠岑の和歌によって、本当に帝が退位することになってしまったから。
3　忠岑の和歌に、このの ち帝が位を去ることを暗示する表現が含まれているから。

4　忠岑の和歌では、帝から求められた題が直接的に詠まれていなかったから。
5　忠岑の和歌が、帝の行く末の不吉さを意図的に表現したものだったから。

(C)　――線部(2)に「これは、しかるべき事なり」とあるが、これと同じ一文が、本文中に【イ】～【ホ】で示した箇所のいずれか一つにも入る。該当箇所として最も適当なものを、次のうちから一つ選び、番号で答えよ。

1　【イ】　2　【ロ】　3　【ハ】　4　【ニ】　5　【ホ】

(D)　――線部(3)の解釈として最も適当なものを、次のうちから一つ選び、番号で答えよ。

1　流行《はや》りの和歌の詠みぶりが一変した
2　世の人々の考えかたが変化した
3　忠岑に対する世の評価が下がった
4　躬恒が歌壇の中心的存在となった
5　治政の君の代替わりがあった

(E)　――線部(4)を、何をどうしたのかわかるように十字以内で現代語訳せよ。ただし、句読点は含まない。

(F)　――線部(5)の解釈として最も適当なものを、次のうちから一つ選び、番号で答えよ。

1　あいにくだ　2　あきれたものだ
3　無意味だ　4　無慈悲だ
5　不審だ

(G) ——線部(6)について。「それ」とはどういうことか。その説明として最も適当なものを、次のうちから一つ選び、番号で答えよ。

1 堀河院が亡くなったこと
2 人々が和歌の題を批判したこと
3 忠岑・躬恒の時とは和歌の詠みぶりが変化したこと
4 不吉な題で和歌が詠まれたこと
5 末世に至って起きた事件であること

(H) ——線部(7)の解釈として最も適当なものを、次のうちから一つ選び、番号で答えよ。

1 世の対立を生んでしまった
2 歌人たちは一生涯無念を口にしていた
3 世間でうわさしあった
4 世の人々がひそかに語りついだ
5 殿上人たちはこれを戒めとした

(I) ——線部(8)の意味として最も適当なものを、次のうちから一つ選び、番号で答えよ。

1 確かに　2 世の中で　3 まるで
4 たいそう　5 再び

(J) 〰〰線部①・②について。これらはそれぞれ誰のことか。最も適当なものを、次のうちから一つずつ選び、番号で答えよ。ただし、同じ番号を二度用いてもよい。

1　堀河の院　　2　中宮　　3　越前の守仲実
4　堀河の院の母后　　5　孝言　　6　周防の内侍
7　当世の歌人たち

(K) 空欄 い にはどのような言葉を補ったらよいか。最も適当なものを、次のうちから一つ選び、番号で答えよ。

1　よき　　2　まめまめしき　　3　つれなき
4　いまいましき　　5　まさなき

(L) ＝＝線部(a)〜(c)それぞれの文法上の意味として最も適当なものを、次のうちから一つずつ選び、番号で答えよ。ただし、同じ番号を何度用いてもよい。

1　過去　　2　完了・存続　　3　強意　　4　打消
5　意志　　6　推量（推定）　　7　断定

(M) 次の各項について、本文の内容と合致するものを1、合致しないものを2として、それぞれ番号で答えよ。

イ　忠岑が詠んだ和歌は、帝の死が間近に迫っていることを告げるものとみなされ、批判されている。
ロ　左大弁長忠が提出した歌題は、結果的に堀河院の死を予言したかのようになった。

ハ　「たまのみどの」という言葉や「月しばらく隠る」という題が不吉なのは、人の死を連想させるからである。

ニ　周防の内侍の和歌には、自らが短命であることを暗に詠みこんであることを著者は気づいていた。

ホ　この文章には、不吉な和歌を詠むと必ず人の命を奪うことになるという著者の考えが示されている。

解　答

二月十二日実施分

一

出典　清水真木『これが「教養」だ』〈第1章　手垢にまみれた教養の本当の姿〉（新潮新書）

解答

(A)　5
(B)　2
(C)　4
(D)　1
(E)　損得勘定を徹底すると、周囲への損害を避けるため、親切な人徳者に見える。（三十五字以内）
(F)　イ－2　ロ－2　ハ－1　ニ－1　ホ－2

◆要　旨◆

「自分らしさ」とも呼ぶべき「教養」は道徳的な感受性と対立するものである。すべてを損得勘定で判断する人は、普通には軽蔑と同情の対象となるが、徹底的に自分の利益以外には見向きもしない態度は大変に難しいことであり、誰もが実行できることではない。他人に与えた損害が最終的に自分を危険にさらすこともあるからだ。そのため、完全な打算や偽善はむしろ道徳的に見えてくるもので、中途半端なそれらの方が罵倒の対象となる。人間の行動は快楽や利益に導かれるものだとする「功利主義」が「教養」と同時期に思想の世界に登場したのも、共通の時代的な要請だと考える必要がある。

◀解　説▶

(A)　「生活の『交通整理』をする」という比喩表現を抽象表現に言い換える必要がある。まず、傍線部(1)の前に要約の接続詞「つまり」があることから、直前の箇所を確認すると、「家庭と職場と政治のあいだの折り合いをつける」とある。そして、傍線部(1)を含む文の直後の文を確認すると、「交通整理」とは〈生活のなかでいくつかの要求が衝突したとき、いずれを優先するかそのつど判断する尺度として機能すること〉だとわかる。つまり「交通整理」とは〈生活のなかで衝突する要求に折り合いをつけるために判断すること〉である。よって正解は5である。

(B)　傍線部(2)を含む一文を確認すると〈「道徳的に『優秀』」な人〉とは、嘘を許さない正直者であることを自慢する人、気に入らないことがあると紋切型で周囲を威嚇する人、人情を過大解釈して他人に干渉する人であり、「現実の問題解決に関しては無能」な人である。「優秀」という言葉にカギ括弧がつけられているのは、筆者が実際には優秀だと考えていないからであり、同じ段落にあるように筆者は「かぎりなく道徳的だけれども無教養な人」だと否定的な立場をとっている。これらを総合すると、正解は2である。

(C)　傍線部(3)は「本当は、これは逆」であり、まずは、指示語の内容を明らかにする必要がある。傍線部(3)の直前の三文を確認すると「これ」とは〈損得ですべてを判断する人は、教養のないかわいそうな人だと信じられ、軽蔑と同情の対象となること〉だとわかる。この「逆」とは何かを考えると、傍線部(3)の直後にあるように〈損得ですべてを判断する人は、教養を十分すぎるほど具えた、幸せな人である〉ということになる。よって正解は4である。なお、1は本文の内容と合致するものの、「これ」の「逆」にはなっていないため誤りである。

(D)　〈損得勘定のみを尺度として判断するには「積極的な能力が必要」な理由〉を考える。傍線部(4)を含む段落を確認すると、「積極的な能力」とは「自分の利益以外は見向きもしないというほどに徹底すること」であるが、この能力は〈普通は他人の利益に目配りをしてしまうため、誰もが実行できることではない、大変に難しいこと〉だとある。また、第十段落にあるように〈周囲の人間に与えた損害は巡り巡って自分に及ぶ危険がある〉ために筆者は、この能力を「積極的な能力」と言うのである。この二つの要素を備えた選択肢を選ぶと、正解は1である。

(E)　傍線部(5)を確認すると「偽善も、完成すれば道徳と区別がつかなく」なるとあり、〈偽善も〉という表現から、他にも〈道徳と区別がつかなくなるもの〉があるとわかる。傍線部(5)の前の三文を見ると〈完全に打算的な人間はもはや打算的に見えず、道徳的にすら見える〉とある。「打算」も「偽善」も徹底すれば「道徳」のように感じられるのである。それはなぜかと言えば、第十段落にあるように、〈巡り巡って自分の利益が損なわれないように、周囲の人間に損害を与えて利益を得ることを避けるから〉であり、その結果、〈親切で思いやりのある、みなのことをよく考える気のきく人〉（＝道徳的な人）に見えるのである。これらをまとめればよい。

(F)　イ、「教養」を身につけることが「自分らしさ」を探す条件となっているが、第二段落と合致しない。

ロ、第四段落に〈「クリーン」な政治家の多くは無能で国益を損なう〉とあり、合致しない。

ハ、「他者の利益を優先する」とあるが、第六〜十段落にあるように、〈損得勘定ですべてを判断する人〉は他者への親切や思いやりによって、自分の利益を損なわないようにする。これは「自己利益の最大化につながる」ため、合致する。

ニ、本文全体で述べられ、特に第十三段落の筆者の主張と合致する。

ホ、最終段落に「功利主義」はベンサムの著作『道徳および立法の諸原理序説』に記されているものの、〈一八世紀後半の最も望ましい道徳原理〉とはいえないため、合致しない。

二

出典　宮下志朗『モンテーニュ――人生を旅するための7章』〈第4章　裁き、寛容、秩序――「わたしは、人間すべてを同胞だと考えている」〉（岩波新書）

解答

(A)　(イ)知己　(ロ)拝借

(B)　5

(C) 2

(D) a―3 b―4

(E) 1

(F) イ―2 ロ―1 ハ―1 ニ―1 ホ―2

◆要　旨◆

宗教改革の時代を生きたモンテーニュは、人間の出生地や信仰する宗教は偶然による些末な差異だと考えた。彼は自分の「型」を押しつけて他者を判断し排除せず、各人が人間存在として十全な多様な「個」であり、個の尊重が全体の尊重に、自己の重視が他者の尊重になると考えた。「クセジュ」という彼の懐疑主義は、多文化主義、文化相対主義を志向し、古典古代の英知を通じて、人間存在や社会を、神ではなく人間の視点から見つめ直すという「ユマニスム（人文主義）」へとつながる。彼は「汝自身を知れ」と言ったソクラテスと同様、人類に共通の普遍的な結びつきを優先するコスモポリタニズムと「世界市民」とを理想として、人々の共生を願っていた。

▲解　説▼

(B) 〈その程度のものとして考える〉対象は、傍線部(1)の直前にある「宗派の差異」である。そして〈その程度〉という指示語にしたがって傍線部(1)を含む文の直前の一文を確認すると「たまたま生まれた場所が異なれば、われわれは別の宗派を信じたかもしれない」とある。つまり、出身地によって信仰する宗教は決まるのであり、それは偶然の産物によるものである。よって正解は5である。

(C) 「そのような人間社会に寛容性があること」が「当然の結果」となる理由を考える。「そのような人間社会」とは、傍線部(2)を含む文の直前の一文にあるように「多様な『個』が、普遍的な人間存在を支えている」社会であり、傍線部(2)を含む段落の直前の段落にあるように「多様な『個』」というのはそれぞれに〈多様性を担保されるべき、人間存在として十全なかたちを備えた存在〉である。また、傍線部(2)の直後に、要約の接続詞があることから、〈人間社会における寛容性〉とは「個の尊重」と「全体の尊重」、「『わたし』を重視すること」と「『他者』を尊重すること」を同一視することである。よって正解は2である。

(D)　a、空欄aを含む一文を確認すると、「個の尊重」と「全体の尊重」、「『わたし』を重視すること」と「『他者』を尊重すること」との関係を表す表現が入るとわかる。個と全体、自己と他者は、それぞれ対照的な概念である。選択肢を見ると意味の似通った四字熟語が並んでいるが、〝相反して見える二つの関係が根本では密接に結びついていること〟の意の3が正解である。

b、空欄bが文の冒頭にあり、直前の内容をまとめる表現が入るとわかる。「多様性を尊重する多文化主義」や「文化相対主義」とは「唯我独尊や独立独歩」とは異なる思想であり、〈自己とは異なる他者を受け入れる姿勢〉が求められる。よって正解は4である。

(E)　すべての選択肢が「ユマニスムは…」で始まるため、その定義を本文から探す必要がある。「ユマニスム」という語の初出は空欄bの次の段落で「古典古代の英知を通じて、人間存在や社会を、神の視点からではなく、人間の視点から見つめ直す」「人文主義」だと定義され、「ユマニスト」は「書籍を通して、古典古代の英知を旅するのみならず、『世界市民』たることを理想とする旅人」にたとえられている。また、最後から二つ目の段落にあるように「国民としての結びつき」よりも「人類に共通の普遍的な結びつき」を優先する思想である。よって正解は1である。2と4は比喩表現としての「旅」を実際のそれととらえているため誤り。また3と5は「自分」にこだわり、とどまる態度が「世界市民」とは相反するため誤りである。

(F)　イ、傍線部(1)直前の〈生まれた場所が異なれば、信じる宗派も異なるかもしれない〉という内容と合致しない。

ロ、傍線部(2)の段落にあるように、モンテーニュは「『わたし』を重視すること」は「『他者』を尊重すること」だと考えており、二つ後の段落に「自分とは異なる人々に『好意を抱いて』」、「各人が『別々に判断される』こと」を望んでいたとあり、合致する。

ハ、引用「小カトーについて」の中に〈世間一般は差異よりも類似を受け入れる〉とあり、その次の段落にあるように、そのような人は〈自分の「型」を他者に押しつけ、他者を判断して排除に向かう〉とあり、合致する。
ニ、空欄ｂの次の段落の内容と合致する。
ホ、最後から二つ目の段落にあるように、モンテーニュは「ソクラテスが語ったからではなく、本当に自分の気持ちであるから」コスモポリタニズムを志向しており、合致しない。

三

出典　源俊頼『俊頼髄脳』

解答

(A)　1
(B)　3
(C)　2
(D)　5
(E)　歌をお詠み申し上げて（十字以内）
(F)　5
(G)　4
(H)　3
(I)　4
(J)　①―4　②―6
(K)　1
(L)　(a)―2　(b)―7　(c)―6

(M)　イ―2　ロ―1　ハ―1　ニ―2　ホ―2

◆全　訳◆

白雲が山の中腹まで下りている山と見えたのは、高い峰から桜の花が散り乱れているのを見間違えたのであろうか。

これは、(壬生) 忠岑に、「春の歌を献上せよ」と帝のご命令があったときに、(忠岑が) お詠み申し上げた歌である。(凡河内) 躬恒がこれを聞いて、「府生 (=忠岑) は、おおいに誤っている。どうして、帝のご命令によって奏上する歌に、『雲下り居る』と詠むのだろうか。帝を、『雲の上』と申し上げる。位をお去りになることを、『下り居させ給ふ』と申し上げる。『雲下り居る』と詠んで、(しかも) 下の句に、『散り紛ふ』と詠んでいる。そのような (不吉な) ことは、間違えて詠み込むべきものではない。これ (=不吉な言葉を避けること) は、当然のことである」と申し上げたのだが、(まるでそれに) 合わせたように、治世の君の代替わりがあったと、申し伝えている。

後の時代のことであるが、堀河院の御代に、殿上人を召し集めて、歌を詠ませなさったことがあったときに、左大弁 (藤原) 長忠に、歌題を求めなさったところ、「夢の後の郭公」といった題を、(長忠は) 進上したのだが、それぞれ、皆が (その題で) 歌をお詠み申し上げてのち、「この題は、本当に不審だ。『夢の後』といったことは、不吉なことである。この現世を、夢の世というので、『夢の後』とは、来世のことをいうのである。このような (不吉な) 題をさし上げるのだろうか」(という批判が出た)。これは、当然のことである。当時の人が、(このことを) 話題にしていた間に、それが原因であろうか、それほど日数のたたないうちに、堀河院は、崩御なさってしまった。それ (=不吉な歌題) には、決して因るものではないことだろうが、(不吉な歌題が原因だろうと) 世間でうわさしあったことよ。

同じ (堀河院の) 御代に、中宮のところで、花合という遊宴歌合があったときに、その中宮職の次官であって、越前の守 (藤原) 仲実の歌に、「たまのみどの (=玉の御殿)」といった言葉を詠み込んであったのを、たいそう縁起が悪いことだと、人々が申したが、「たまのみどの」は「たまどの (=霊殿)」に通じて、(その「たまどの」は) 昔は、亡くなった人（の亡骸）を、（葬礼まで）納めておいた場所の名前である。それゆえ、忌み嫌われた言葉であったようだ。（また）堀河院の母后の御代に、（徹夜をする風習のある）庚申の夜に、近侍の女房たちや、中宮職の役人が集まって、（庚申待ちの）歌を詠もうとしたときに、（惟宗）孝言のところへ、歌題を求めに（使者を）やったところ、「月しばらく隠る」といった題を、（孝言が）進上したので、（その題で）それぞれが詠んだところ、「雲隠る」と、皆が同じように詠んでしまったので、ほんとうに、皆（自分の「雲隠る」という表現を）不吉だと感じていたときであって、歌（を書いた紙）を、皆焼き捨ててしまったとうわさになった。それ（＝堀河院の母后）も、まもなく、崩御なさってしまったとか。また、郁芳門院の御代に、根合という遊宴歌合があったときに、周防の内侍といった歌人が、「（恋わびてながむる空の浮雲や）我が下もえの煙なるらむ（＝恋のつらさに耐えかねて物思いにふけって眺めた空に浮雲がひとひら漂ってゆく。あれは、人知れず恋に身を焦がす私から出た煙なのだろうか）」と詠んだのを、優れた歌などと、世間で評判になったが、ある人が、「燃える煙が、空にたなびくような描写は（火葬を連想させ）、縁起のよいことではない」と申し上げたので、歌を詠んだ人（＝周防の内侍）にとって、どうであるか（＝何か不吉なことが起こるのではないか）とお聞きしたが、郁芳門院が、崩御なさってその後に、歌人の周防の内侍は、亡くなってしまった。

▲解　説▼

(A)　「あ の歌たてまつれ」という命を受けて詠まれた歌の中に「花やちりまがふ」とある。古文で「花」はたいていは桜の花のこと。梅の花を表すこともあるが、花が散る様子を「しら雲」と見間違えたと詠んでいるので、ここでは桜のほうが適切。桜の花が咲くのは春である。

(B)　「あやまれり」は〝誤っている〟の意。そう考えた理由は傍線部(1)のあとに述べられている。すなわち、〈帝〉のことを「雲の上」といい、〈位を去る〉ことを「おりゐる」というので、歌の中の「雲のおりゐる」という表現が〝帝が位を去る〟という意味になるというのである。1・4は完全に外れた内容。2は、帝の退位と忠岑の和歌とに直接の因果関係はないので不適。5は、「意図的に表現した」の部分が不適。正解は3。

(C) 「しかるべき」とは、副詞「しか」にラ変動詞「あり」の連体形と助動詞「べし」の連体形が接続した「しかあるべき」の転。現代語でも「しかるべき処置を施す」などというように〝適当な・ふさわしい〟の意や〝りっぱな〟の意で用いられることが多いが、ここは〝そうであるのは当然だ・もっともだ〟と訳したほうが文脈に合う。傍線部(2)の前で、歌に詠まれた「雲のおりゐる」という表現は不吉だという見解が述べられる。「これ」はその内容を指し示し、その見解を「しかるべき事」と是認しているという文脈である。同じように、歌に詠まれた表現が不吉だという見解が述べられた箇所を探すと、【ロ】の前に「夢の後」は「後生（＝〝来世〟）」を意味しているので不吉だ、と見解が述べられた部分が見つかる。その見解を「これは、しかるべき事なり」と是認しているという文脈になるので、2が最適。

(D) 直前の会話文中に「位去らせ給ふをば、おりゐさせ給ふと申す」とある。つまり、「おりゐる」は〈帝が位を去る〉ことを意味するということ。忠岑の詠んだ和歌が直接の原因ではないが、まるでそれと符合するかのように、帝が退位し、新帝が即位したということなので、5が正解。

(E) 「つかうまつり」は謙譲動詞「つかうまつる」の連用形。漢字では「仕うまつる」と書き、〝お仕え申し上げる〟の意のほか、「す」「行ふ」の謙譲語として〝(何かを) し申し上げる・してさし上げる〟の意もある。ここは前者の意味では文脈が通じないので、後者の意味。〈歌を詠む〉動作の謙譲として用いられている。

(F) 「あやし」は基本語。漢字では「怪し（奇し）」と書くものと「賤し」と書くものがある。前者は〝不思議だ・不審だ〟、後者は〝身分が低い・みすぼらしい〟と訳す。ここは前者の意味。5以外は「あやし」の語義にない。

(G) 傍線部(6)の後の「またくよるまじき事」は「全く因るまじき事」で、〝決して（それが）原因であるはずがないこと〟の意。傍線部(6)直前に述べられた院の崩御と「それ」とは因果関係がない、ということである。「それ」は会話文中の内容、すなわち、長忠が進上した歌題に「夢の後」という不吉な表現が含まれていたことを指す。

(H) 「いひあひ」は「言ひ合ひ」、「たり」は存続の助動詞、「し」は過去の助動詞「き」の連体形。傍線部(7)を直訳すると

(I)　〝世の中で言い合っていた〟となる。3が正解。4は「ひそかに」と解釈できる語句が入っていないので不適。

「よに」は副詞で基本語。下に打消表現を伴う場合は〝全く・決して〟の意。単独で用いられる場合は〝実に・たいそう〟の意。ここは後者。

(J)　①　第二段落では、長忠の進上した不吉な歌題と符合するかのように「かくれ」すなわち亡くなったのは堀河院であり、冒頭に「○○の御時」と示されている人が亡くなるという構成になっていることがわかる。第三段落には三つのエピソードがみえるが、二つ目のエピソードの冒頭に「堀河の院の母后の御時」とあることに注目。「堀河の院の母后」が白河天皇中宮であったときに行われた庚申待ちで、孝言が進上した歌題によって皆が「雲隠る」という不吉な表現を詠み込んでしまった。「雲隠る」は貴人の死を婉曲的に表す表現である。それと符合するかのように亡くなったのは、冒頭で示された「堀河の院の母后」と考えるのが妥当。

②　三つ目のエピソードは、冒頭に「○○の御時」と示された「郁芳門院」と「周防の内侍」の詠んだ歌が関係する話。「詠み人」は〝歌を詠んだ人〟の意。この話で歌を詠んだのは「周防の内侍」しかいない。

(K)　周防の内侍の歌を「[い]歌」と「世に申しし」すなわち世間では評価し、「人」は「よき事にはあらず」と評価したという文脈である。「人」の評価をわざわざ取り上げているのは、世間の評価とは異なっていたからである。つまり、世間では周防の内侍の歌を「よき歌」と言っていたということ。

(L)　(a)　「たる」は助動詞「たり」の連体形で、完了・存続の意味を表す。断定の意味を表す「たり」もあるが、こちらが接続するのは体言のみ。

(b)　「な」は断定の助動詞「なり」の連体形「なる」が「なん」になり、撥音便が無表記になったもの。「なめり」は「なんめり」と読む。

(c)　「めり」は視覚による推量（推定）を表す。婉曲を表すこともある。

(M)　イ、忠岑の和歌と符合するように起こったのは帝の代替わりであって、帝の死ではないので不適。

ロ、第二段落の内容と合致。長忠が提出した歌題が「夢の後」という表現を含んでいて、「そのけにや（＝〝そのためであろうか〟）」「院、かくれ」とある。

ハ、「たまのみどの」については、第三段落の一つ目のエピソードの内容と合致する。「月しばらく隠る」は二つ目のエピソードの内容と合致する。「隠る」には〝亡くなる〟という意味がある。「しばらく隠る」というつながりであるので、直接〈死〉を暗示するわけではないが、「人の死を連想させる」という説明は可能だろう。よってハは合致する。

ニ、周防の内侍の歌の表現が不吉だという「人」の評価を聞いて、著者は「詠み人のためにぞ、いかが（＝周防の内侍の身に何か不吉なことが起こるのではないか）」と思ったとあるが、これは周防の内侍の歌が「自らが短命であることを暗に詠みこん」だ歌である、という意味ではないので不適。

ホ、不吉な和歌が直接の原因とはされていないし、第一段落は人が亡くなったという話ではないので不適。

❖講　評

一の評論は、道徳に対置される「自分らしさ」とも呼ぶべき「教養」について、ベンサムの功利主義も取り上げながら論じる文化論からの出題。具体例が多用されるため、比較的読解しやすい内容である。設問についても奇をてらったものはなく、丁寧に読解すれば解答はさほど困難ではないだろう。ただし(E)の記述問題については字数制限が厳しいため、必要な情報を取捨選択しまとめる能力が必要であり、慣れていない受験生には難しく感じられる可能性がある。

二の評論は、モンテーニュの『エセー（随想録）』の一部を引用しながら、「差異」を受け入れて「個」の多様性を担保し、各人が別々に判断される「世界市民」を理想とする彼の思想に著者の解釈を加えた哲学論からの出題。モンテーニュを中心とする複数の哲学者の思想に言及した専門的な内容で、読み慣れていない受験生には読解が困難な可能性がある。設問については、漢字や空所補充の問題の難易度がやや高めだが、読解問題については本文との照合を丁寧に行えば無理なく解ける内容である。

三の古文は、平安後期成立の歌学書『俊頼髄脳』からの出題。和歌に不吉な表現を使う、または不吉な表現を含む歌題で歌を詠んだところ、それと符合するかのように貴人の死などの不幸が起こったというエピソードを取り上げる。文脈は比較的つかみやすいが、(C)の欠文挿入が難しい。挿入する文と同じ文が本文の流れのどのような位置にあるかということをつかみ、欠文挿入箇所を吟味する。(M)の内容真偽も難しかった。特にハ・ニは本文の文脈を押さえたうえで内容を細部まで正確につかんでいないと間違える可能性がある。

二月十三日実施分

問題

（七五分）

一 左の文章を読んで後の設問に答えよ。（**解答**はすべて**解答用紙**に書くこと）

天下の名句として知られる、

古池や蛙飛《かはづとび》こむ水のおと　芭蕉

にせよ、

此《この》道や行人《ゆく》なしに秋の暮《くれ》　芭蕉

にせよ、もし表面上のメッセージだけをそのまま素直に受け取って、それで事終われりとするならば、句はほとんど何の意味もない雑談や独り言の断片でしかなくなってしまう。古い池に蛙が飛び込んで、その水音が聞こえたからといって、それが一体どうしたというのか。晩秋の日暮れ、この道は人っ子一人通らない——こういう発言をする機会はふだんいくらもあるだろうが、たとえそう言ったとしても、ふだんなら、相手が聞いてうなずいて、それでおしまいということになる。

このように一見ありふれた発話が、古今にすぐれた俳句として尊重されるのは、読者の協力があればこそである。言い換えれば、作者も読者のそうした協力を予期し、それを計算に入れた上で句を作るのであって、周知のように、(1)こうした句が外国語に訳されると、読者からの適切な協力が期待できない場合の「詩」の無力さが、にわかに露《あら》わになる。詩の出来の良さは、そこから読者が自分でどれだけ深く豊かな意味を汲《く》み出せるかにかかっている。だとすれば、詩のテクストのできばかりではなく、「詩」の共同制作者としての読者の資質、つまりことばに対する感度の良さと想像力の豊富さも、問われることになるのは言うまでもない。

もっとも芭蕉や蕪村の句の場合、読者は必ずしもただ一人、［ a ］でそれらに接するわけではない。なぜならそうした大家の句には、すでに長年積み重ねられてきた解釈と研究の歴史があるからである。彼らの句がわれわれの手許に届くとき、それらはすでに解釈の伝統という濾《ろ》過装置をくぐり抜けたあとであることが多い。だからわれわれは、芭蕉や蕪村という［ b ］の古典（カノン）を読む場合、その一部と化した［ b ］の解釈をも同時に読むことになる。だが、たとえそうだとしても、俳句の余白の大きさは、個々の読者のために、たっぷりと関与の余地を残してくれている。まして近・現代の句、ことに当代の句の場合には、まだ解釈・批評の古い踏み分け道ができていないだけに、読者の果たすべき役割は、はるかに大きいといえるだろう。

詩、ことに俳句のような短詩が、刺激的な片言で読者の関心をそそって、大いに想像の翼をひろげさせようとする好例の一つとして、ここでは俳句の代わりに、フランス二十世紀の詩人ジャン・コクトー（一八八九—一九六三）のよく知られた短詩「耳」（堀口大学訳）を取り上げてみよう。

(2)私《わたし》の耳は貝の殻《から》
海の響きをなつかしむ

これは「カンヌ(注1)」Cannesと題された連作の一つだが、そのタイトルを抜きにしても、一読して穏やかな青い海と白い砂浜が目に浮かぶような、さわやかな詩である。この詩からわれわれは、何をどのように読み取ろうとするのだろうか。

最初に確認しておく必要があるのは、この詩が、まったく筋の通らない二つの唐突な立言でできていることである。言うまでもなく、「私の耳は貝の殻」ではないし、かりにそうだとしても、貝殻が「海の響きをなつかしむ」はずがない。このいかにも魅力的なたわごとに誘われたわれわれは、ぐっと身を乗り出し、積極的に詩に参加して、何としてもそこに「意味のある意味」を見出そうと努めずにはいられない。

実は、耳を貝殻に見立てるのは詩人ばかりではない。『スーパー・ニッポニカ二〇〇一』百科事典（小学館）

によれば、俗に耳と呼ばれる「外耳道の開口部で側頭部に突出している凹凸に富んだ扁《へん》平な器官」は、解剖学的には「耳介」と呼ばれ、「その形から耳殻ともいう」（嶋井和世）らしい。この「殻」は貝殻を意味する。英語では耳殻をconchaというが、その語源はconch「ホラガイ。（一般に）巻貝」である。

とはいえ語り手は、耳の形が貝殻に似ているというだけでの理由で「貝の殻」と呼んだわけではない。この詩の意味構造は、「私の耳は貝の殻だ。なぜなら、海の響きをなつかしむから」という倒置形式、あるいはなぞぞ形式をとっていると見るのが自然だろう。形状もさることながら、まず何よりも、海の響きをなつかしむ耳だからこそ、貝殻に譬《たと》えられたのである。

だがそれにしても、貝殻は海の響きをなつかしむだろうか。

羈鳥《きちょう》旧林《きゅうりん》を恋ひ、
池魚故淵《ちぎょこえん》を思ふ。
（旅の鳥は古巣のある林を恋い慕い、池で飼われる魚は、もといた淵《ふち》をなつかしむ）

というのは、陶淵明《とうえんめい》（注2）「田園の居に帰る　その一」の一節である。それらの生き物でさえ、現にそういう懐郷心を抱きそうだが、この聯《れん》はそれよりも、むしろ語り手がわが身をかえりみて、自分の感情を鳥や魚に仮託したものという印象が強い。だとすれば、生命のない貝殻の場合は、なおさら詩人の感情の投影かと思われるが、恐らくこの詩の魅力の鍵は、貝殻自体の抱く潮騒《しおさい》へのノスタルジアという、理不尽で美しい詩的飛躍そのものにあるだろう。生きた貝はもちろん、その抜け殻でさえ、あるべき故郷の海辺を恋しがるはずだ——そして「私」の耳も、その貝殻にそっくりだからこそ、海を愛し、どこにいても海のざわめきをなつかしく思うのである。

詩の表面上の矛盾や亀裂に触発された読者の想像は、連想や推理の筋道はさまざまに異なるにせよ、おおむねこのように働くのではないだろうか。ただ気になるのは、この詩の語り手の耳にたえず聞こえているらしい「海の響き」のことである。(3)これはたんなる空耳だろうか。むろん海の近くにいるのだとすれば、何のふしぎもないが、それでは海を「なつかしむ」理由にはならない。事によれば、これは語り手の耳の奥にざわざわする耳鳴りを、なつかしい潮騒の音に聞きなしたのではないか。そう言ってしまえば興醒《ざ》めのようでもあるが、逆に、たえず自分を悩ませる耳鳴りをなつかしい潮騒ととらえ、それは自分が海を愛するせいだと思い返すのは、これも美しい詩的想像力のなせる業《わざ》ではないだろうか。いずれにせよ、そう考えてみるのも読者としての私の自由である。

［c1］は、なかでも［c2］は、ことに［c3］は、読者との共同作業で生み出される。たしかに作品を書いたのは詩人であり、詩のテクストは詩集のページに印刷されているが、「詩」そのものは、そのどちらにもない。詩はテクストに促された読者のたどる「意味」への回り道、あるいはもっと正確に言えば、テクストとそれを読み取ろうとする読者の間の相互作用、いつまでもきりのない行ったり来たりのなかにある。だから、俳句の作者の仕事は、わずか十七文字のなかで何かを「述べる」、あるいは「いひおほせる」ことではなく、マラルメ(注3)

の言い方を借りれば、読み手を「夢見させる」ためのことばの装置を組み上げることにこそあると思われる。

（川本皓嗣『俳諧の詩学』による）

（注）1　カンヌ――地中海に面したフランスのリゾート地。
2　陶淵明――中国、東晋の詩人（三六五～四二七）。
3　マラルメ――ステファヌ・マラルメ。フランスの詩人（一八四二～一八八九）。

問

(A)　冒頭の二句「古池や蛙飛こむ水のおと」「此道や行人なしに秋の暮」について。両句に共通する特徴を本文に基づいて説明した文章として最も適当なものを、次のうちから一つ選び、番号で答えよ。

1　あたまから終わりまで区切りを入れずに、流れるようなイメージの展開を実現している。
2　作者の真意に読者が到達できるよう、少ない語句ながらも伝えるべき情報は漏らしていない。
3　主述の整った文であり、語句と語句との論理的関係が明確だが、意味上の余白が大きい。
4　作者の眼前にある風景を、雑談や独り言のように素直に伝わるよう、ありのままに写生している。
5　足りないところを読者が補って思い描くことを想定し、情景や心情を十分に語り尽くしていない。

(B)　――線部(1)について。その具体的な説明として最も適当なものを、次のうちから一つ選び、番号で答えよ。

1　五七五のリズムから発生する音楽的快楽が、外国語に翻訳されたときには失われてしまい、読者は積極的な解釈への意欲を失ってしまう。

2　助詞「や」が生み出す効果など、日本語文法に規定される要素を手がかりに読者は句の意味を解釈しているため、翻訳された俳句ではそうやって意味を汲み出すことが不可能となる。

3　俳句はことばに対する感度が良く想像力が豊富な日本人が発達させた特殊な詩の形式なので、異なった言語圏では単に意味の乏しい詩とみなされてしまう。

4　作者は、「古池」のような断片的な言葉から読者が想像を展開することを想定しているが、日本語の読者以外にそれを望むことは難しい。

5　芭蕉の句は欠如や余白が多いため、研究や批評の伝統があってはじめて解釈可能なのであり、外国の読者にはそうした助けがないので、句の意味を理解することが困難である。

(C)　空欄 [a] ・ [b] にはそれぞれどのような言葉を補ったらよいか。最も適当なものを、次のうちから一つずつ選び、番号で答えよ。

a
1 軽挙妄動
2 徒手空拳
3 唯我独尊
4 天涯孤独
5 疑心暗鬼

b
1 札付き
2 お墨付き
3 いわく付き
4 括弧付き
5 すこぶる付き

(D) ――線部(2)について。この詩の説明として適当でないものを、次のうちから一つ選び、番号で答えよ。

1 「私の耳は貝の殻」は、比喩の種類としては明喩ではなく暗喩である。
2 冒頭の、事実ではあり得ない無意味な言明が謎となって、その詩的意味の謎解きへと読者を触発する。
3 百科事典の記述から明らかなように、耳と貝殻との形状の類似性自体は、詩的な見立てとは関係がない。
4 なつかしむ行為者の擬人化において陶淵明の詩に通じつつ、より大胆な飛躍がある。
5 「海の響き」が語り手のどのような経験に対応するものなのかは、複数の解釈に開かれている。

(E) ――線部(3)について。聞こえる音は、そもそもなぜ空耳とされていたのか。その上で、なぜ空耳であることが疑われるのか。次のように答える場合、各欄にあてはまる文を句読点とも十字以上二十五字以内で記せ。

語り手は［　　　　］ので空耳であろう。しかし［　　　　］ならば空耳ではないかもしれないから。

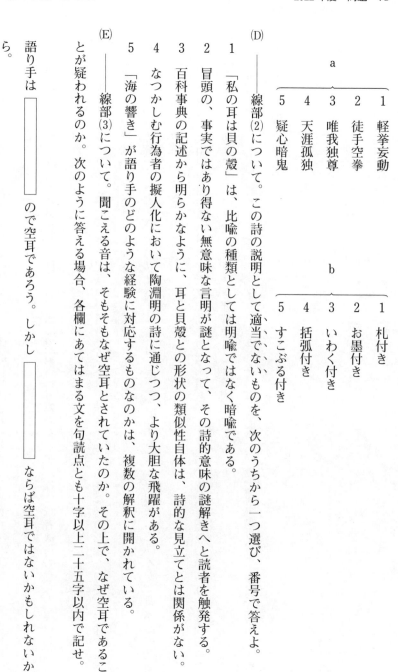

(F) 空欄 c1 、 c2 、 c3 に入る本文中の言葉を、次のうちから一つずつ選び、番号で答えよ。

1 意味　2 解釈　3 感情　4 研究　5 詩
6 想像　7 短詩　8 伝統　9 俳句　10 批評

(G) 次の各項について、本文の内容や論じ方と合致するものを1、合致しないものを2として、それぞれ番号で答えよ。

イ 古典となった詩は長い歴史をくぐり抜けて厳選された名作だけが残っているが、近・現代や当代の詩は価値が定まっていないため、読者が批評的判断をおこなう余地が大きい。

ロ 短詩においては、意味上の矛盾や亀裂による刺激で読者の解釈を喚起するだけでなく、合理的で安定した意味の解釈へと落着させることが重要である。

ハ 人間ではないものに「なつかしさ」のような人間的な感情を仮託する表現は世界中の詩に見られるが、蛙、魚、鳥のようななにげない生物を描くところに日本や中国の詩の特徴がある。

ニ この文章の著者は「だがそれにしても」「ただ気になるのは」と解釈を深めたり転じたりしながら、テクストと読者の間の行ったり来たりを自ら実践してみせている。

二　左の文章を読んで後の設問に答えよ。（解答はすべて解答用紙に書くこと）

(注)アーレントはスターリン独裁下のソ連秘密警察の(イ)シュクセイ裁判の描写から全体主義体制下における理性の奇怪な病理のメカニズムを分析している。スターリン時代のソ連では、まったく無実の罪で、少なくとも百万人近くの人々がシュクセイ（処刑）された。その中には、取り締り側の共産党幹部や秘密警察幹部も数多く含まれていた。定期的なシュクセイによって党や秘密警察の幹部ポストを空けることは、若い世代に出世の道を約束するためのスターリン政権の普通のやり口になっていた、とアーレントはいう。

党から罪を告発され、自白を要求された多くの党員は、自分が無実であっても抵抗することなく、(ロ)（キョギの）自白を行って処刑される道を自ら選んだ。自ら進んでキョギの自白をして死を選ぶ、という党幹部の奇怪な自己犠牲は、自己の存在（アイデンティティ）が「　a　」を最後の拠り所としているという事実から発していた、とアーレントは指摘する。「党は決して過ちを犯すことはない」という無謬《むびゅう》性を信じる以上、そう信じる者は、キョギの自白を行わざるを得ない境遇に「　b　」の力によって追い込まれるのである。アーレントによれば、党の告発者は、無実の党員から自白を引き出そうとするときに次のようなことをいう。党が間違いを犯すことはない、とおまえは認めている。いま党はある政治犯罪の犯人はおまえだと言っている。もしおまえが罪を犯したのなら処罰されなければならない。もしおまえが罪を犯しておらず無罪を主張するなら、無罪を主張することによっておまえは「党は間違いを犯さない」という事実を否定するという罪を犯すことになる。

党の「無謬性」を自己の全存在の基盤として受け入れている党員は、党が自分に対して行った犯罪の告発を否定すれば自分の存在基盤を否定することになる。逆に、無実の犯罪をあえて認めることは、(1)党に対していま自分ができる最大の英雄的貢献である、と考えるようになる。こうしてキョギの自白が大量に生まれ、多くの党員がその自白を根拠に処刑された。これらの党員にとって、党の無謬性を否定するということは、自己の生命をなげうっても避けなければならないほどの事態だと認識されていたわけである。「この論法の強制力は『おまえは自分自身と矛盾してはならない』というところにある。そして矛盾律のこの奇妙な利用法の強制力は、矛盾はすべてを無意味にする、意味と整合性は同じものであるという仮定にある」〔アーレント『全体主義の起原』２０１７年（原著は１９７３年）〕

全体主義体制の人間が、論理一貫性を自分の命よりも優先する理由は、全体主義が20世紀前半の欧州で広まった理由そのものでもある。「全体主義的支配の中で政治的に体得される人間共存の基本的経験は、見捨てられていることとの経験なのである。（改行）イデオロギーの強制的・強要的な演繹《えんえき》とこの見捨てられていること《フェアラッセンハイト》との奇妙な結びつきは、政治的には明らかに全体主義的支配機構によってはじめて発見され、その目的のために利用された」〔同前〕。

見捨てられていること、とは現代人の孤独または無用性の経験である。近現代になって伝統的な宗教信仰やコミュニティが(ハ)ホウカイし、自分の居場所を失った多くの人々は、基本的な経験として常に「自分は見捨てられ、社会の中で役に立たず、居場所を持たない」という孤独を感じる。自己のアイデンティティの拠り所を伝統的なコミュニティや宗教に持てなくなった孤独で見捨てられた大衆は、「論理の一貫性」という1点にのみ自己の根拠を見いだす。現代の人間のこの性質が全体主義的支配の実現を可能にするということを、『全体主義の起原』でアーレントは発見した。自己矛盾がないこと、すなわち論理の一貫性そのものが人間の存在の拠り所になるとは、(2)驚くべきことかもしれない。見捨てられ根無し草となった人間は、自分を支えてくれるものはこれだという確信を何事に対しても持てず、何でもいいから確信を持てる対象を見つけたいと願う。確かなものが何もない現代において、最後に人が頼れる確かなものとして、「1＋1＝2」のような「演繹的論理の一貫性」だけが残るのである。だから現代人は、なかんずく全体主義体制下の人間は、「非・自己矛盾」「論理一貫性」「無謬性」をあらゆるものに優先する行動指針として受け入れる。それが、確かなものが何もない現実から逃避し、「確実」な世界に安住するためのただ一つの道だからである。見捨てられたと感じる人々にとっては、「論理一貫性」それ自体が自分の存在根拠なのであって、(3)その論理の前提となるイデオロギーは実は何でもよい。全体主義体制が人種間の闘争や階級闘争というイデオロギーを出発点として与えれば、見捨てられた人々は、その出発点から純粋に演繹的論理によって、何が起きるか（＝何が起きなければならないか）を定め、それを実行する。人種間闘争が出発点として与えられるなら、演繹的論理は「劣等人種は淘汰されなければならない」という結論を導き出す。その論理一貫性を守り通すために、全体主義下の人々は、現実に劣等人種を計画的に絶滅させる、という政策を実行せざるを得なくなる。

全体主義の本質は、人々が確かなものは何もない現実から逃避し、「論理一貫性」に支配された「確実」な世界に安住するために、演繹的論理の結論に合わせて現実そのものを改造する、ということなのである。ベッドの大きさに合わせて足を切るというプロクルステスの寝台のような理性の暴走が起きていたのである。

（西山圭太・松尾豊・小林慶一郎『相対化する知性』による）

（注）　アーレント——ハンナ・アーレント。ドイツ出身の哲学者、思想家（一九〇六〜一九七五）。

問

(A)　＝＝線部(イ)〜(ハ)を漢字に改めよ。（ただし、楷書《かいしょ》で記すこと）

(B)　空欄 a ・ b には同じ言葉が入る。どのような言葉を補ったらよいか。最も適当なものを、次のうちから一つ選び、番号で答えよ。

1　近代理性　2　党首のカリスマ　3　自己の生命
4　論理の一貫性　5　伝統的な宗教信仰

(C)　――線部(1)について。その具体的な内容として最も適当なものを、次のうちから一つ選び、番号で答えよ。

1　自らの論理一貫性を保ち、党員としての威厳を保ったこと。
2　党の「無謬性」を侵さないために、無実の罪をかぶって処刑されること。
3　党幹部として自らの処刑に同意し、若い後進に道を譲ること。

4　自己の存在（アイデンティティ）を確立し、階級闘争に打ち勝つこと。

5　政治犯を告発し、政権批判分子を排除すること。

(D)　――線部(2)について。その理由として最も適当なものを、次のうちから一つ選び、番号で答えよ。

1　全体主義的支配機構の下で近代理性の進展を成し遂げ、社会階級を排除しようとした結果、自己の生命を進んで犠牲にする人間が現れたから。

2　現代では、多くの人が見捨てられ、社会の中で役に立たず、居場所を持たないと考えるようになったが、全体主義によって居場所を与えられ、救われたから。

3　全体主義下では、見捨てられた多くの人々が救われた一方で、現実に劣等人種を計画的に処刑するという政策が実行されてしまったから。

4　見捨てられた人々が演繹的論理を用いて現実に抗おうとしたが、最終的には全体主義的支配機構の言いなりになってしまったから。

5　伝統的なコミュニティや宗教から離れた人々が、論理一貫性のような味気ないものを自分の存在根拠として求め、結果として、全体主義的支配を実現させたから。

(E)　――線部(3)について。これはどういう意味か。最も適当なものを、次のうちから一つ選び、番号で答えよ。

1　根無し草となった現代人にとって、依拠できる演繹的論理がありさえすれば主義主張は何でもよかったということ。

2　時代や国による多少の差異があろうとも、結果として同調圧力が働く共産主義に身を委ねればよいということ。
3　行動の指針が、個人の意思ではなく、一定の集団・社会・思想などのシステムによる決定に委ねられるということ。
4　全体主義ではなく、暴制、圧制、独裁制のような政治的抑圧下でも、論理的帰結は同じであるということ。
5　演繹的論理の前提となる政治的な主張には、人々を納得させるような首尾一貫性がなくともよいということ。

(F)　次の各項について、本文の内容と合致するものを1、合致しないものを2として、それぞれ番号で答えよ。

イ　党から政治犯と名指しされ、自白を要求された党幹部が処刑されることは、党の幹部ポストを空けることにつながり、若い党員に希望を与えるために利用されていた。
ロ　自白の強要はイデオロギーの強要と結びつき、多くの党員の内面における矛盾を生む結果となった。
ハ　「ベッドの大きさに合わせて足を切る」ような理性の暴走が生じるのは、全体主義による支配下において、論理一貫性が自己の生命に優先する状況が生み出されたことに起因する。
ニ　全体主義が20世紀前半の欧州で広まった理由と、全体主義体制下で無実の党員が処刑されることを選んだ理由は、軌を一にするものである。
ホ　「自分自身と矛盾してはならない」という原則に反する言動は、すべてを無意味にするため、党員は自らの生命を守ることができなかった。

三　左の文章を読んで後の設問に答えよ。（解答はすべて解答用紙に書くこと）

(注1)山崎の山のすがたは、むかしに替《かは》らぬ春の色、年々花は同じ、歳々《せいせい》人は同じからず。ここに住み給へる(注2)宗鑑法師《そうかんほっし》の一夜庵《いちやあん》の(1)跡ゆかしく、都に(注3)のぼり舟を汀《みぎは》につけさせ、永貞《ながさだ》・保俊《やすとし》・春倫《しゅんりん》、この外香具所《かうぐしょ》の宇野河内《うのかわち》といへる俳友、すける道とて岩根の玉笹《ささ》わけわけて、はるかなる苔路《こけぢ》はいつ人の通へるしるべもなく、松・椙《すぎ》・柏、いやがうへに枝たれて、頃は弥生のすゑなるに、気の［　］ほととぎすの鳴きわたり、あまりに耳ちかければ、めづらし事は外になりて、「(注4)かしがましこの里過ぎよほととぎす都の堕馬髻《たわけ》我を待つらん」と読まれし狂歌も(2)今思ひあはせり。

ひだりのかたに、筧《かけひ》の竹絶えて、(注5)まかせの水の落ち行く風情、(3)ここばかりの時雨ぞかし。石居《いしずゑ》の跡もそこそこに残りて、庵《あん》は西南を請けられ、月はむかしの(注6)連俳《れんはい》、その法師すがた、今見る心して(4)哀れふかし。おのおの発句《ほっく》して、木陰《こかげ》の(注7)瀑板《しやれいた》書き付け帰る時、月夜の四平といふもの、これは京の(注8)ひがし川原にて、(注9)遊び宿の亭主なるが、この商売する程もなく、さりとてはかしこからず、うまれつきての埒《らち》明かずなり。世の中をあんじまじき事は、これが女房利発にして、男は年中踊りありきて、いつが盆やらしらず。この正月の礼に、大坂へくだりて、何のやうなきに、三月のすゑになつて、さそふ水ありとて、のぼり舟の慰みものに(a)せられて、知恵のない男こそおもしろけれ。

この男、宗鑑庵の木の葉の中より、瀬戸焼の小皿一枚拾ひあげて、「これは宗鑑お内義、白粉《おしろい》ときにうたがひなし」といふ。「これは汝《なんぢ》一代の見立て」と、(5)大笑ひの種となし、また舟に乗る時、保俊横手をうつて、「さても惜しや、おのれが拾ひし小皿を、その所に残し置きける」となげく顔つきせしに、この男さもいそがはしき中に、またその所に行きて取りて帰り、「むかしの忠度《ただのり》(注10)は、狐川《きつね》よりひつ返し、定家《ていか》の許《もと》にたばこ入れを忘れて、見えぬ事をなげかれし。我等も俳諧の心こそなけれ、宗鑑の持たれし道具を(6)あだにはいたさ(b)じ」といふ。「いかにも(7)やさしき心入れ」と、皆々同音にほめければ、この男、しすましたる顔つき(8)をかし。

何やかや咄《はな》しの次手《ついで》に、「『泊り客人(注11)、下。長あそびの客人、中。立ち帰りの客人、上』。さる程に、宗鑑の作意、気のつかぬ客の心得になる事」と、いづれもしばらく感じければ、この男、「これはもつとも」と思ひ込み、都の我宿に帰り、右のごとく墨黒《すみぐろ》に書きて、大屋敷の入口に張り付け置きける。「客を引き請けて世わたりにせし宿の壁書《へきしよ》に、さてさて道理至極なる事ぞ」と、見る人ごといへるを、「よき事を聞き出してしたり」とおも(9)ふもをかし。今の世にも、かかる愚かなる者もある事ぞかし。さぞこの男、長生きを(c)すべし。

（西鶴『西鶴名残の友』による）

（注）
1　山崎――京都府の西南、大阪府と隣接する地域。
2　宗鑑法師――室町時代後期の連歌師、俳人。山崎に閑居し、山崎宗鑑と呼ばれた。
3　のぼり舟――大坂（大阪）から京都伏見へ淀川を上る乗合船。

4　かしがまし〜——宗鑑の狂歌として諸書に伝えられた。
5　まかせの水——庭に引き入れ、流れのままにしておく水。
6　連俳——連歌と俳諧。
7　瀑板——風雨にさらされた板。
8　ひがし川原——京都の鴨川東岸の四条河原。
9　遊び宿——色遊びをする宿。
10　忠度——平忠度。平安時代末の武将。藤原俊成に師事し歌にも優れた。平家が都落ちした際、狐川から引き返し、勅撰和歌集のために俊成に歌を託した逸話がある。本文中では俊成の息子の定家を出している。
11　泊り客人〜——宗鑑が庵の入口の額に記していた文言として知られた。

問

(A)　——線部(1)の意味として最も適当なものを、次のうちから一つ選び、番号で答えよ。

1　見てみたくて　　2　気がかりで
3　うらやましくて　　4　縁があって
5　由緒ありそうで

(B)　空欄［　　］にはどのような言葉を補ったらよいか。最も適当なものを、次のうちから一つ選び、番号で答えよ。

1 弱き 2 尊き 3 うつくしき 4 短き 5 長き

(C) ——線部(2)について。「今思ひあはせり」となった理由として最も適当なものを、次のうちから一つ選び、番号で答えよ。

1 ほととぎすの鳴き声が趣深かったから。
2 ほととぎすの鳴き声を早く聴きたくなったから。
3 ほととぎすの鳴き声がわずらわしかったから。
4 ほととぎすの鳴き声は聴き慣れているから。
5 ほととぎすの鳴き声が珍しかったから。

(D) ——線部(3)の解釈として最も適当なものを、次のうちから一つ選び、番号で答えよ。

1 ここだけ今の季節にふさわしく時雨が降っているよ
2 ここだけ季節はずれの時雨が降っているかのようだよ
3 ここでだけは時雨が降るように涙が止まらないことだよ
4 ここでだけはわびしい時雨の音を聞きたくないよ
5 ここだけでもなつかしい時雨が降って欲しいものだよ

(E) ——線部(4)の説明として最も適当なものを、次のうちから一つ選び、番号で答えよ。

1　宗鑑法師の庵がすっかり荒廃していて気の毒である。
2　宗鑑法師の庵の跡がきれいに整えられていて好ましい。
3　宗鑑法師をありありと想像することができて趣深い。
4　宗鑑法師のかつての暮らしぶりがしのばれて不憫《ふびん》である。
5　宗鑑法師に生前に会えなかったことがしみじみと悲しい。

(F)　——線部(5)について。「大笑ひの種」となった理由として最も適当なものを、次のうちから一つ選び、番号で答えよ。

1　月夜の四平の鑑定が間違っていたから。
2　月夜の四平の鑑定眼に皆が内心嫉妬したから。
3　月夜の四平が珍品を見つけて皆が気をよくしたから。
4　月夜の四平が貴重品を拾って得意そうだったから。
5　月夜の四平が突拍子もない想像をしたから。

(G)　——線部(6)の現代語訳を四字以内で記せ。ただし、句読点は含まない。

(H)　——線部(7)の意味として最も適当なものを、次のうちから一つ選び、番号で答えよ。

1　物知りな　2　素直な　3　控えめな　4　熱心な　5　風雅な

(I)　——線部(8)について。どういうことについて「をかし」と言っているのか。最も適当なものを、次のうちから一つ選び、番号で答えよ。

1 月夜の四平の行動がいかにも風流であったこと。
2 月夜の四平が皆に褒められたのに不満そうだったこと。
3 月夜の四平のとっさの機転に皆が感心したこと。
4 月夜の四平が皆にからかわれても気づかなかったこと。
5 月夜の四平が得意そうに語った知識が全て間違っていたこと。

(J) ――線部(9)について。どういうことについて「をかし」と言っているのか。最も適当なものを、次のうちから一つ選び、番号で答えよ。

1 月夜の四平が「宗鑑の作意」を誤解したまま商売に利用し、得意になっていたこと。
2 月夜の四平が日頃は愚かなのに今回だけは「宗鑑の作意」をよく理解していたこと。
3 月夜の四平が自分で思いついたのではない「宗鑑の作意」を自分の手柄にしていたこと。
4 月夜の四平が「宗鑑の作意」をわざとねじ曲げて解釈し、商売に役立てていたこと。
5 月夜の四平が「宗鑑の作意」を誤解したまま利用したのに、なぜか商売が繁盛していたこと。

(K) ===線部(a)〜(c)の文法上の意味としてそれぞれ最も適当なものを、次のうちから一つずつ選び、番号で答えよ。ただし、同じ番号を何度用いてもよい。

1 推量　2 意志　3 可能　4 自発

5　尊敬　6　受身　7　打消推量　8　打消意志

(L)　次の各項について、本文の内容と合致するものを、次のうちから一つ選び、番号で答えよ。

1　月夜の四平は宗鑑法師の庵で俳友の一行に合流した。
2　月夜の四平の機転に人々は感心しながらも時にあきれた。
3　月夜の四平は妻のおかげで自由に遊ぶことができた。
4　月夜の四平は知恵はないが俳諧は得意だった。
5　月夜の四平は宗鑑法師に関することだけはよく知っていた。

二月十三日実施分

解　答

一

出典　川本皓嗣『俳諧の詩学』〈1　短詩型としての俳句〉（岩波書店）

解答

(A)　5

(B)　4

(C)　a－2　b－2

(D)　3

(E)　（順に）海をなつかしんでいるから海の近くにはいない・自分の耳鳴りをなつかしい潮騒の音ととらえている（各十字以上二十五字以内）

(F)　c1－5　c2－7　c3－9

(G)　イ－2　ロ－2　ハ－2　ニ－1

◆要　旨◆

詩、ことに俳句のような短詩は、ことばに対する感度の良さと想像力の豊富さを備えた読者の解釈という名の共同制作によってすぐれた作品として尊重される。詩の表面上の矛盾や亀裂、唐突で刺激的な片言に誘われた読者は「意味のある意味」を見出そうとする。語り手はしばしば自分の感情を人間以外の生き物に仮託するが、たとえばフランスの詩人ジャン・コクトーの短詩「耳」は、自分を悩ませる耳鳴りを海を愛するがゆえのなつかしい潮騒に聞きなした、理不尽で美しい詩的飛躍、想像力に富む作品だと、読者は自由に解釈できる。詩の語り手の仕事は、読み手を「夢見させる」ためのことばの装置を組み上げることにこそある。

▲解　説▼

(A) 冒頭の二句に共通する特徴を考える問題である。本文に基づく説明を選ぶよう指示されており、冒頭に引用された俳句に続く三つの段落を確認する。二句は「表面上のメッセージだけ」を受け取ると「ほとんど何の意味もない雑談や独り言の断片」になってしまうが、「読者」の「ことばに対する感度の良さと想像力の豊富さ」によって「古今にすぐれた俳句として尊重される」ようになる。この読者による「解釈」はもちろん「長年積み重ねられてきた解釈と研究の歴史」に裏打ちされたものだが、「俳句の余白の大きさ」は「個々の読者」に「関与の余地」を残しているとある。よって正解は5である。

(B) 傍線部(1)を含む一文を確認すると〈(俳句の)作者は読者の協力を予期し計算に入れて句を作る〉とある。「読者の協力」とは、傍線部(1)を含む段落にあるように「読者が自分でどれだけ深く豊かな意味を汲み出せるか」にかかっており、「詩の出来の良さ」を左右するものである。また読者とは「ことばに対する感度の良さと想像力の豊富さ」を問われる存在である。そして傍線部(1)によると、それは外国語の読者には期待できない。よって正解は4である。なお、1は「音楽的快楽」、2は「日本語文法」、3は「特殊な詩の形式」を取り上げているが、これらは一般的な事実ではあるものの、本文で指摘されていないため誤り。また、5の「研究や批評の伝統」については、(A)の解説にも記したように、読者による解釈に必要不可欠なものではない。

(C) a、空欄aを含む一文を確認すると、aには〈読者が芭蕉や蕪村の句に接する態度〉とは反対の語句を補充するとわかる。そして次の文に「大家の句」には「長年積み重ねられてきた解釈と研究の歴史がある」と書かれている。つまり読者は丸裸で俳句を観賞するわけではない。よって正解は〝何も手に持っていないこと・自分の力以外に頼りになるものがないこと〟の意の2である。

b、空欄bを含む一文を確認すると、bには〈芭蕉や蕪村といった古典やその一部と化した解釈〉を評する語句が入るとわかる。よって正解は〝権威者の許可・承諾・保証〟の意の2である。

(D)　引用されたジャン・コクトーの詩に続く文章を確認すると、一見「穏やかな青い海と白い砂浜」を想起させるこの詩は「まったく筋の通らない二つの唐突な立言」によって読者を「意味のある意味」の追求へと誘う。百科事典によると「耳」はその形状から「耳殻」とも呼ばれるが、語り手は「海の響きをなつかしむ耳」だからこそ「耳」を「貝の殻」にたとえた。この〈人間以外の生物が「懐郷心」を抱く〉という表現は、陶淵明の一節にも見られるが、生命のない抜け殻にそれを抱かせるジャン・コクトーの詩は特筆すべきものである。また、「詩の語り手の耳にたえず聞こえているらしい『海の響き』」は「語り手の耳の奥にざわざわする耳鳴り」である可能性もあり、〈自分を悩ませるもの〉を〈愛すべき懐かしいもの〉に託すのは「美しい詩的想像力のなせる業」だと評している。これに合致しない選択肢は3である。

(E)　ジャン・コクトーの詩にある「海の響き」が「空耳」だとされる理由、しかし一方で「海の響き」が「空耳」であることが疑われる理由を説明する問題である。「空耳」とは〝実際には声や物音がしないのに耳に聞こえたように思うこと〟である。だとすれば〈海の響きが空耳だとされた理由〉は、語り手が海の音を聞き得ない状況にあるからである。傍線部(3)の次の文より、〈海を「なつかしむ」語り手は海の近くにいるとは考えにくい〉。また〈海の響きが空耳であることが疑われる理由〉については、逆に実際に海の音を聞き得る状況だからである。これは傍線部(3)の後に続く文章にあるように〈海を愛する語り手が自分の耳鳴りをなつかしい潮騒ととらえる詩的想像力〉によるものである。これらを字数制限に合うようにまとめればよい。

(F)　空欄を含む一文を確認すると、空欄にはそれぞれ〈読者との共同作業で生み出されるもの〉が入るとわかる。またその文に続く文章を読むと〈詩人の書いた詩〉は「テクストとそれを読み取ろうとする読者の間の相互作用」のなかにあるとあり、それぞれの空欄には「詩」やそれに類する語句を補充するのが適当である。空欄c1・c2・c3の関係を考えると、番号が先に進むほど〈広義の詩〉から〈狭義の詩〉へと移り変わっているため、広義のc1に「詩」、

(G)　狭義のc3に「俳句」、その間にあり「俳句」が属するc2に「短詩」を補充すればよい。
イ、空欄a・bを含む段落を見ると、後半の内容は合致するが、〈古典となった詩は名作だけが残っている〉という記述はないため、全体としては合致しない。
ロ、本文全体のテーマであり、前半の内容は合致するが、詩は〈自由な解釈を許容する読者との共同制作〉であり、「合理的で安定した意味の解釈へと落着させること」を重要視する記述はないため、全体としては合致しない。
ハ、本文に引用される三つの詩の解釈を説明したもので、前半の内容は合致するが、「なにげない生物を描くところ」が「日本や中国の詩の特徴」だとする記述はないため、全体としては合致しない。
ニ、著者は本文中で問題提起を繰り返しながら読者とともに考察を進めていると読むこともできるので、合致すると考えられる。

二

出典　西山圭太・松尾豊・小林慶一郎『相対化する知性——人工知能が世界の見方をどう変えるのか』＜第12章　自由主義の政治哲学が直面する課題＞（日本評論社）

解答

(A)　(イ)粛清　(ロ)虚偽　(ハ)崩壊
(B)　4
(C)　2
(D)　5
(E)　1
(F)　イ－1　ロ－2　ハ－1　ニ－1　ホ－1

◆要　旨◆

スターリン時代の全体主義体制下では、無実の罪で多くの人々が粛清（処刑）されたが、「党の無謬性」を自分の存在基盤とする共産党幹部らは自ら進んで虚偽の自白をして死を選んだ。この論理一貫性を自分の命よりも優先する奇怪な自己犠牲は、自分の居場所を失い見捨てられた現代人にも通じるものである。彼らは論理の前提となるイデオロギーが何であろうと、「非・自己矛盾」「論理一貫性」「無謬性」をすべてに優先する行動指針として受け入れる。全体主義の本質は、現実から逃避し、「確実」な世界を志向する人々が、演繹的論理の結論に合わせて現実を改造する、理性の暴走にあるといえる。

◀解　説▶

(B)　空欄aを含む一文から、空欄には〈自ら進んで虚偽の自白をして死を選ぶ、という党幹部の奇怪な自己犠牲が「最後の拠り所」とするもの〉が入るとわかる。そしてそれは、空欄bを含む一文にあるように〈「党は決して過ちを犯すことはない」という無謬性〉である。同じ段落にあるように、〈罪を告発され、自白を要求された党員〉には、虚偽の自白をするか、無罪を主張して「無謬性」を否定するという罪を犯す他に道はない。第四段落にあるように、そのような「全体主義体制の人間」は「論理一貫性を自分の命よりも優先する」のである。よって正解は4である。

(C)　傍線部(1)を含む一文を確認すると、「党に対していま自分ができる最大の英雄的貢献」とは「無実の犯罪をあえて認めること」であり、それは同じ段落にあるように「自己の生命」をかけて「党の無謬性」を全面的に肯定することである。よって正解は2である。

(D)　傍線部(2)を含む一文を確認すると「驚くべきこと」とは〈自己矛盾がないという論理の一貫性そのものが人間の存在の拠り所になること〉である。傍線部(2)の次の二文にあるように、それは〈見捨てられ、自分を支えるものを確信できない人間が、最後に頼るものが「論理の一貫性」だから〉である。また、傍線部(2)の前を見ると、近現代以降、伝統的な宗教信仰やコミュニティといった自分の居場所を失った人々が「論理の一貫性」のみを自己の根拠とし、それが全体主義的支配の実現を可能にしたとされている。よって正解は5である。

(E)　傍線部(3)の直前に「その」という指示語があるが、「その論理」とは、傍線部(3)を含む一文を確認すると〈見捨てられたと感じる人々が自分の存在根拠とする「論理一貫性」〉である。また、傍線部(3)にある「イデオロギー」とは〝政治的・社会的立場を反映した思想や観念〟である。つまり「見捨てられ根無し草となった人間」にとってアイデンティティの根拠となる「論理一貫性」がありさえすれば、それがどんな政治的・社会的思想でも構わないということである。よって正解は1である。

(F) イは第一段落、ハは最終段落、ニは第四段落、ホは第三段落の内容とそれぞれ合致する。一方、ロは、第一〜三段落にかけて述べられる〈スターリン時代の全体主義体制下における共産党幹部の虚偽の自白〉を指すものであり、彼らは「党の無謬性」を「自分の存在基盤」としており、選択肢にある「内面における矛盾」はないため、合致しない。

三

出典　井原西鶴『西鶴名残の友』〈巻二の一〉

解答

(A) 1
(B) 4
(C) 3
(D) 2
(E) 3
(F) 5
(G) 無駄に（「粗略に」「疎略に」も可）（四字以内）
(H) 5
(I) 4
(J) 1

(K)　(a)―6　(b)―8　(c)―1

(L)　3

◆全　訳◆

山崎の山の様子は、昔と変わらない春の景色で、毎年花は同じだが、その年その年で人は同じではない。ここに住んでいらっしゃった宗鑑法師の一夜庵の跡を見てみたくて、京都（伏見）に（上る）のぼり舟を（手前の山崎の）川岸につけさせ、永貞・保俊・春倫、このほかに香具所の宇野河内といった俳諧仲間（と下船して一夜庵に向かったのだが）、好んでいる（俳句の）道ということで岩の根元の玉笹を踏み分けて、はるかに続く苔道はいつ人が通ったのかと思えるような跡もなく（びっしりと苔むして）、松・杉・柏の木々も、さらに枝を垂れるように生い茂り、頃は（まだ）（旧暦）三月の末だというのに、気の短いほととぎすが（もう）あちこちで鳴いていて、あまりに耳近く聞こえるので、珍しいどころではなくて、「かしがまし…（＝やかましい。この里を通り過ぎてくれよ、ほととぎす。都の馬鹿な連中がおまえを待っているだろうから）」と（宗鑑法師が）お詠みになった狂歌も今思い当たった。

左のほうに（ある）、懸樋の竹が朽ち果てて、流れのままに水が落ちていく風情は、ここだけ季節外れの時雨が降っているかのようだよ。土台石の跡もあちこちに残っていて、庵は西南の方角に向かって建てられ（ていたらしく）、月は昔の連歌俳諧（の座を想像させ）、その（宗鑑）法師の姿を、今（目の前に）見る心地がして趣深い。それぞれ俳句を詠んで、木陰の瀑板に書き付けて帰るとき、（一行の中の）月夜の四平という者、この者は京の東河原で、遊び宿の亭主をしている者だが、この商売をするほど（の器量）もなく、まったくもって賢くはなく、生まれつきの何をやってもだめな男である。（しかしながら）世の中というものはよくできたもので、この者の女房は利発であって、男は年中あちこち遊び歩いて、いつが盆だかわからないありさまである。今年の正月の年始の挨拶に、大坂へやって来て、何の用もないのに（ぶらぶらしていて）、三月の末になって、（小野小町でもないのに）「さそふ水あり（＝「わびぬれば身を浮き草の根を絶えてさそふ水あらばいなむとぞ思ふ」をうけた表現）」と言って（我ら一行にくっついてきて）、のぼり舟の慰み者にされて（いるのだが）、知恵のない男というのはおもしろいものだ。

この男は、宗鑑庵の木の葉の中から、瀬戸焼の小皿を一枚拾い上げて、「これは宗鑑の奥方の、おしろい溶き（に使ったもの）に疑いない」と言う。「これはおまえの一世一代の見立てだな」と、大笑いの種にし、また舟に乗るとき、保俊が（はっとしたように）両手を打って、「なんともまあ惜しいことよ、おまえが拾った小皿を、さっきの場所に置いてきたよ」と嘆く顔つきをしたところ、この男は（乗船間際の）本当にまあせわしない中で、またさっきの場所に行って（小皿を）取って戻り、「かつて（平）忠度は、（都落ちの途中）狐川から引き返し（勅撰集入集を願って歌を託したが）、（藤原）定家のところにたばこ入れを忘れて、（自分の手元に）ないことを嘆きなさった。私めは俳諧の精神こそ持ち合わせていないが、宗鑑がお持ちになった道具を無駄にはいたすまい」と言う。「まったくもって風雅な心づかいだよ」と、皆々が（四平をからかって）口をそろえて褒めたところ、この男は、（立派なことを）成し遂げたという（自慢げな）顔をしていたのが滑稽である。

かれこれと話のついでに、『泊まり客人は、下。長遊びの客人は、中。すぐ帰る客人は、上』（と書いた額を、宗鑑は庵の入り口にかけておいたそうだ）。それにつけても、この宗鑑の作意は、気のつかない客の心得になることよ」と（一人が言うと）、誰もが皆しばらく感心していたところ、この男は、「これはもっともだ」と思い込み、都の自分の宿に帰り、そのとおりに墨で黒々と書いて、大屋敷の入り口に張り付けておいた。「客を取り込んで世渡りをした宿の壁書きに（客をえり好みするような張り紙をするとは）、いやはやこの上なくごもっともなことだよ」と、見る人ごとに（皮肉を）言っているのを、「よいことを聞き出して（うまく）やった」と思う様子なのも滑稽である。今の世にも、このような愚か者もいるということだなあ。さぞかしこの男は、長生きをするに違いない。

▲解　説▼

(A)「ゆかしく」は形容詞「ゆかし」の連用形。「ゆかし」は〝そちらに行きたいほど対象に心ひかれる気持ち〟を表し、〝見たい・知りたい・聞きたい〟と訳す。

(B)「ほととぎす」は夏を知らせる鳥として親しまれ、多くの詩歌に詠まれている。そのほととぎすが「弥生のすゑ」に「鳴きわた」っているのである。「弥生」は旧暦三月で、季節はまだ春である。夏に鳴くはずのほととぎすが、まだ春なのに早くも鳴いているということ。

(C)宗鑑の狂歌を「今思ひあはせ」た理由として、傍線部(2)の前に「あまりに耳ちかければ」とある。〝(ほととぎすの鳴き声が)あまりに耳近いので〟の意。だから「めづらし事は外になりて(＝〝珍しいどころではなくて〟)」、宗鑑の狂歌を思い浮かべたのである。狂歌の中に「かしがまし」とあることも大きなヒント。「かしがまし」は〝やかましい〟の意。つまり、狂歌に詠まれているとおり、ほととぎすの鳴き声がやかましくわずらわしかったのである。

(D)「時雨」は「しぐれ」と読み、晩秋から初冬にかけて断続的に降る雨をいう。(B)でも触れたとおり、第一段落に「頃は弥生のすゑ」とあり、このときの季節は晩春である。「季節はずれの時雨」とした2が正解。

(E)傍線部(4)の「哀れふかし」は「哀れ深し」。直前に「その法師すがた、今見る心して」とある。つまり、宗鑑の姿が、今目の前に見える気がして「哀れ」が深いというのである。「哀れ」は〝しみじみとした情趣〟を表す。「哀れふかし」で形容動詞「あはれなり」と同じように〝趣深い〟と訳す。

(F)月夜の四平については、直前の段落に「かしこからず」「うまれつきての埒明かず」「知恵のない男」とある。ここから著者一行はこの男を小馬鹿にしていることがわかる。だから、「のぼり舟の慰みもの(＝退屈しのぎにからかったりする相手)」にしたのだが、その月夜の四平がそのあたりにころがっていた皿を宗鑑の奥方が使っていた皿だと、あまりにもばかばかしいことを言ったので大笑いしたのである。四平の言ったことが「鑑定」とよべるようなものとは誰も思っていないので1・2は不適。また、その皿を「珍品」や「貴重品」とは誰も認めていないので3・4も不適。正解は5。

(G)「あだに」は形容動詞「あだなり」の連用形で、〝いいかげんなさま・誠実さがないさま〟を表し、〝浮気だ〟〝はかない〟〝無駄だ〟などの意味がある。そのあとに「いたさ(いたす)」が続き、「あだにいたす」対象は「道具」なので、

〝無駄に〟が最適。また、〝誠実さを欠いた扱いをする〟という意味で〝粗略に（疎略に）〟と訳してもよい。

(H)「やさし」は現代語では主に〝穏やかなさま・思いやりのある性質〟などを表すのに用いられるが、古語では〝身がやせ細るほどつらい・恥ずかしい〟〝優美だ・風流だ〟〝けなげだ・感心だ〟など複数の意味を表す。ここは、（連歌師、俳人として名高い）宗鑑の道具なのだからいいかげんには扱えない、という四平の言葉を聞いて一行が「やさしき心入れ」と言っているので〝優美だ・風流だ〟の意と解釈する。〝けなげだ・感心だ〟と訳しても文脈は通じるが選択肢にないので、5を選ぶ。

(I)(H)で触れたように、一行は、四平がわざわざさっきの場所まで戻り小皿を取ってきた行為、またその後に言った言葉に対して「やさしき心入れ」と褒めた。しかし、本心から褒めているわけではなく、彼らは四平をからかっているのだということをとらえる。四平は自分がからかわれていることに気づかず、褒め言葉を真に受け、「しすましたる顔（＝やり遂げたという顔）」をしている。それを著者は「をかし」と言っているのである。ここの「をかし」は〝滑稽だ〟の意。

(J)この「をかし」も四平の行為に対して著者が言った言葉なので〝滑稽だ〟の意で解釈する。四平は、宗鑑が「泊り客人…」の文言を庵の入り口の額に記していたという話を聞いて「これはもつとも」と感心し、そのまねをして自分の経営する遊び宿の入り口に張り付けておいた。しかし、この宗鑑の言葉は〝泊ったり長居したりせず、さっさと帰る客こそ上客〟という意味であって、むしろ客に長居して色遊びをしてもらうべき遊び宿に掲げるには全くふさわしくない言葉である。四平はそれを少しも理解していない。さらにそれを見た客たちの「道理至極なる事ぞ」という皮肉もわからず、四平は「よき事を聞き出してしたり」と得意に思っている。それを「をかし」と言っているのである。

(K)(a)月夜の四平が「のぼり舟の慰みもの」にされて、という文脈なので受身の意味。助動詞「らる」の連用形。

(b)〝無駄にはしないようにしよう〟という意味になるので打消意志の意味。助動詞「じ」は打消推量と打消意志の意味があるが、主語が一人称の文で用いられている場合は打消意志の意味と考える。ここの主語はこの会話の主であ

(L)

る月夜の四平自身。

(c)　上に「さぞ」があることからも、この一文は著者の推量を表していることがわかる。

1、第二段落に「のぼり舟の慰みものにせられて」とあることから、船旅の最初から俳友の一行と一緒だったと考えられるので不適。

2、「機転」「感心しながらも」の部分が不適。人々は月夜の四平に対して褒め言葉を言ったりしているが、それは彼を馬鹿にしてからかって言ったもの。四平が機転を利かしたなどという描写も、一行の人々が感心したという描写もない。

3、第二段落の後半「これが女房利発にして、男は年中踊りありきて」とある部分と合致。

4、第三段落の月夜の四平の言葉に「我等も俳諧の心こそなけれ」とあることと合致しない。ここの「我等」の「等」は複数を表す接尾辞ではなく、謙遜の気持ちを表す働きをするもの。四平は自分に俳諧の心がないと自分自身で言っている。四平が俳句を詠んだり、俳諧が得意だとわかるような描写もない。

5、月夜の四平は宗鑑の言葉の意味を理解せず、自分の遊び宿に掲げていた。ということは「宗鑑法師に関することだけはよく知っていた」とは言えない。

❖講　評

一の評論は、よく知られている俳句や短詩を取り上げながら「詩」が作者と読者との共同制作によって成り立つことを論じた文芸論からの出題。具体例が多用されるため、比較的読解しやすい内容である。設問についても奇をてらったものはなく、丁寧に読解すれば解答はさほど困難ではないだろう。(E)の記述問題についても字数制限に幅があり、比較的まとめやすい内容である。

二の評論は、全体主義体制下において自己の存在基盤を「論理一貫性」に置くことで演繹的論理の結論に合わせて現実を改造する事態を引き起こすという社会論からの出題。評論文に頻出の専門用語が多いため、読み慣れていない受験生には読解が困難な可能性がある。設問については、漢字の問題の難易度がやや高めだが、読解問題については本文との照合を丁寧に行えば無理なく解ける内容である。

三の古文は、江戸時代の浮世草子『西鶴名残の友』からの出題。著者が俳句仲間と一緒に京都伏見まで上る舟に乗って途中の山崎で下船し、そこにある宗鑑法師の一夜庵を訪れるという話。前半は途中の風景描写などが中心だが、後半は著者一行に同行した月夜の四平という男の言動が中心に描かれる。この男は遊び宿の亭主をしているのだが、女房がしっかり者なのをいいことに、本人は年中あちこちをほっつき歩くぐうたら亭主。教養もなく、お調子者で、ほかの人に馬鹿にされていることに気づきもしない。宗鑑庵に捨てられていた小皿に関するエピソード、宗鑑の庵に掲げられた文言に関するエピソードを通して、著者はこの四平がいかに愚かかを描き、果ては長生きするだろうとまで皮肉るのである。文脈は比較的つかみやすい。(F)・(I)・(J)は、著者および著者一行が月夜の四平のことを物笑いの種にしていることをつかんでいれば容易。

/////////////////// ·memo· ///////////////////

//////////////////// · memo · ////////////////////

/////////////////// · memo · ///////////////////

//////////////////// ・memo・ ////////////////////

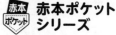

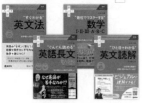

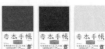

2025年版　大学赤本シリーズ

私立大学②

357 東邦大学（理・看護・健康科学部）
358 東洋大学（文・経済・経営・法・社会・国際・国際観光学部）
359 東洋大学（情報連携・福祉社会デザイン・健康スポーツ科・理工・総合情報・生命科・食環境科学部）
360 東洋大学（英語〈3日程×3カ年〉）
361 東洋大学（国語〈3日程×3カ年〉）
362 東洋大学（日本史・世界史〈2日程×3カ年〉）
363 東洋英和女学院大学
364 常磐大学・短期大学 総推
365 獨協大学
366 獨協医科大学（医学部） 医

な行（関東の大学）

367 二松学舎大学
368 日本大学（法学部）
369 日本大学（経済学部）
370 日本大学（商学部）
371 日本大学（文理学部〈文系〉）
372 日本大学（文理学部〈理系〉）
373 日本大学（芸術学部〈専門試験併用型〉）
374 日本大学（国際関係学部）
375 日本大学（危機管理・スポーツ科学部）
376 日本大学（理工学部）
377 日本大学（生産工・工学部）
378 日本大学（生物資源科学部）
379 日本大学（医学部） 医
380 日本大学（歯・松戸歯学部）
381 日本大学（薬学部）
382 日本大学（N全学統一方式－医・芸術〈専門試験併用型〉学部を除く）
383 日本医科大学 医
384 日本工業大学
385 日本歯科大学
386 日本社会事業大学 総推
387 日本獣医生命科学大学
388 日本女子大学
389 日本体育大学

は行（関東の大学）

390 白鷗大学（学業特待選抜・一般選抜）
391 フェリス女学院大学
392 文教大学
393 法政大学（法〈Ⅰ日程〉・文〈Ⅱ日程〉・経営〈Ⅱ日程〉学部－A方式）
394 法政大学（法〈Ⅱ日程〉・国際文化・キャリアデザイン学部－A方式）
395 法政大学（文〈Ⅰ日程〉・経営〈Ⅰ日程〉・人間環境・グローバル教養学部－A方式）
396 法政大学（経済〈Ⅰ日程〉・社会〈Ⅰ日程〉・現代福祉学部－A方式）
397 法政大学（経済〈Ⅱ日程〉・社会〈Ⅱ日程〉・スポーツ健康学部－A方式）
398 法政大学（情報科・デザイン工・理工・生命科学部－A方式）
399 法政大学（T日程〈統一日程〉・英語外部試験利用入試）
400 星薬科大学 総推

ま行（関東の大学）

401 武蔵大学
402 武蔵野大学
403 武蔵野美術大学
404 明海大学
405 明治大学（法学部－学部別入試）
406 明治大学（政治経済学部－学部別入試）
407 明治大学（商学部－学部別入試）
408 明治大学（経営学部－学部別入試）
409 明治大学（文学部－学部別入試）
410 明治大学（国際日本学部－学部別入試）
411 明治大学（情報コミュニケーション学部－学部別入試）
412 明治大学（理工学部－学部別入試）
413 明治大学（総合数理学部－学部別入試）
414 明治大学（農学部－学部別入試）
415 明治大学（全学部統一入試）
416 明治学院大学（A日程）
417 明治学院大学（全学部日程）
418 明治薬科大学 総推
419 明星大学
420 目白大学・短期大学部

ら・わ行（関東の大学）

421 立教大学（文系学部－一般入試〈大学独自の英語を課さない日程〉）
422 立教大学（国語〈3日程×3カ年〉）
423 立教大学（日本史・世界史〈2日程×3カ年〉）
424 立教大学（文学部－一般入試〈大学独自の英語を課す日程〉）
425 立教大学（理学部－一般入試）
426 立正大学
427 早稲田大学（法学部）
428 早稲田大学（政治経済学部）
429 早稲田大学（商学部）
430 早稲田大学（社会科学部）
431 早稲田大学（文学部）
432 早稲田大学（文化構想学部）
433 早稲田大学（教育学部〈文科系〉）
434 早稲田大学（教育学部〈理科系〉）
435 早稲田大学（人間科・スポーツ科学部）
436 早稲田大学（国際教養学部）
437 早稲田大学（基幹理工・創造理工・先進理工学部）
438 和洋女子大学 総推

中部の大学（50音順）

439 愛知大学
440 愛知医科大学（医学部） 医
441 愛知学院大学・短期大学部
442 愛知工業大学 総推
443 愛知淑徳大学
444 朝日大学 総推
445 金沢医科大学（医学部） 医
446 金沢工業大学
447 岐阜聖徳学園大学 総推
448 金城学院大学
449 至学館大学 総推
450 静岡理工科大学
451 椙山女学園大学
452 大同大学
453 中京大学
454 中部大学
455 名古屋外国語大学 総推
456 名古屋学院大学 総推
457 名古屋学芸大学 総推
458 名古屋女子大学 総推
459 南山大学（外国語〈英米〉・法・総合政策・国際教養学部）
460 南山大学（人文・外国語〈英米を除く〉・経済・経営・理工学部）
461 新潟国際情報大学
462 日本福祉大学
463 福井工業大学
464 藤田医科大学（医学部） 医
465 藤田医科大学（医療科・保健衛生学部）
466 名城大学（法・経営・経済・外国語・人間・都市情報学部）
467 名城大学（情報工・理工・農・薬学部）
468 山梨学院大学

近畿の大学（50音順）

469 追手門学院大学 総推
470 大阪医科薬科大学（医学部） 医
471 大阪医科薬科大学（薬学部） 総推
472 大阪学院大学 総推
473 大阪経済大学 総推
474 大阪経済法科大学 総推
475 大阪工業大学 総推
476 大阪国際大学・短期大学部 総推
477 大阪産業大学 総推
478 大阪歯科大学（歯学部）
479 大阪商業大学 総推
480 大阪成蹊大学・短期大学 総推
481 大谷大学 総推
482 大手前大学・短期大学 総推
483 関西大学（文系）
484 関西大学（理系）
485 関西大学（英語〈3日程×3カ年〉）
486 関西大学（国語〈3日程×3カ年〉）
487 関西大学（日本史・世界史・文系数学〈3日程×3カ年〉）
488 関西医科大学（医学部） 医
489 関西医療大学 総推
490 関西外国語大学・短期大学部 総推
491 関西学院大学（文・法・商・人間福祉・総合政策学部－学部個別日程）
492 関西学院大学（神・社会・経済・国際・教育学部－学部個別日程）
493 関西学院大学（全学部日程〈文系型〉）
494 関西学院大学（全学部日程〈理系型〉）
495 関西学院大学（共通テスト併用日程〈数学〉・英数日程）
496 関西学院大学（英語〈3日程×3カ年〉） 新
497 関西学院大学（国語〈3日程×3カ年〉） 新
498 関西学院大学（日本史・世界史・文系数学〈3日程×3カ年〉） 新
499 畿央大学 総推
500 京都外国語大学・短期大学 総推
502 京都産業大学（公募推薦入試） 総推
503 京都産業大学（一般選抜入試〈前期日程〉）
504 京都女子大学 総推
505 京都先端科学大学 総推
506 京都橘大学 総推
507 京都ノートルダム女子大学 総推
508 京都薬科大学 総推
509 近畿大学・短期大学部（医学部を除く－推薦入試） 総推
510 近畿大学・短期大学部（医学部を除く－一般入試前期）
511 近畿大学（英語〈医学部を除く3日程×3カ年〉）
512 近畿大学（理系数学〈医学部を除く3日程×3カ年〉）
513 近畿大学（国語〈医学部を除く3日程×3カ年〉）
514 近畿大学（医学部－推薦入試・一般入試前期） 医 総推
515 近畿大学・短期大学部（一般入試後期） 医
516 皇學館大学 総推
517 甲南大学 総推
518 甲南女子大学（学校推薦型選抜） 新 総推
519 神戸学院大学 総推
520 神戸国際大学 総推
521 神戸女学院大学 総推
522 神戸女子大学・短期大学 総推
523 神戸薬科大学 総推
524 四天王寺大学・短期大学部 総推
525 摂南大学（公募制推薦入試） 総推
526 摂南大学（一般選抜前期日程）
527 帝塚山学院大学 総推
528 同志社大学（法、グローバル・コミュニケーション学部－学部個別日程）

2025年版　大学赤本シリーズ

国公立大学 その他

171 〔国公立大〕医学部医学科 総合型選抜・学校推薦型選抜※ 医 総推
172 看護・医療系大学〈国公立 東日本〉※
173 看護・医療系大学〈国公立 中日本〉※
174 看護・医療系大学〈国公立 西日本〉※
175 海上保安大学校／気象大学校
176 航空保安大学校
177 国立看護大学校
178 防衛大学校 総推
179 防衛医科大学校（医学科） 医
180 防衛医科大学校（看護学科）

※ No.171〜174の収載大学は赤本ウェブサイト（http://akahon.net/）でご確認ください。

私立大学①

北海道の大学（50音順）

201 札幌大学
202 札幌学院大学
203 北星学園大学
204 北海学園大学
205 北海道医療大学
206 北海道科学大学
207 北海道武蔵女子大学・短期大学
208 酪農学園大学（獣医学群〈獣医学類〉）

東北の大学（50音順）

209 岩手医科大学（医・歯・薬学部） 医
210 仙台大学 総推
211 東北医科薬科大学（医・薬学部） 医
212 東北学院大学
213 東北工業大学
214 東北福祉大学
215 宮城学院女子大学 総推

関東の大学（50音順）

あ行（関東の大学）

216 青山学院大学（法・国際政治経済学部－個別学部日程）
217 青山学院大学（経済学部－個別学部日程）
218 青山学院大学（経営学部－個別学部日程）
219 青山学院大学（文・教育人間科学部－個別学部日程）
220 青山学院大学（総合文化政策・社会情報・地球社会共生・コミュニティ人間科学部－個別学部日程）
221 青山学院大学（理工学部－個別学部日程）
222 青山学院大学（全学部日程）
223 麻布大学（獣医、生命・環境科学部）
224 亜細亜大学
226 桜美林大学
227 大妻女子大学・短期大学部

か行（関東の大学）

228 学習院大学（法学部－コア試験）
229 学習院大学（経済学部－コア試験）
230 学習院大学（文学部－コア試験）
231 学習院大学（国際社会科学部－コア試験）
232 学習院大学（理学部－コア試験）
233 学習院女子大学
234 神奈川大学（給費生試験）
235 神奈川大学（一般入試）
236 神奈川工科大学
237 鎌倉女子大学・短期大学部
238 川村学園女子大学
239 神田外語大学
240 関東学院大学
241 北里大学（理学部）
242 北里大学（医学部） 医
243 北里大学（薬学部）
244 北里大学（看護・医療衛生学部）
245 北里大学（未来工・獣医・海洋生命科学部）
246 共立女子大学・短期大学
247 杏林大学（医学部） 医
248 杏林大学（保健学部）
249 群馬医療福祉大学・短期大学部
250 群馬パース大学 総推
251 慶應義塾大学（法学部）
252 慶應義塾大学（経済学部）
253 慶應義塾大学（商学部）
254 慶應義塾大学（文学部） 総推
255 慶應義塾大学（総合政策学部）
256 慶應義塾大学（環境情報学部）
257 慶應義塾大学（理工学部）
258 慶應義塾大学（医学部） 医
259 慶應義塾大学（薬学部）
260 慶應義塾大学（看護医療学部）
261 工学院大学
262 國學院大學
263 国際医療福祉大学 医
264 国際基督教大学
265 国士舘大学
266 駒澤大学（一般選抜T方式・S方式）
267 駒澤大学（全学部統一日程選抜）

さ行（関東の大学）

268 埼玉医科大学（医学部） 医
269 相模女子大学・短期大学部
270 産業能率大学
271 自治医科大学（医学部） 医
272 自治医科大学（看護学部）／東京慈恵会医科大学（医学部〈看護学科〉）
273 実践女子大学 総推
274 芝浦工業大学（前期日程）
275 芝浦工業大学（全学統一日程・後期日程）
276 十文字学園女子大学
277 淑徳大学
278 順天堂大学（医学部） 医
279 順天堂大学（スポーツ健康科・医療看護・保健看護・国際教養・保健医療・医療科・健康データサイエンス・薬学部） 総推
280 上智大学（神・文・総合人間科学部）
281 上智大学（法・経済学部）
282 上智大学（外国語・総合グローバル学部）
283 上智大学（理工学部）
284 上智大学（TEAPスコア利用方式）
285 湘南工科大学
286 昭和大学（医学部） 医
287 昭和大学（歯・薬・保健医療学部）
288 昭和女子大学
289 昭和薬科大学
290 女子栄養大学・短期大学部 総推
291 白百合女子大学
292 成蹊大学（法学部－A方式）
293 成蹊大学（経済・経営学部－A方式）
294 成蹊大学（文学部－A方式）
295 成蹊大学（理工学部－A方式）
296 成蹊大学（E方式・G方式・P方式）
297 成城大学（経済・社会イノベーション学部－A方式）
298 成城大学（文芸・法学部－A方式）
299 成城大学（S方式〈全学部統一選抜〉）
300 聖心女子大学
301 清泉女子大学
303 聖マリアンナ医科大学 医
304 聖路加国際大学（看護学部）
305 専修大学（スカラシップ・全国入試）
306 専修大学（前期入試〈学部個別入試〉）
307 専修大学（前期入試〈全学部入試・スカラシップ入試〉）

た行（関東の大学）

308 大正大学
309 大東文化大学
310 高崎健康福祉大学
311 拓殖大学
312 玉川大学
313 多摩美術大学
314 千葉工業大学
315 中央大学（法学部－学部別選抜）
316 中央大学（経済学部－学部別選抜）
317 中央大学（商学部－学部別選抜）
318 中央大学（文学部－学部別選抜）
319 中央大学（総合政策学部－学部別選抜）
320 中央大学（国際経営・国際情報学部－学部別選抜）
321 中央大学（理工学部－学部別選抜）
322 中央大学（5学部共通選抜）
323 中央学院大学
324 津田塾大学
325 帝京大学（薬・経済・法・文・外国語・教育・理工・医療技術・福岡医療技術学部）
326 帝京大学（医学部） 医
327 帝京科学大学 総推
328 帝京平成大学 総推
329 東海大学（医〈医〉学部を除く－一般選抜）
330 東海大学（文系・理系学部統一選抜）
331 東海大学（医学部〈医学科〉） 医
332 東京医科大学（医学部〈医学科〉） 医
333 東京家政大学・短期大学部 総推
334 東京経済大学
335 東京工科大学
336 東京工芸大学
337 東京国際大学
338 東京歯科大学
339 東京慈恵会医科大学（医学部〈医学科〉） 医
340 東京情報大学
341 東京女子大学
342 東京女子医科大学（医学部） 医
343 東京電機大学
344 東京都市大学
345 東京農業大学
346 東京薬科大学（薬学部） 総推
347 東京薬科大学（生命科学部） 総推
348 東京理科大学（理学部〈第一部〉－B方式）
349 東京理科大学（創域理工学部－B方式・S方式）
350 東京理科大学（工学部－B方式）
351 東京理科大学（先進工学部－B方式）
352 東京理科大学（薬学部－B方式）
353 東京理科大学（経営学部－B方式）
354 東京理科大学（C方式、グローバル方式、理学部〈第二部〉－B方式）
355 東邦大学（医学部） 医
356 東邦大学（薬学部）

教学社 刊行一覧

2025年版 大学赤本シリーズ

374大学556点
全都道府県を網羅

国公立大学（都道府県順）

全国の書店で取り扱っています。店頭にない場合は，お取り寄せができます。

1 北海道大学（文系－前期日程）
2 北海道大学（理系－前期日程） 医
3 北海道大学（後期日程）
4 旭川医科大学（医学部〈医学科〉） 医
5 小樽商科大学
6 帯広畜産大学
7 北海道教育大学
8 室蘭工業大学／北見工業大学
9 釧路公立大学
10 公立千歳科学技術大学
11 公立はこだて未来大学 総推
12 札幌医科大学（医学部） 医
13 弘前大学 医
14 岩手大学
15 岩手県立大学・盛岡短期大学部・宮古短期大学部
16 東北大学（文系－前期日程）
17 東北大学（理系－前期日程） 医
18 東北大学（後期日程）
19 宮城教育大学
20 宮城大学
21 秋田大学 医
22 秋田県立大学
23 国際教養大学 総推
24 山形大学 医
25 福島大学
26 会津大学
27 福島県立医科大学（医・保健科学部） 医
28 茨城大学（文系）
29 茨城大学（理系）
30 筑波大学（推薦入試） 医 総推
31 筑波大学（文系－前期日程）
32 筑波大学（理系－前期日程） 医
33 筑波大学（後期日程）
34 宇都宮大学
35 群馬大学 医
36 群馬県立女子大学
37 高崎経済大学
38 前橋工科大学
39 埼玉大学（文系）
40 埼玉大学（理系）
41 千葉大学（文系－前期日程）
42 千葉大学（理系－前期日程） 医
43 千葉大学（後期日程） 医
44 東京大学（文科） DL
45 東京大学（理科） DL 医
46 お茶の水女子大学
47 電気通信大学
48 東京外国語大学 DL
49 東京海洋大学
50 東京科学大学（旧 東京工業大学）
51 東京科学大学（旧 東京医科歯科大学） 医
52 東京学芸大学
53 東京藝術大学
54 東京農工大学
55 一橋大学（前期日程）
56 一橋大学（後期日程）
57 東京都立大学（文系）
58 東京都立大学（理系）
59 横浜国立大学（文系）
60 横浜国立大学（理系）
61 横浜市立大学（国際教養・国際商・理・データサイエンス・医〈看護〉学部）
62 横浜市立大学（医学部〈医学科〉） 医
63 新潟大学（人文・教育〈文系〉・法・経済科・医〈看護〉・創生学部）
64 新潟大学（教育〈理系〉・理・医〈看護を除く〉・歯・工・農学部） 医
65 新潟県立大学
66 富山大学（文系）
67 富山大学（理系） 医
68 富山県立大学
69 金沢大学（文系）
70 金沢大学（理系） 医
71 福井大学（教育・医〈看護〉・工・国際地域学部）
72 福井大学（医学部〈医学科〉） 医
73 福井県立大学
74 山梨大学（教育・医〈看護〉・工・生命環境学部）
75 山梨大学（医学部〈医学科〉） 医
76 都留文科大学
77 信州大学（文系－前期日程）
78 信州大学（理系－前期日程） 医
79 信州大学（後期日程）
80 公立諏訪東京理科大学 総推
81 岐阜大学（前期日程） 医
82 岐阜大学（後期日程）
83 岐阜薬科大学
84 静岡大学（前期日程）
85 静岡大学（後期日程）
86 浜松医科大学（医学部〈医学科〉） 医
87 静岡県立大学
88 静岡文化芸術大学
89 名古屋大学（文系）
90 名古屋大学（理系） 医
91 愛知教育大学
92 名古屋工業大学
93 愛知県立大学
94 名古屋市立大学（経済・人文社会・芸術工・看護・総合生命理・データサイエンス学部）
95 名古屋市立大学（医学部〈医学科〉） 医
96 名古屋市立大学（薬学部）
97 三重大学（人文・教育・医〈看護〉学部）
98 三重大学（医〈医〉・工・生物資源学部） 医
99 滋賀大学
100 滋賀医科大学（医学部〈医学科〉） 医
101 滋賀県立大学
102 京都大学（文系）
103 京都大学（理系） 医
104 京都教育大学
105 京都工芸繊維大学
106 京都府立大学
107 京都府立医科大学（医学部〈医学科〉） 医
108 大阪大学（文系） DL
109 大阪大学（理系） 医
110 大阪教育大学
111 大阪公立大学（現代システム科学域〈文系〉・文・法・経済・商・看護・生活科〈居住環境・人間福祉〉学部－前期日程）
112 大阪公立大学（現代システム科学域〈理系〉・理・工・農・獣医・医・生活科〈食栄養〉学部－前期日程） 医
113 大阪公立大学（中期日程）
114 大阪公立大学（後期日程）
115 神戸大学（文系－前期日程）
116 神戸大学（理系－前期日程） 医
117 神戸大学（後期日程）
118 神戸市外国語大学 DL
119 兵庫県立大学（国際商経・社会情報科・看護学部）
120 兵庫県立大学（工・理・環境人間学部）
121 奈良教育大学／奈良県立大学
122 奈良女子大学
123 奈良県立医科大学（医学部〈医学科〉） 医
124 和歌山大学
125 和歌山県立医科大学（医・薬学部） 医
126 鳥取大学 医
127 公立鳥取環境大学
128 島根大学 医
129 岡山大学（文系）
130 岡山大学（理系） 医
131 岡山県立大学
132 広島大学（文系－前期日程）
133 広島大学（理系－前期日程） 医
134 広島大学（後期日程）
135 尾道市立大学 総推
136 県立広島大学
137 広島市立大学
138 福山市立大学 総推
139 山口大学（人文・教育〈文系〉・経済・医〈看護〉・国際総合科学部）
140 山口大学（教育〈理系〉・理・医〈看護を除く〉・工・農・共同獣医学部） 医
141 山陽小野田市立山口東京理科大学 総推
142 下関市立大学／山口県立大学
143 周南公立大学 新 総推
144 徳島大学 医
145 香川大学 医
146 愛媛大学 医
147 高知大学 医
148 高知工科大学
149 九州大学（文系－前期日程）
150 九州大学（理系－前期日程） 医
151 九州大学（後期日程）
152 九州工業大学
153 福岡教育大学
154 北九州市立大学
155 九州歯科大学
156 福岡県立大学／福岡女子大学
157 佐賀大学 医
158 長崎大学（多文化社会・教育〈文系〉・経済・医〈保健〉・環境科〈文系〉学部）
159 長崎大学（教育〈理系〉・医〈医〉・歯・薬・情報データ科・工・環境科〈理系〉・水産学部） 医
160 長崎県立大学 総推
161 熊本大学（文・教育・法・医〈看護〉学部・情報融合学環〈文系型〉）
162 熊本大学（理・医〈看護を除く〉・薬・工学部・情報融合学環〈理系型〉） 医
163 熊本県立大学
164 大分大学（教育・経済・医〈看護〉・理工・福祉健康科学部）
165 大分大学（医学部〈医・先進医療科学科〉） 医
166 宮崎大学（教育・医〈看護〉・工・農・地域資源創成学部）
167 宮崎大学（医学部〈医学科〉） 医
168 鹿児島大学（文系）
169 鹿児島大学（理系） 医
170 琉球大学 医

2025 年版　大学赤本シリーズ　No. 422
立教大学（国語〈３日程×３カ年〉）

2024 年 7 月 10 日　第 1 刷発行
ISBN978-4-325-26481-1
定価は裏表紙に表示しています

編　集　教学社編集部
発行者　上原 寿明
発行所　教学社
〒606-0031
京都市左京区岩倉南桑原町56
電話　075-721-6500
振替　01020-1-15695
印　刷　太洋社